# 退溪哲學을 어떻게 볼 것인가

# 退溪哲學을 어떻게 볼 것인가

저자 윤천근
초판1쇄발행 1987년 11월 20일
2판1쇄발행 2017년 03월 10일
펴낸이 김용항
펴낸곳 온누리
주소 충북 청주시 수동 90-4
서울사무실 서대구 북아현동 1-495
전화 02-324-4790 팩스 0505-115-6287
출판등록 1982년 12월 6일
등록번호 제아-20호

ISBN 978-89-8367-305 3 03150
값 20,000원

# 退溪哲學을 어떻게 볼 것인가

윤천근 지음

온 누 리

# 서 언

지난 2년 동안 필자는 틈나는 대로 退溪思想에 대한 나름대로의 입장을 정리하여 왔다. 이 책은 필자의 그러한 작업의 결과이다.

필자는 窮極的으로 한국에서 학문한다는 것의 의미는 韓國思想의 내용을 명료하게 하고, 한국적인 삶의 태도를 究明하여 내며, 한국인의 삶의 현실을 보다 윤택하게 하는 것에 있다고 생각한다. 우리가 직접적으로 한국사상을 거론하지 않고 다른 것을 말함에 있어서도 그 窮極의 목표는 바로 이 자리에 놓여 진다고 할 수 있을 것이라는 말이다. 그러므로 굳이 한국사상을 직접적인 대상으로 삼아 학문 활동을 하는 것과 그 밖의 경우들 구분하여 볼 필요는 없을 것이다. 그러나 비록 그러하다 하더라도 한국의 역사 속에 터 잡고 있는 한국사상을 직접적인 대상으로 삼아 탐구한다는 것은 어떤 무엇보다도 매력 있는 작업이 아닐 수 없다. 물론 이것은 개인적인 선택의 문제이지 객관적인 가치의 문제일 수는 없다.

필자는 東洋學에 입문할 때 한국사상의 淵源이 되고 전제가 되는 것이 中國思想이라고 생각하였었다. 그러므로 필자는 中國學을 선택하여 동양학 공부를 시작하였던 것이다. 그때 필자의 생각은 중국학을 거쳐서 韓國學에도 들어가고자 하는 것이었다. 중국학에 대한 이해가 앞서지 않고 한국학을 말할 수 없다는 나름대로의 판단이 있었기 때문이다.

물론 이러한 생각은 어느 정도는 옳을 수 있다. 그러나 지금 필자의 생각으로는 그것이 실제로는 일종의 偏見에 지나지 않는 것이 아닌가 하는 의구심도 전혀 없지는 않다.

한국사상이 중국사상을 연원으로 하는 전제로 한다는 점은 모든 한국사상에 다 일반적으로 적용될 수 있는 것은 아니다. 그것은 일테면 한국유학·한국도교·한국불교에 있어서나 옳다. 그리고 우리가 그것이 그러한 측면에서만 옳다고 하더라도 그것은 일면적으로만 옳을 뿐이다. 즉, 그러한 측면에서도 그와 같은 상관계는 형식적·외면적인 것일 뿐이라는 것이다. 한국유학이나 한국도교·한국불교는 형식적 차원에서는 중국유학·중국도교·중국불교를 전제로 하고 연원으로 하지만 실제로는 한국정신을 바탕으로 하는 것이기 때문이다. 그러므로 실제로는 한국유학·한국도교·한국불교는 중국적인 시각을 통해서는 설명될 수 없다. 그것은 중국적인 시각보다는 한국적인 시각을 통해서 보다 진실한 모습이 드러날 수 있는 것이라는 말이다. 한마디로 이야기해서 한국학은 한국학일 뿐이지 중국학의 부속물은 아닌 것이다. 그러므로 그것은 중국학과 연계시키지 않더라도 그 자체로써 그 모습이 밝혀질 수 있다.

退溪는 한국사상을 대표하는 인물이다. 그리고 退溪는 한국에서 가장 많이 언급되는 사상실(思想實)이다. 필자는 여기에서 退溪를 말함에 있어서 그 전제, 또는 연원이 되는 중국사상과의 인과관계를 분명하게 밝혀내지 못하였다. 그리고, 필자가 이 글을 씀에 있어서 기왕에 나온 다른 책들과는 다른 나름대로의 체계와 새로운 학적 내용을 이 책에 포함시켰는지는 진실로 필자로서도 의문이다. 필자로서야 어느만큼 그런 측면이 있다는 것을 강변하고 싶지만, 그것이 어디 생각대로 되는 것이던가. 그 문제, 즉 이것이 나름대로 한권의 책으로써 기능할 수 있는가 하는 문제는 진실로 독자들의 판단사항이지 저자인 필자가 목청 높여 주장할 수 있는 것은 아니리라.

어쨌든 필자는 이 책이 전혀 무의미한 글자의 모음만은 아니기를 바랄 뿐이다.

1987. 11. 5

# 목 차

## 退溪哲學을 어떻게 볼 것인가

# 서 론

退溪를 어떻게 볼 것인가? 退溪는 단순히 한마디 말로 정리될 수 있는 인물은 아니다. 우리는 退溪가 朝鮮 性理學의 최고봉임을 믿어 의심치 않는다. 그리고 또한 退溪가 朱子 이후 가장 뛰어난 朱子學子이며, 朱子의 입장과 학설을 계승하여 보다 완벽하게 발전시킨 사람이라는 것도 우리는 의심치 않는다.

그러면 이러한 退溪의 학문은 구체적으로 어떠한 모습을 갖추고 있는 것으로 설명될 수 있을까? 물론 그것은 性理學, 보다 구체적으로는 朱子學의 의미반경 안에서 말하여질 수 있는 것일 터이다. 退溪思想의 淵源이 되고 전제가 되는 性理學, 또는 朱子學의 일반적 구조를 배제하고 退溪思想이 따로이 운위될 수는 없는 일이다. 이 점은 다른 누구에게서 보다 특히 退溪에서 그러하다. 그것은 물론 退溪의 학문하는 입장으로부터 말미암은 결과이다.

退溪는 스스로가 언명하듯이 異說의 수립을 목적으로 하는 사상가가 아니다. 退溪는 물론 自得의 측면을 용인한다. 그것은 물론 전혀 새롭고 독창적인 차원을 용납하는 自得이 아니다. 그것은 다만 그가 학문적 연원으로 삼는 선인들이 제시하여 놓고 있는 사상 속에 분명히 드러나지 않고 모습을 감추고 있는 것을 파악해 내는 것에 지나지 않는다. 退溪의 自得이란 보다 완벽하고, 보다 철저한 주석의 범주 속에 놓여지는 것이다. 이렇게 退溪는 진실로 선인들의 의도가 어디에 있었는가 하는 점에 초점을 두지 자신의 견해를 새롭게 수립하는 데에 목적을 두지 않는다. 이것이 退溪哲學의 한계인 것이다. 退溪哲學은 기본적으로 그 연원이 되는 사상구조의 테두리를 완전히 벗어날 수 없는 운명적인 한계를 지니고 있다는 말이다. 그러나 이 말은 退溪哲學이 독립된 하나의 학문체계로써 존립할 수 없다는 것은 아니다. 退溪는 앞에서도 말하였듯이 분명히 朱子의 체계 속에 놓여진다. 그러나 그렇다고 해서 완전히 朱子와 동일한 것은 아니다.

退溪와 朱子는 다르면서도 같고, 같으면서도 다르다. 그 같은 측면에서 볼 때는 우리는 退溪哲學의 의미영역과 구조가 朱子哲學의 그것과 상호 합치하는 것을 확인할 수 있다. 그 다른 측면에서 볼 때는 우리는 退溪哲學이 朱子의 그것과는 내용과 입장을 달리하는 것을 발견할 수 있다.

退溪는 朱子와 똑같이 性理學的 기반 위에서 인간과 세상과 행위와 도덕을 본다. 그러나 退溪는 朱子 보다도 더 철저하게 朱子的이다. 朱子보다도 더 朱子的이라는 것은 바로 退溪的이라는 의미가 될 것이다.

그러면 退溪의 이러한 특수성은 어떻게 말하여질 수 있는 것일까? 그것은 退溪가 朱子學을 이념화하고 있다는 것으로 설명될 수 있을 것이다. 이것은 비단 退溪에게서만 나타나는 특징일 수는 없을 것이다.

이것은 조선성리학자 전체가 일반적으로 드러내주는 특징일 것이라는 말이다. 이러한 조선성리학적 특징이 가장 격렬한 모습을 띄고 나타나는 것으로써 우리는 退溪哲學을 규정지을 수 있을 것이다.

필자는 여기에서 退溪라는 사람의 이력을 우선 더듬어보고 그가 가지고 있었던 학문에 대한 태도를 나름대로 개관해 보고자 한다. 그리고 필자는 退溪가 중시하였던 것, 退溪가 중요하게 치부하고 남들에게도 중요하게 받아들이게 하였던 것들을 통하여 退溪哲學이 어디서 연원하는가 하는 점을 소략하게나마 밝혀보고자 한다. 그리고 나서 조선의 유학자 退溪가 조선 또는 한국의 정신사를 어떠한 맥락 위에서 이해하는가 하는 점, 그리고 이른바 비성리학적 학문체계들에 대한 퇴계의 태도를 송대 학자들과의 관계 속에서 거론하여 보고자 한다. 이러한 것들을 통해서 우리는 아마도 退溪라는 사람의 의식의 바탕을 확인할 수 있을 것이다. 그러한 退溪의 의식의 바탕은 아마도 退溪哲學의 특질을 이해하게 하는 열쇠가 될 수 있을 것이라고 필자는 믿는다. 이러한 과정을 끝낸 다음에 필자는 退溪哲學에서 중요하다고 인정될 수 있는 몇 개의 개념, 이를테면 敬이라든지, 理氣라든지, 四端七情이라든지 하는 것들을 退溪의 입장에서 나름대로 설명하여 내고자 한다.

退溪가 性理學의 역사 속에서 끼친 공훈은 비단 조선에 국한된 것이 아님을 우리는 안다. 退溪는 한국성리학사의 최고봉임과 동시에 朱子의 가장 완벽한 해설자이며, 일본성리학사의 전제가 되는 인물이다.

물론 退溪는 이러한 역사적인 맥락 위에서만 그 의미가 한정되는 인물은 아니다. 退溪는 조선성리학사에 있어서 그 이론적 업적을 통해서만 모습이 드러날 수 있는 인물도 아니다. 退溪는 누구보다 뛰어난 인품과 고매한 품격을 갖춘 인물이며, 성리학적 덕목을 생활 속에서 구체적인 삶을 통하여 구현해 낸 인물인 것이다. 그러므로 退溪를 진실로 이해하기 위해서는 그 역사적 의미와 실천적 의미, 그리고 학술사상이 삼위일체를 이루지 않으면 안 된다. 그러나 그러한 총체적인 접근은 필자로서는 지난한 작업임을 고백하지 않을 수 없다. 역사적 인과관계 속에서의 退溪와 실천과 생활 속의 退溪는 필자가 접근할 수 없는 영역인 것이다. 따라서 여기서 필자는 단지 退溪의 학술사상 만을 기록을 통하여 접근하여 가고자 하는 것임을 우선 밝혀두는 바이다.

# 제 1 장 退溪의 인간과 학문

## 1. 退溪는 누구인가?

退溪는 연산군 7년, 즉 弘治 14년에 禮安縣 溫溪里에서 태어났다.[1] 위대한 성현의 출생에는 항용 전설이 뒤따른다. 물론 전설을 가지고 태어나는 것은 비단 위대한 인물 뿐만은 아니라고 하겠다. 우리 민족은 예로부터 태몽을 신뢰하여 왔고, 거의 대부분의 경우에 그 태몽은 그 사람을 설명하여 주는 그럴듯한 장식의 의미, 개인적 차원에 있었서의 전설로써 기능하게 마련이었다. 저 신라조의 원효에게서도 벌써 유성이 품에 안기는 태몽이 말하여지고 있는 것[2]이고 보면, 우리 민족이 한 생명의 출현을 태몽과 연결시켜 설명하려고 하였던 역사는 실로 오랜 것이라고 하겠다. 退溪에 있어서도 마찬가지이다.

원효에 있어서는 그가 후에 불문에 몸을 담고 위대한 승려가 된다는 것을 예견이라도 하듯이 그 출생이 불교적 색체를 진하게 깔고 설명된다. 원효의 어머니가 만삭이 다 되어서 佛地村 북쪽을 지나다 娑羅樹 아래에서 원효를 출산하게 된다[3]는 식이다. 이것은 부처의 출생 설화와 아주 흡사한 것이다. 애초부터 그 운명이 불문의 위대한 승려가 될 수밖에 없도록

---

1) 退溪全書 卷四, p. 113. 年譜上의 出生 부분 참조
2) 三國遺事 p.346. 元曉條 참조
3) 三國遺事 元曉條 참조

결정되어 있었던 때문일까?

원효가 불교적 색깔을 진하게 깔고 출생한다면, 退溪는 유학의 색채를 강하게 띄고 태어난다. 退溪의 어머니가 孔子를 대면하고 그 문하에 드는 꿈을 꾸고 退溪를 낳았다는 것이다[4]. 退溪가 이 땅에서 전개된 유학 역사의 정점을 화려하게 장식하는 인물이고 보면 孔子와 관계된 이와 같은 그의 출생의 전설은 그야말로 당연한 것이라 할 수 있을 것이다. 그러나 그것은 결과론적인 설명에 불과할 것이다. 출생과 더불어 그 인물의 미래를 환언할 수 있는 방도는 없는 것이기에 애초부터 이러한 인과관계가 설정될 수 있는 것은 아니기 때문이다. 그러므로 이것은 다른 차원에서 설명되지 않으면 아니 된다. 그것은 退溪 어머니의 의식, 退溪의 어머니가 속하여 있었던 가문의 의식을 대변한다고 할 수 있을 것이다.

조선조에 있어서 유학은 입신출세의 지름길이었다. 따라서 조선조의 士大夫家에서는 가문의 영달을 위해 자손들이 유학적으로 대성하기를 누구나 희구하였을 것임을 부인할 수는 없다. 退溪의 가문도 역시 그러하였을 것임을 우리는 그 모친의 태몽을 통하여 확인할 수 있다. 가문의 영달과 자손의 번영을 희구하는 어머니의 소망이 그러한 태몽으로 나타났을 것이라는 말이다.

退溪는 12세 되던 해에 숙부 松齋로부터『논어』를 받아 읽기 시작한다. 이 때의 일을 退溪는 이렇게 적고 있다.

> 나는 12살에 松齋에게서 논어를 받았는데 그저 어리벙벙하기만 할 뿐 그 의미를 알 수 없었다. 그러다가 그 注의 理라는 글자를 보고는 언뜻 마음에 와 닿은 것이 있어서 '무릇 일을 함에 있어서 그 마땅한 이치를 일러서 理라고 하는 것입니까?' 라고 물었다.[5]

---

4) 退溪全書 卷四, p. 101.
5) 退溪全書 卷四, p. 23.「先生曰: '余年十二受論語於松齋, 茫然不知其味, 至

이러한 일화가 아마도 그 숙부인 松齋를 감탄시켰던 모양이었다. 그래서 송재는 어린 退溪에게 늘상 가문을 지탱할 재목이라고 말하였다 한다.6)

退溪는 34세에 급제하여 중앙관계로 진출해서 숱한 진퇴로 점철된 벼슬생활을 시작한다. 그리하여 70세를 일기로 세상을 떠날 때까지 退溪는 벼슬아치로서 보다는 한 사람의 고고한 선비로서의 삶을 더 즐기면서 살았다. 일생을 통한 退溪의 이력에 관해서는 여기서는 자세하게 살펴볼 필요를 느끼지 않으므로 이쯤으로 생략하겠다. 그것은 뒤에 年譜에서 구체적으로 말하여질 기회가 있을 것이다. 退溪는 벼슬에 대해서는 별 미련을 갖지 않았던 인물인 듯하다. 그러한 느낌을 우리는 ≪退溪全書≫의 구석구석에서 받을 수 있다. 退溪는 스스로의 입지를 학문의 영역에 설정한 듯하고, 그러한 입장에서 평생을 통해 性理書를 주축으로 한 유학사상을 천착하여 간 학자라 할 수 있겠다. 이러한 학자적 순수성과 학문적 치밀성이 아마도 退溪로 하여금 조선조 최고의 학자로서의 명망을 얻을 수 있게 하여 주었을 것이다.

退溪의 신체적 특징으로는 이마가 상당히 넓었다는 점이 말하여질 수 있을 것이다. 그의 숙부인 송재가 이름을 부르기보다는 廣顙이라는 별칭으로 그를 즐겨 불렀다7)는 것을 통하여 우리는 그러한 退溪의 신체상의 특징을 확인할 수 있었다.

退溪가 평생을 통하여 성취하고자 하였던 학문의 세계는 궁극적 도리에 접근하여 가고자 하는 것을 목적으로 하는 것이었다. 그러한 목적에 접근하여 가기 위해서는 그는 성리서를 기조로 하여 학문적 탐구를 전개하여 나아갔다. 물론 退溪가

---

某篇註理字, 怳然似有得於心,' 便請曰: '凡事物之當然者謂之理乎?'」

6) 退溪全書 卷四, p. 101.「松齋謂先生曰: '特門戶者必此兒也.'」

7) 退溪全書 卷四, p. 101.「先生顙角豊廣, 松齋奇愛之, 常呼曰廣顙而不名焉」

이렇게 성리서로 대변되는 의리학에 치중한다고 하여서 문장학을 완전히 도외시하였다는 말은 아니다. 유학자들에게 있어서 의리학과 문장학은 둘 중 어느 한가지가 결여되어도 좋은 것일 수는 없다. 退溪에 있어서도 그 점은 마찬가지이다. 그러나 굳이 退溪가 그 두 가지 중 어느 편에 치중하고 있느냐고 말한다면 누가 뭐라 해도 의리학 쪽임을 부정할 수는 없을 것이다.

退溪의 학문은 程朱 계통의 정통 性理學의 흐름을 계승하는 것이다. 그리고 그의 학문을 내적이 차원에서 조명하여 볼 때 우리는 거기에서 敬을 찾아낼 수가 있다. 退溪의 학문을 敬學으로 통칭하는 소이도 여기에 있다. 즉, 退溪의 학문은 敬을 窮知하고 또 그것을 窮行하여 내는 데에 궁극적 목적을 둔다고 할 수 있다는 말이다.

退溪는 한시도 쉬지 않고 그러한 자신의 목적에 도달하여 가기 위한 공부를 계속하였다. 학문상의 치열성에 있어서 退溪를 뛰어 넘을 수 있는 사람은 아마도 따로 찾아볼 수 없을 정도로 그의 학문연구 작업은 차라리 생리적인 것이었다. 그의 학문에 대한 치열성은 다음과 같은 글귀 속에서 극명하게 드러난다.

선생은 언제나 조금도 마음을 해이하게 갖지 않았고, 冠帶를 풀고 흐트러진 모습으로 앉아 있는 적이 없었으며, 하루 종일 손에서 책을 놓는 법이 없었다. 항상 안질로 괴로움을 당하면서도 오히려 잠시도 손에서 책을 놓지 않았다. 문인들이 입을 모아 청하였다. '눈병이 이렇게 심하니 책 보는 일을 그만두지 않으면 안 되겠습니다.' 退溪가 말하였다. '나도 그것을 모르는 바는 아니나 만약 책을 보지 않으면 병이 오히려 더 기승을 부리니 비록 잠시 쉬고 싶기는 하여도 그리 하지 못하는 것이다.'8)

---

8) 退溪全書 卷四, p. 27.「先生平日未嘗少懈, 不脫冠帶, 終日乾乾, 手不釋卷,

이만큼 退溪는 학문연구에 철저하게 몰두한 인물이었다. 이러한 학문연구를 통하여 그가 탐구해 간 세계는 성리서의 오묘한 이치이다.

退溪가 구명하여 낸 이 이치는 동방 유자들이 궁구하여 낸 것 중 최고의 것이라 할 만 하고, 중국 性理學 역사의 한 자락을 타고 넘어 보다 높은 경지에로 뛰어오르는 놀라운 성취라고 할만하다. 이러한 성과는 다분히 退溪 개인의 성실성과 노력에 기인한 것이었다.

고려말기와 조선 초기에 걸쳐서 이 땅에서 본격적으로 개시된 性理學의 역사는 退溪를 정점으로 하여 중국성리학의 성취와 적어도 동등한 높이와 깊이를 갖추게 되는 것임을 우리는 알고 있다. 退溪가 있기 위해서는 물론 그 이전의 조선 유학의 역사와 고려 또는 삼국 유학의 역사가 있어야 하였음을 부인할 수는 없다. 그러나 退溪의 성취는 그것보다는 오히려 退溪 개인의 역량으로부터 기인한다는 사실도 또한 부인할 수 없는 것이다. 退溪는 그의 숙부인 송재로부터 가르침을 받은 외에는 그의 학문의 길잡이가 될 수 있는 선생을 뚜렷하게 갖고 있지 않다. 그도 《全書》의 어느 부분에서인가 이 점을 밝혀 놓고 있지만, 우리가 이 점을 인정한다 할 때 退溪의 학문적 성취는 더욱 놀라운 것으로 받아들여지지 않을 수 없는 것이다.

그러나 退溪의 학문적 성취가 비록 한국 性理學의 역사를 단숨에 심오한 깊이를 지니게 하는 질적인 비약을 가져다 주는 것이긴 하지만, 그렇다고 해서 退溪가 궁구하여낸 性理學의 심오한 이치가 타인의 이해를 허락하지 않는 난해한 것이

---

嘗患眼疾支離, 猶不輟卷舒. 門人皆請之曰 : '目患如是, 而不廢看書, 無乃不可乎,' 曰 : '吾非不知之而若不觀書病輒乘之, 雖欲小休, 不自已焉'」

라거나, 그가 체현하여 주는 인간적 성숙이 초인간적인 고고함으로 무장하고 있는 종류의 것이라는 것은 아니다. 退溪는 평이함 가운데 오묘함을 간직하고 있고, 일상적이면서도 고고한 인품을 갖추었으며, 곧고 바르면서도 단아한 아취를 풍기는 인물이었다. 退溪의 학문적 성취는 평이하고 명쾌한 형식으로 표현되고 있지만 그 속에는 보통 사람이 미치지 못하는 오묘한 이치가 간직되어 있고, 退溪의 인품은 겸허하게 뒤로 물러나 양보하는 것을 지고의 미덕으로 삼지만 거기에는 누구고 가벼이 넘볼 수 없는 인격적 깊이가 가로놓여 있는 것이다.9)

실로 이러한 경지는 쉽게 도달할 수 있는 것이 아니다. 이러한 경지는 학문적 성취만 가지고도 획득될 수 없으며, 인간적 성숙만 가지고도 얻어지기 어렵다. 이러한 경지는 지고의 학문적 성취가 지고의 인간적 성숙에 의하여 지지될 때 가능하여 지는 것이다.

退溪는 벼슬에도 뜻이 없었고, 부귀에도 얽매이지 않았다. 다만 하나 학문적 열정만이 그의 의식을 사로잡을 수 있는 유일한 가치일 따름이었다. 때문에 그의 인격은 어떤 무엇에도 좌우되지 않는 무욕의 경지에 도달하여 있었다. ≪退溪全書≫ 속에는 그에 대한 이와같은 평가가 있다.

> 선생은 항상 마음을 고요하게 하여 어떤 무엇에도 욕심을 내지 않았다. 선생의 마음은 만물의 위에 펼쳐져 있어서 천지간에 어떤 무엇도 그 마음을 사로잡지 못하였다.10)

이렇게 退溪는 爵錄에도 富貴에도 마음을 빼앗기지 않는 지

9) 退溪全書 卷四, p. 15.「以平易明白爲道, 而有人不及知之妙, 以謙虛退讓爲得, 而有人不可踰之實.」

10) 退溪全書 卷四, p. 30.「先生淡然無欲, 此心常伸於萬物之上, 天地之間, 無一物嬰其懷者.」

순한 경지에 도달하여 있었다. 그의 가치세계는 일상적 생활의 영역에 놓여져 있는 것이 아니라 道義의 세계에 펼쳐져 있었다. 즉, 도의를 드높이는 학문의 세계만이 그의 유일한 관심사였던 것이다. 이 말은 그가 누구보다도 순수한 학자라는 사실을 의미한다.

그는 학자로서도 폐쇄적인 인물이 아니었다. 학자라면 대개 외골수의 폐쇄적인 인물, 자기 독단에 빠져있는 고루한 인물이기가 쉽다. 그러므로 학자들은 왕왕 자기 학설에 구속되어서 그것을 지키기에 급급하곤 한다. 학자들 사이에 어떤 학설을 둘러싸고 벌어지는 논쟁들 중의 태반은 이러한 성격을 지니는 것이다. 그러므로 일찍이 莊子는 세상에 여러 다기한 학설들이 횡행하고, 그 학설들 사이에 쟁론이 끊기지 않는 것은 다 '自是而非彼', 즉 '자기만이 옳고 타자는 그르다'는 의식으로부터 비롯되는 것이라고 하여 이 점을 지적한 바 있다.11)
退溪도 역시 그 점을 지적한다. 退溪는 이렇게 말한다.

> 자기를 굽히고 타인을 좇지 못하는 것이 학자의 큰 병이다. 천하의 이치는 무수히 많은 것인데 어떻게 자기는 옳고 타인은 그르다고 할 수 있는 것인가?12)

물론 退溪의 이 말은 莊子의 그것과 간격 없이 서로 완전하게 일치하는 것은 아니다. 莊子에 있어서 그것은 천하 학술계의 모든 학설을 대상으로 삼는 것인데, 退溪에 있어서는 범위가 보다 좁혀져서 유학, 그 중에서도 朱子學적인 것만을 대상으로 삼는 것이다. 그러므로 退溪가 천하의 이치는 무수히 많다고 하여 제 학설들을 긍정적인 시각에서 수용할 때 그 천하

---

11) 莊子, 齊物論
12) 退溪全書 卷四, p. 37.「不能舍己而從人, 學者之大病, 天下之義理無窮, 豈可是己而非人.」

의 이치는 불교나 도교 등의 유학 외적인 것이나 陸象山·王陽明 등의 心學 계열까지를 다 포용하는 것은 아니다. 뒤에서 따로 언급할 기회가 있겠지만 朱子學 외적인 것에 대한 退溪의 태도는 어떤 다른 사람보다도 더 완고한 것이다. 그러나 적어도 이러한 이단적인 것이 아닌 한에 있어서는 退溪는 상당히 개방적인 태도를 취하는 학자였다. 그는 자기 학설을 주장하기에 앞서 타인의 학설을 수용하기를 주저하지 않는 사람이었고, 자기 학설이 이유 있는 반론에 부딪힐 때에는 주저없이 자신을 후퇴시킬 줄 아는 인물이었다. 이러한 退溪의 태도는 奇大升과 오랜 시일에 걸쳐 계속한 저 유명한 논쟁인 이른바 <四端七情論辯>을 통하여 분명하게 드러난다 거기에서 退溪는 ≪退溪全書≫속에서 스스로 자신의 문인 중의 하나로 간주하는 奇大升의 반론에 부딪혀 여러 번 자기학설을 수정하는 모습을 보여주는 것이다. 혹자는 이것을 두고 退溪의 지조없음과 학문적 미숙을 지적할는지 모른다. 그러나 한국 학술계의 풍토에서 볼 때 당대 최고의 명망을 받고 있던 退溪에게서 나타나는 이러한 모습은 가히 혁명적인 것이라 아니할 수 없다. 필자는 이것 하나만으로도 退溪가 한국사상사의 정점에 위치할 자격이 충분하다고 생각하는 것이다. 이렇게 후생의 비판을 순수하게 받아들이는 자세야말로 학자로서의 退溪가 가지고 있는 가장 커다란 매력이라고 하겠다. 이렇게 권위주의를 배격하는 退溪의 자세는 아마도 그의 인간적 본질로부터 기인하는 것이고, 벼슬길을 중시하지 않는 태도와 같은 뿌리로 서로 이어져 있는 것이라고 할 수 있겠다.

退溪는 본래 出仕에 별 관심이 없었던 듯하다. 다음의 退溪의 말은 그러한 그의 입장의 일단을 분명히 드러내 보여준다.

나는 비록 과거에 응하기는 하였지만 처음에는 그 得失에 별로 마음을 쓰지 않았다. 스물네 살 때 연이어 세 번의 시험에 떨어졌지만 낙담하지는 않았다. 그러던 어느 날인가 향리의 집에 있는데 홀연히 어떤 사람이 들어와서 이서방하고 부르며 나를 찾는 것이었다. 천천히 알아보니 그 사람이 찾는 것은 늙은 종이었다. 이에 나는 탄식하며 생각하였다. '내가 아직 큰 이름을 이루지 못하여 이러한 치욕을 당하는 것이다.' 다음 순간 금새 得失에 대한 관심이 나의 마음을 사로잡고야 말았다. 과거라는 것이 사람의 마음을 움직이는 것은 아주 두려울 만한 것이다.[13]

이상에서 볼 수 있듯이 退溪에게 있어서의 과거라는 것은 지고의 가치나, 출세 또는 축재의 수단은 아니었다. 退溪는 단지 과거에 급제하여 이름을 얻음으로써 타인들에게 당당하게 보여지기를 소원하였을 뿐이다. 물론 그것도 退溪 자신의 의식이 결정하여 준 것만은 아니었다. 그것 역시 타인에 의하여 촉발된 결과였던 것이다.

退溪에게 있어서 과거란 수단이 아니라 그 자체로 목적이었다. 그러므로 우리는 이러한 그의 의식의 연장선상에서 무수한 사직소를 쓰는 그의 행위의 의미를 이해랄 수 있는 것이다.

退溪는 그러한 모욕감을 바탕으로 하여 열심히 과거공부를 하여 27세에 경상도 향시 進士試 수식, 生員試 차석, 28세에 進士會試 차석, 32세에 文科 別試의 初試에 차석을 거쳐 34세가 되어서 3월에 급제하여 벼슬길로 나아간다. 그리하여 49세 되던 해 豊基郡守를 끝으로 은퇴하기까지 그의 본격적인 벼슬살이가 계속된다.[14] 이 기간 동안의 退溪의 직위는 아래의 표 속에 대부분을 함축될 수 있다.[15] [표 1]

---

13) 退溪全書 卷四, pp. 101~102.「余雖應擧而初不屑於得失, 二十四歲時連屈三試亦無落魄意. 一日在里弟忽有人來呼李書房者謂招我. 徐而察之則乃人之尋老奴者也. 仍歎曰 :'我未成一名, 故有此辱也.' 造次之頃, 便覺得失之關心. 科目之動人甚可懼也.」

14) 退溪全書 卷四의 年譜부분 참조.

[표 1]

| 品階 / 벼슬 | 從三品 | 正四品 | 從四品 | 正五品 | 從五品 | 正六品 | 從六品 | 在職期間 |
|---|---|---|---|---|---|---|---|---|
| 成均館 | 司成(4) | | 司藝(3) | | | 典籍(2) | | 9個月 |
| 戶 曹 | | | | | | 佐郎(13) | | 13個月 |
| 弘文館 | 典翰(8) | 應敎(7) | | 校理(6) | 副校理(7) | 修撰(1) | 副修撰(1) | 30個月 |
| 司諫院 | | | | | | | 正言(3) | 3個月 |
| 司憲府 | | 掌令(4) | | 持平(7) | | | | 11個月 |
| 刑 曹 | | | | 正郎(9) | | | | 9個月 |
| 議政府 | | 舍人(7) | | 檢詳(2) | | | | 9個月 |
| 典設司 | | 守(2) | | | | | | 2個月 |
| 宗親府 | | 典籤(1) | | | | | | 1個月 |
| 司僕寺 | | 正(4) | | | | | | 4個月 |
| 丹 陽 (外職) | | | 郡守(9) | | | | | 9個月 |
| 豊 基 (外職) | | | 郡守(12) | | | | | 12個月 |

( )안의 숫자는 재직기간을 의미함

이상은 李相殷 선생이 退溪의 본직을 중심으로 엮어놓은 표이다. 李相殷 선생도 밝혀놓고 있는 바이지만 이 표에는 종 6품 이상의 벼슬만이 대충 기록되어 있다. 종 6품 이하 벼슬도 출사초기의 承文院 副正字(從九品), 正字(正九品), 著作(正九品), 博士(正七品), 藝文舘 檢閱(正九品), 春秋館에서의 記事舘(正九品) 등등 무수히 많다. 이상의 벼슬자리와 아울러 그는 겸직으로 아래와 같은 자리를 거쳤었다. 16)[표 2]

[표 2]

| 品階 / 벼슬 | 正三品 | 從三品 | 正四品 | 從四品 | 正五品 | 從五品 | 正六品 | 在職期間 |
|---|---|---|---|---|---|---|---|---|
| 春秋館 | 編修官 (14) | | | | | 記注官 (7) | | 21個月 |
| 承文館 | | 參校 (8) | | 校勘 (16) | | 校理(1) | 校檢(6) | 31個月 |
| 經筵 | | | 侍講官 (14) | | 侍讀官 (7) | | 檢討官 (3) | 24個月 |
| 侍講院 | | | 弼美 (3) | | | 文學 (12) | | 15個月 |
| 內職 | 知製敎(例兼) | | | | | | | |

( )안의 숫자는 재직기간을 의미함

15) 李相殷, ≪退溪의 生涯와 學問≫, pp.34~35 참조,

16) 李相殷, ≪退溪의 生涯와 學問≫, p.36.

이상의 두 도표가 退溪가 49세까지 本職으로, 또는 兼職으로 거쳤던 주요 이력이다. 退溪는 49세에 풍기군수 재직시 사직소를 올리고 고향으로 내려가 은거한다. 물론 이 말은 49세 이후의 退溪가 완전히 중앙관계와는 무관한 은둔생활을 하였다는 말은 아니다. 49세 이후에도 退溪는 타의에 이끌려 주로 단기간에 그치는 벼슬자리를 지키곤 하였다. 49세 이후 70세에 이르러 죽기까지 이러한 간헐적인 출사는 계속된다. 49세 이후 70세까지의 退溪의 출사시기 또는 출사기간의 대강은 아래 표와 같다. [17][표 3]

[표 3]

| 年齡 | 年度 | 在鄕期間 | | 留京期間 | |
|---|---|---|---|---|---|
| | | 歸鄕月 | 滯在期間 | 入京月 | 滯在期間 |
| 49 | 明宗 4年 | 12月 | 2年 4個月 | | |
| 52 | 明宗 7年 | | | 4月 | 3年 11個月 |
| 55 | 明宗 10年 | 2月 | 3年 7個月 | | |
| 58 | 明宗 13年 | | | 9月 | 5個月 |
| 59 | 明宗 14年 | 2月 | 8年 4個月 | | |
| 67 | 明宗 22年 | | | 6月 | 2個月 |
| 67 | 宣祖卽位年 | 8月 | 1年 | | |
| 68 | 宣祖 1年 | | | 7月 | 8個月 |
| 69 | 宣祖 2年 | 3月 | 10個月 | | |
| 70 | 宣祖 3年 | 12月 辛丑日 酉時 終于寢 | | | |

이 기간 동안에 退溪에게 제수된 관직은 무수히 많다. 그러나 退溪는 거의 다 사직소를 올려 취임하지도 않고 그만두는 경우가 많았고 어쩌다 정 할 수 없는 경우에만 단기간에 걸쳐 재직하곤 하였을 뿐이다. 이 기간 동안에 退溪에게 제수 되었거나, 退溪가 봉직한 관직들은 대개 아래 표와 같다. [18][표 4]

---

17) 上同, pp.44~45.
18) 上同, pp.46~47.

[표 4]

| 品階 / 벼슬 | 從一品 | 正二品 | 從二品 | 正三品 | 正三品下 | 從三品 | 從四品 | 正五品 |
|---|---|---|---|---|---|---|---|---|
| 弘文館 | | | | (辭) 副提學 | | | (辭) 副應教 | (2) 校理 |
| 司憲府 | | | | | | (辭) 執義 | | |
| 兵 曹 | | | | (2) 參議 | (2)(5) 上護軍 | (辭) 大護軍 | | |
| 成均館 | | | | (1)(3) (4) 大司成 | | | | |
| 刑 曹 | | | | (1) 參議 | | | | |
| 中樞府 | (辭) 判事 | (辭)(辭) 知事 | (辭)(辭) (辭) 同知事 | | | | | |
| 工 曹 | | (辭) 判事 | (辭) 參判 | | | | | |
| 議政府 | | (辭) 右贊成 | | | | | | |
| 禮 曹 | | (辭) 判事 | | | | | | |

(辭)는 사직, ( ) 안의 숫자는 재직기간을 의미함.

이것은 49세 이후에 退溪에게 내려졌던 관직 중 본직에 속하는 것이고, 겸직으로 退溪에게 내려졌던 관직의 대강은 아래 표와 같다.[19) ] [표 5]

[표 5]

| 品階 / 벼슬 | 從一品 | 正二品 | 從二品 | 正三品 | 正三品下 | 從三品 | 從四品 | 正五品 |
|---|---|---|---|---|---|---|---|---|
| 例 帶 | 知制誥 | | | | | | | |
| 經 筵 | | (辭) 知事 | (辭)(辭) 同知事 | (1) 參贊官 | | | | (2) 侍讀官 |
| 春秋館 | | (辭) 知事 | (辭) 同知事 | (1) 修撰官 | | | | (2) 言註官 |
| 承文院 | | | | | | | | (2) 校理 |
| 藝文官 | | (辭) 大提學 | (辭) 提學 | | | | | |
| 弘文館 | | (辭) 大提學 | | | | | | |
| 成均館 | | (辭) 知事 | | | | | | |

(辭)는 사직, ( ) 안의 숫자는 재직기간을 의미함.

19) 上同, pp.47~48.

이러한 표들은 李相殷 선생이 ≪退溪全書≫중의 연보 부분을 참조로 해서 작성한 것들이다. 그러면 여기에서 退溪의 연보에 입각하여 중요한 사항들을 개략적으로 조감하여 보도록 하자.

※退溪 선생 연보

출생 : 연산군 재위 7년. 辛酉年. 서기 1501년.

11월 25일 己亥日 辰時에 예안현 온계리 자택에서 출생.

선생의 선조들은 대대로 眞寶縣에서 살았음. 그러다가 선생의 5대조인 松安君 때에 왜구의 난을 피하여 安東府 豊山縣 남쪽 磨崖里에 이주하여 살다가 후에 또 周村에 옮겨 살았음. 退溪의 조부 判書公이 예안현 북쪽 온계의 물과 돌의 아름다움을 사랑하여 처음 옮겨와 거주하기 시작하였음.

2세 : 서기 1502년

6월에 부친 찬성공 사망.

선생은 후에 어머니 貞敬夫人 朴氏의 묘명에 이렇게 적었다.

"선군께서 병으로 돌아가셨을 때 伯兄은 겨우 집 한칸만을 물려받았을 뿐 자신 외에 어린애들만 가득하였다. 어머니께서는 아들들은 많고 일찍 과부가 되어놔서 집안을 지탱해 나가지 못하지나 않을까 마음 아파하였다. 그래서 농사일과 잠업에 더욱 힘써 일을 손에서 놓지를 않았다. 그리하여 자식들이 점차 장성함에 따라 빈궁한 처지에서 벗어나 자급할 수 있게 되자 자식들을 멀리 가까이 취학하게 하였다. 그리고 매양 훈계를 멈추지 않았는데, 이러한 훈계는 文藝에서 그치는 것이 아니라, 몸을 다스리고 삼가 행동하는 것에 더욱 중점을 두는 것이었다. 그리고 언제나 '세상사람들은 항상 과부의 자식들을 배우지 못한 아이들이라고 비난한다. 너희들이 백배 더 노력하지 않으면 어찌 이러한 비난을 모면할 수 있겠느냐'하는 말로 경계하셨다."

6세 : 중종대왕 원년, 서기 1506년.

처음으로 책을 읽을 수 있게 되었음.

12세 : 서기 1512년.

숙부 松齋 堣에게 ≪論語≫를 받음.

≪論語≫를 읽다가 "너희들은 집안에 들어오면 효도하고, 집밖에 나가면 공경하고"하는 글귀에 이르러 두려움을 느껴 스스로를 경계하여, "사람의 자식된 도리가 마땅히 이와 같아야 한다."고 말하였다. 어느 날인가는 理라는 글자의 의미를 송재에게 물어 "무릇 일을 함에 있어서 그 마땅한 도리를 일러 理라 하는 것입니까?" 하였다. 송재는 "너는 이미 글의 뜻을 이해하였구나." 하였다. 송재는 성품이 단순하고 자제들에게 엄격하였는데, 잠시 선생이 형인 大憲公 瀣와 더불어 수업을 받도록 허가하였었다. 송재는 매양 "돌아가신 형님은 이 두 아이가 있으니 죽지 않은 것과 같다."라 칭찬하였고, 또 선생을 일러 "가문을 지탱할 사람은 반드시 이 아이일 것이다."라 말하였다.

서기 1514년.

독서를 좋아하여서 비록 많은 사람들이 방안에 빽빽하게 앉아 있다 하여도 반드시 벽을 향하고 앉아 조용히 책을 들여다보았다. 도연명의 시를 좋아하고, 그 인격을 흠모하였다.

20세 : 서기 1520년.

≪周易≫을 읽고 그 뜻을 궁구하느라고 침식을 잃을 정도였음. 이때부터 항상 마르고 초췌해지는 병을 갖게 됨.

21세 : 서기 1521년.

진사 瓚의 여식인 허씨부인과 혼인함.

23세 : 서기 1523년.

10월에 아들 寯 탄생

이 해에 처음으로 태학(太學)을 구경함.

河西 金麟厚와 교유.

27세 : 서기 1527년.

가을에 경상도 향시 진사시에서 수석. 생원시에서 차석.

10월에 아들 寀 출생

11월에 부인 허씨 사망.

28세 : 서기 1528년.

봄에 進士會試 차석.

30세 : 서기 1530년.

봉사(奉事) 礩의 여식인 권씨부인과 혼인함.

31세 : 서기 1531년

측실에게서 아들 寂 출생.

32세 : 서기 1532년

선생은 司馬試[20]에 만족하여 과거에는 뜻이 없었다. 그러나 형 대헌공과 어머니가 권하여 과거에 응하였다. 이해에 문과 별시의 初試가 있었는데 선생은 차석을 하였다.

33세 : 서기 1533년.

가을에 여주(驪州)에 들려 慕齋 金安國을 만남.

경상도 향시에 응하여 수석을 함.

34세 : 서기 1534년.

3월에 급제하여 관계로 나감.

4월에 승문원 權知[21] 副正字에 천거됨.

예문관 檢閱 겸 춘추관 記事官에 제수되었다가 바로 다시 승문원 副正字가 됨.

6월에 正字로 승진.

10월에 著作[22]으로 승진.

12월에 務功郎[23] 博士로 승진.

35세 : 서기 1535년.

6월에 護送官으로 倭奴를 東來까지 호송.

36세 : 서기 1536년.

---

20) 일명 生進科, 進士와 生員을 뽑는 小科임. 初試와 覆試 등 2단계가 있었음.

21) 고려·조선시대 임시직의 앞에 붙인 말.

22) 조선시대의 문관직. 정8품 벼슬로 홍문관에 1명, 승문원에 2명, 교서관에 2명씩 두었음.

23) 조선시대 家親 및 儀賓에게 주던 것으로 正七品임.

3월에 宣務郎에 제수됨.

6월에 성균관 典籍 겸 中學校授로 승진.

9월에 戶曹佐郞에 제수됨.

37세 : 서기 1537년.

4월에 宣敎郞에 제수됨.

5월에 承訓郞에 제수됨.

9월에 承議郞에 제수됨.

10월 丁日에 어머니 박씨가 병석에 누음.

12월 甲子日에 어머니 박씨부인을 온계리 수곡의 들에 장례지냄.

39세 : 서기 1539년.

12월에 홍문관 副修撰에 제수됨. 이날 修撰知製敎 겸 經筵檢討官에 제수됨.

40세 : 서기 1540년.

정월에 사간원 正言에 제수됨.

2월에 奉訓郞에 제수됨. 奉直郞으로 승진함.

3월에 승문원 校檢을 겸하게 됨.

4월에 知製敎[24]가 됨.

사헌부 待平이 됨.

刑曹正郞에 제수되었다가 파직 됨.

9월에 다시 형조정랑 겸 승문원 교리가 되었다가 홍문관 구교리 겸 경연 시독관 춘추관 記注官으로 바뀜.

10월에 교리로 승진.

11월에 通善郞[25]을 제수받음.

41세 : 서기 1541년.

4월에 사헌부 지평이 됨.

5월에 홍문관 修撰이 됨.

부교리로 승진함.

10월에 世子待講院文學을 겸임.

---

24) 조선시대 왕에게 敎書 등을 기초하여 바치는 일을 맡아보았던 관직.

25) 조선시대 正五品(東班에 속함) 관직임.

11월에 사헌부 지평이 됨.

12월에 병으로 성균관 전적을 사직하고 다시 형조정랑에 배하여짐.

42세 : 서기 1542년.

2월에 홍문관 부교리와 이전의 관직을 겸하게 됨.

의정부 檢詳이 되어 자주 어사로 뽑혀 충청도를 감찰해서 郡·邑이 救荒에 힘쓰는지 여부를 살핌.

晦齋 이선생을 남문 밖에서 배웅함. 이때 회재는 경주를 돌아봄.

5월에 通德郞이 됨. 승진하여 舍人 겸 승문원 校勘 시강원 文學이 됨

8월에 聾巖 李賢輔가 고향으로 돌아가는 것을 배웅함. 災傷御使[26]가 되어 강원도 지방을 돌음.

12월에 사헌부 掌令이 됨.

43세 : 서기 1543년.

2월에 병으로 사직하고 종친부 典籤이 됨. 다시 掌令이 되었다가 典設司[27] 守로 옮김.

6월에 朝奉大夫에 제수됨.

7월에 성균관 司藝 겸 승문원 校勘 시강원 弼善이 됨.

8월에 朝散大夫 제수 받음. 사간원 司諫으로 승진하나 병으로 응하지 못함. 司僕寺 僉正이 됨.

10월에 성균관 司成이 됨.

11월에 禮賓寺 副正이 되나 나가지 않음.

12월에 奉列大夫가 됨.

44세 : 서기 1544년.

2월에 홍문관 교리로 소환됨.

4월에 세자시강원 左弼善에 제수되나 병으로 나가지 않음.

---

26) 백성들의 재난을 살피는 어사

27) 조선시대 법전을 사용하여 帳幕의 공급을 담당하던 관청. 병조의 지휘감독을 받던 것으로 守·提檢·別坐·別提·別檢 등 각 1名과 서리 15명, 사령 4名, 군사 2명으로 구성됨.

사헌부 장령이 됨.

6월에 병으로 사임하고 성균관 直講이 되고, 또 홍문관 교리에 제수되나 병으로 교체됨. 종친부 전섬이 됨.

8월에 홍문관 應敎 겸 經筵侍講官, 춘추관 編修官, 승문원 교감校勘이 됨.

11월에 중종 승하.

45세 : 인종대왕 원년. 서기 1545년.

정월에 遠接使 從事官으로 뽑히나 병으로 나가지 않음.

3월에 병으로 소임이 면하여지고 內贍寺 僉正에 제수됨.

4월에 奉正大夫로 제수되었다가 軍資監 僉正으로 옮김.

5월에 中訓大夫로 제수됨.

6월에 홍문관 應敎가 됨. 典翰과 이전의 관직을 겸하게 됨.

7월에 인종 승하. 명종 즉위.

8월에 中直大夫가 제수되나 병으로 관직을 사직하고 통례원 相禮가 됨.

9월에 司饔院[28] 正이 됨. 홍문관 典翰과 이전의 관직을 겸하게 됨.

李芑가 啓를 올려 선생의 削職을 청함.

職牒 회수를 당함

李芑의 조카 교리 李元祿이 평소에 선생을 소중히 여긴 까닭에 李芑에게 힘써 간해서 李芑는 전에 임금에게 올린 啓를 물리고 직첩을 다시 돌려주기를 임금에게 청함.

다시 司僕寺 正 겸 승문원 參校에 제수됨.

11월에 通訓大夫가 되어 迎接大夫에 뽑힘.

46세 : 명종대왕 원년. 서기 1546년.

2월에 휴가를 얻어 장인 장례식에 참석하였다가 병 때문에 돌아오지 못하자 5월에 해직.

---

28) 조선시대 궁중의 음식을 맡아보던 관청. 正(정3품) 1명, 提學(정·종3품) 2명, 提檢(정·종4품) 2명, 檢正(종4품) 1명, 判官(종5품) 1명, 主簿(종6품)·直長(종7품)·奉事(종8품) 등으로 이루어짐.

7월에 부인 권씨 사망.

8월에 校書官 교리 겸 승문원 교리에 임명됨. 11월에 禮賓寺 正에 임명됨. 모두 취임하지 않음.

47세 : 서기 1547년.

7월에 안동부사가 세수되었으나 부임하지 않음.

8월에 홍문관 응교와 이전의 관직을 겸하게 됨.

12월에 병으로 사직하고 儀賓府 經歷이 됨.

48세 : 서기 1548년.

정월에 외직을 청하여 단양군수가 제수됨

2월에 아들 寀 사망

10월에 풍기군수가 제수됨

49세 : 서기 1549년.

9월에 병으로 監司에게 사직서를 제출. 병으로 인하여 세 번 사직서를 감사에게 올린 다음에 회신을 기다리지 않고 책 몇 보따리만 들고 귀향함.

52세 : 서기 1552년.

4월에 홍문관 교리 知製敎 겸 경연 시독관, 춘추관 기주관, 승문원 교리로 임명되어 조정으로 돌아감.

5월 사헌부 執義에 제수되나 사직소를 올림. 윤허되지 않음.

6월 병으로 사직. 홍문관 부응교에 제수됨.

7월 通政大夫 성균관 大司成으로 승진함.

11월 병으로 사직함. 上護軍에 임명됨.

53세 : 서기 1553년.

4월에 대사성에 임명됨.

7월에 병으로 사직. 副護軍에 임명됨.

8월에 親試 對讀官으로 뽑힘.

9월에 忠武衛 上護軍에 임명됨.

10월에 鄭之雲의 天命圖를 고쳐줌.

54세 : 서기 1554년.

5월에 刑曹參議에 제수.

6월에 兵曹參議로 옮김.
9월에 上護軍으로 바뀜.
11월에 僉知 中樞附事에 배하여짐.

55세 : 서기 1555년.
병으로 세 번 사직소를 올려 해직되자 곧바로 도성을 떠나 귀향함. 이날 上護軍에 제수됨.
僉知 中樞府事를 제수하여 불렀으나 선생이 사직소를 올려 응하지 않음.

56세 : 서기 1556년.
5월 홍문관 부제학 知製敎 겸 경연 參贊官, 춘추관 修撰官으로 소환됨. 또 식량을 내리고 부제학을 제수함. 거듭 사직소를 올림. 부제학으로 제수됨.
6월에 僉知 中樞府事로 제수됨
≪朱子書節要≫ 완성.
12월에 鄕約을 草함(행하여지지 않음).
≪朱子書節要≫ 序를 씀.

57세 : 서기 1557년.
7월에 ≪啓蒙傳疑≫완성

58세 : 서기 1558년.
윤 7월에 상소하여 해직을 원했으나 윤허되지 않으므로 9월이 되어서 도성으로 올라감.
10월에 성균관 大司成에 임명됨.
11월에 사직. 上護軍에 제수됨.
12월에 嘉善大夫 工曹參判으로 특진. 거듭 사직소를 올렸으나 윤허되지 않음.

59세 : 서기 1559년
2월에 말미를 얻어 귀향. 병으로 미처 도성으로 돌아오지 못하고 사직소를 올렸으나 윤허되지 않음.
5월에 또 사직소를 올렸으나 윤허되지 않음.
7월에 또 사직소를 올리니 주상께서 윤허하고 참판을 해직하고 同知 中樞府事로 임명. ≪白鹿洞規集解≫에 대해

거론한 黃仲擧의 서신에 답함(집해는 朴松堂이 지은 것인데 잘못된 곳이 있었으므로 선생이 그것을 고쳐 주었음).
12월에 ≪宋季元明理學統錄≫을 편집함.

60세 : 서기 1560년.
11월에 奇高峯과 서신을 통해 四端七情에 대해 논변함.
도산서당 완성.

64세 : 서기 1564년.
9월에 靜庵 趙先生 행장을 지음.
≪心無體用辨≫을 지음.

65세 : 서기 1565년.
4월에 同知 中樞府事의 직명을 거두어 줄 것을 청하여 윤허 받음.
12월에 다시 同知 中樞府事에 제수됨

66세 : 서기 1566년.
정월에 소명을 받았으나 병으로 상경하지 못하고 거듭 사직소를 올림. 윤허되지 않음. 資憲大夫 工曹判書 겸 예문관 提學으로 승진하였으나 또 사직소를 올림. 윤허되지 않음. 홍문관 대제학·예문관 대제학·지성균관사·동지 경연 춘추관사를 겸하게 됨.
4월에 知中樞府事로 바뀌어 제수됨.
7월에 자헌대부, 지중추부사 능 관식을 서두어 줄 깃을 칭함. 윤허되지 않음.
10월에 晦齋 이선생 행장을 짓고 문집을 교정함.
≪心經後論≫을 지음.

67세 : 서기 1567년.
2월 다시 소명(이때 嘉靖 황제 붕어하고 신황제 즉위식에의 초빙사가 당도할 예정이었으므로 李浚慶 등이 文學之士를 불러 모아 대접하여야 한다고 주청하였기 때문에 선생에게 소명을 내린 것임).
6월에 소명에 응하여 도성에 당도함.
명종 승하.

선생은 입성 3일만에 병이 나서 임금을 배알하지도 못하고 변고 소식에 접함. 烏抄帽을 쓰고 黑角帶를 차고 대궐로 나가 臨哭함. 7월 예조판서 겸 同知經筵 春秋館事에 배하여 짐. 사직 요망. 윤허되지 않음. 거듭 사직 요망하였으나 윤허되지 않음.

8월에 병으로 면직되자 곧 귀향함.

10월에 龍驤衛大護軍 겸 同知經筵 春秋館事에 소명 받음. 同知中樞府事와 이전의 관직을 겸하게 됨. 소명을 거두어들일 것을 청하는 사직서를 올림, 知中樞府事와 이전의 관직을 겸하게 하고, 특별히 교서를 내려 소명함.

68세 : 선조 원년. 서기 1568년.

정월에 사직서를 올림.

崇政大夫로 승진하고 의정부 우찬성에 배하여 짐.

3월 또 다시 새로 승진된 관직과 이전에 자신에게 내려진 관직을 거두어 줄 것을 요청하는 상소를 거듭 올림.

5월 贊成에서 판중추부사로 바뀌어 소명됨.

6월 고향을 떠나 도성으로 오면서 거듭 상소를 올려 사직을 청하였으나 윤허되지 않음.

7월에 도성에 도착. 주상을 배알하고 거듭 사의를 표하였으나 윤허되지 않음.

8월에 홍문관 提學을 겸하게 됨. 사직을 청했으나 윤허되지 않음.

홍문관·예문관 대제학, 知經筵, 春秋館·成均館事를 겸하게 됨. 병으로 본직과 겸직을 고사. 윤허하지 않음. 판중추부사 겸 知經筵 春秋館事가 됨.

12월 ≪聖學十道≫와 箚子를 올림.

69세 : 서기 1569년.

정월에 이조판서가 제수되었으나 병으로 재삼 사직을 청하여 면직이 윤허 됨. 다시 판중추부사가 제수됨. 주상을 배알하고 귀향을 요청하였으나 윤허되지 않음.

2월에 의정부 우찬성에 제수됨. 거듭 상소하여 면직이 허락됨.

3월에 모든 벼슬자리를 버리고 귀향을 요청하였으나 허락되지 않음. 판중추부사에 제수됨. 관작을 물러줄 것을 요청하여 윤허 받음. 도성을 나와 귀향함.

4월에 모든 관직에서 해직하여 줄 것을 요청하였으나 윤허되지 않음.

70세 : 서기1570년.

정월 상소를 올려 모든 직명을 거두어 줄 것을 요청하였으나 윤허되지 않음.

자주 易東書院에 나가 ≪心經≫≪啓蒙≫등을 강의함.

10월에 奇明彦과 서신으로 <心性情圖>에 관해 논함.

11월 奇明彦에게 답신을 보내 <致知格物說>을 개정함.

12월 자제들에게 타인으로부터 빌려온 서적들을 돌려주라고 명함.

형의 자식에게 명하여 遺戒을 쓰게 함. (1. 예를 갖춘 장례를 하지 말 것. 2. 비석을 세우지 말고 다만 작은 돌에 앞에는 '退溪晩隱 眞城李公之墓'라 쓰고 뒤에는 鄕里·世系·志行·出處만을 간략하게 적을 것 등 등) 이때가 12월 丁酉日임. 오후에는 여러 유생들을 만나 봄. 戊戌日에 미리 관을 만들도록 명함. 이날 문인 李德弘에게 서적을 관리하도록 맡김. 辛丑日 酉時에 인종. 辛亥日에 부음이 전해지자 영의정이 제수됨. 乙卯日에 大匡輔國崇祿大夫 議政府領議政兼 領經筵弘文館藝文館春秋館觀象監事에 추증됨. 다음해 辛未年 3월 壬午日에 禮安 搴芝山 남쪽에 매장.

1573년 11월 초하루에 신위를 伊山書院에 봉안하고 釋菜禮[29]를 지냄. 1574년 봄 陶山 남쪽에 서원을 건립함.

1575년 여름 서원 완공. 陶山書院이라는 사액이 내려짐.

1576년 위패를 도산서원에 봉안하고 석채례를 행함. 12월

29) 犧牲을 쓰지 않고 略式으로 蔬菜 따위만 가지고 간략하게 제사를 올리는 것.

에 文純 이라는 시호가 내려짐.[30)]

이상의 先生年譜는 退溪의 문인인 西厓 柳成龍이 지은 年譜 중 중요한 사항들만 옮겨 놓은 것이다. 아마도 관리로서의 退溪, 학자로서의 退溪에 대한 분명한 느낌을 어느 정도 이 기록은 우리에게 전하여 줄 수 있을 것이다. 그리고 이 기록은 또한 조선조의 학자 또는 관리의 평생을 알게 하여주는 부수적 효과도 우리에게 가져다 줄 수 있을 것이다. 이러한 생각 때문에 필자는 여기에서 退溪의 일생을 통한 정치적 학문적 이력들을 될 수 있는 한 빠짐없이 열거하려고 애를 썼던 것이다.

退溪는 치열한 선비의식을 가진 학자라는 사실을 우리는 무엇보다도 먼저 인식하지 않으면 안 된다. 따라서 그는 권력의 중심부에 머물기보다는 늘 권력의 주변으로 물러나 한가로이 서책을 벗할 수 있기를 원하였다. 그것은 그에게 있어서 유일한 가치였고, 삶의 의미였던 것이다. 이러한 학문에 대한 열성은 그에게 천하를 뒤덮기에 족한 학자적 명성을 궁극적으로 가져다주었지만, 그러나 그것으로 인해 약관 20세의 한창 나이로부터 70고령으로 임종할 때까지 끊임없는 질병에 시달릴 수밖에 없게 만들어 주기도 하였다. 그가 매양 사직소를 올림에 있어서 질병을 거론하지 않을 수 없었던 것은 단순한 핑계에 지나지 않는 것은 아니라 하겠다.

退溪는 향리로 돌아가야 하는 자신의 처지를 이렇게 요약하여 들려준다.

滉은 처신하기가 여간 어렵지 않다. 무슨 까닭인가? 아주 어리석기 때문이고, 큰 병에 걸려 있기 때문이고, 헛된 이름을 얻고 있기

30) 退溪全書 卷四, pp.113~152 참조

때문이고, 잘못된 성은을 입고 있기 때문이다. 아주 어리석으면서 헛된 이름을 감당하려하면 망령된 행동을 하게 되고, 큰 병에 걸려 있으면서 잘못된 성은을 입으려 한다면 부끄러움을 모르는 것이다.31)

이상에서 退溪가 거론하고 있는 네 가지는 실제로는 둘로 대별될 수 있다. 큰 병에 걸려 있다는 것과 나머지 셋이 바로 그것이다. 큰 병에 걸려 있다는 것은 육체적으로 직무를 다하기가 어렵다는 것을 의미한다. 나머지 셋은 정신적으로 退溪 자신이 만족스러운 경지에 도달하지 못하였다는 것을 의미한다. 退溪는 항상 이러한 육체적 심리적 조건 위에 놓여 있는 인격이었다. 이러한 두 가지 조건들이 서로 상호작용을 일으켜서 退溪는 끊임없이 사직소를 올리지 않을 수 없었던 것이다. 이러한 두 가지는 평생토록 退溪를 따라다닌 결핍감이었다. 退溪는 이 결핍감을 채우기 위해 끊임없이 낙향을 소원하였던 것이다. 병고에 시달리는 육체에 휴식을 제공하기 위해서, 자신이 결핍감을 느끼고 있던 학문의 영역에서 性理學의 진실에 보다 더 가까이 접근하여 갈 수 있기 위해서 退溪는 늘 자신의 조부가 사랑했던 그 온계리의 아름다운 돌과 물의 세계에로 은거하지 않을 수 없었던 것이다

## 2. 退溪에 있어서 학문이란 무엇인가?

학문이란 무엇인가? 학문은 무엇으로부터 기인하는 것인가? 혹자는 인간의 본질로서 지적 호기심을 말하고 그것으로부터

---

31) 退溪全書 卷四, p.4.「滉之處身難矣. 何也? 大愚也, 劇病也, 虛名也, 誤恩也. 以大愚而欲實虛名則爲妄作, 以劇病而欲承誤恩則爲無恥.」

학문함의 필연적 이유를 발견하여 낸다. 그러나 그것이 지적 호기심의 소산이라 할 때 그 학문의 의미는 다만 박물학적인 지식의 나열에서 그치는 사치성을 띠는 것에 불과하다. 만약에 그와 같은 사치성의 차원에서 학문이 말하여 질 수 있다면 그것은 차라리 존재하지 않는 것이 낫다.

인간의 자존심을 만족시켜 줄 뿐인 학문은 아무 의미도 없는 것이기 때문이다. 학문은 사치성의 차원에서 운위될 수 있는 것이 아니다. 학문은 인간과 인간의 삶을 위해서 필수적으로 요구되는 것이다. 학문이 사치성의 차원에 머물러 있을 때 그 학문은 인간의 삶과는 무관한 군더더기에 지나지 않는다. 학문은 진실로 그런 것이어서는 아니 된다. 학문은 진실로 그러한 것이 아니다. 학문은 지식의 차원에 놓여져 있는 것이 아니고, 지적 호기심, 또는 지식욕의 발로로써만 설명될 수 있는 것이 아니다. 학문은 진리에의 욕구의 발로이다. 지식은 인간의 앎에 봉사하지만, 진리는 인간의 인간됨에 봉사한다. 지식은 인간의 자존심을 만족시켜 주는데서 끝나지만, 진리는 한걸음 더 나아가서 인간을 완성시켜 주는데에 기여한다.

학문함이란 인간의 성숙에로 나가는 것이다. 학문함의 진실한 의미는 여기에 있다. 학문은 일차적으로 지식을 대상으로 삼지만, 지식을 목적으로 삼는 것은 아니다. 학문은 지식을 자료로 삼아 진리에로 접근을 하여 가고, 그 진리를 삶의 영역에서 구현하여 내는데 궁극적 목표를 둔다.

유학에 있어서 학문이라 하는 것은 '修己-治人'의 적극적 모습을 띠는 것이다. 그것은 ≪大學≫에 의하면 '格物-致知-誠意-正心-修身-齊家-治國-平天下'의 八條目으로 구체화될 수 있다. 위의 八條目은 세부분으로 나뉘어 질 수 있다. 첫째는 '格物-致知' 부분이고 둘째는 '誠意-正心-修身'의 부분이고, 셋째는 '齊家-治國-平天下'의 부분이다. 첫째 부분은 지식의 차원이라 하겠고, 둘째 부분은 수양의 차원이라 하겠고, 셋째 부분은 治人의 차원이라 하겠다. 지식의 차원은 진리, 즉 天理를 인식하는 단계이다. 수양의 차원은 그 인식된 천리를 내면화하는 단계이다. 유학은 이 세가지 차원을 동일 문맥 위에서 이해한다. 유학의 학문은 그러므로 진리에의 인식을 목적으로 하는 것이면서, 그 진리를 심성화하고 체현해서 사회전체에로 확산시키는 것을 목적으로 하는 것이다.

退溪도 기본적으로 이러한 유학적 학문의 의미를 그대로 유전받는다. 退溪는 이렇게 말한다.

> 학문이라는 것은 그 진리(事)를 학습하여 진실로 실천하는 것을 이르는 것이다.[32)]

그리고 또한 이렇게 말한다.

> 배워서 실천하지 않는 것이라면 비록 알고 있는 것이 있다 하더라도 그것이 어찌 귀한 것이겠는가?[33)]

이렇게 退溪는 실천의 의미를 중시한다. 물론 이 실천이라고 하는 것은 그 전제로써 진리를 요구하는 것이다. 그저 아무 것이나 행한다면 그것은 여기에서의 실천일 수 없는 것이기 때문이다. 즉, 여기에서 실천이 운위될 때 그것은 앎의 실천을 말하는 것이고, 진리의 구현을 말하는 것이라는 말이다.

그런데 이 실천이라고 하는 것을 과연 어떻게 볼 수 있을까? 이 실천은 물론 정치와 그대로 일치할 수 있는 것은 아니다. 실천이라고 하는 것이 비록 외적인 세계와 연결되어 있는 것이긴 하더라도 그것을 위에 든 '지식의 차원-수양의 차원-

---

32) 退溪全書 卷一, p.197.「學也者, 習其事而眞踐履之謂也.」
33) 退溪全書 卷二, p.5.「……學不踐履, 雖有所知, 奚貴?」

치인의 차원' 중 세 번째 부분에만 소속되는 것으로 간주할 수만은 없는 것이다. 그것은 수양의 측면에서도 그대로 말하여 질 수 있는 것이기 때문이다.

유학에 있어서 수양이라고 하는 것은 내적인 차원과 외적인 차원에서 동시에 조명될 수 있다 내적인 차원에서 유학의 수양은 내면의 도덕적 완성을 뜻한다. 그러나 그 자기내면의 도덕적 완성이라고 하는 것은 그 자체만으로는 아무런 의미도 지니지 못한다. 그것이 다만 내면에 갖추어져 있을 뿐이라고 한다면 그것이 내면에 갖추어져 있지 않은 것과 아무 차이가 없는 것이기 때문이다. 그러므로 우리는 그것만으로 수양의 과정이 완전히 끝난 것으로 간주하지는 않는다. 수양의 과정의 완결이란 도덕적 원리의 내면화뿐만 아니라 그 내면화된 원리를 구현할 수 있을 때 말하여 질 수 있다. 즉, 내적 도덕성과 그 도덕성의 실천력, 이 양자가 구비될 때 유학의 수양, 유학의 修身은 종결된다는 말이다. 도덕성의 확보가 수양의 내적 측면이라 한다면, 실천력의 확보가 수양의 외적 측면이라 하겠다. 이 양자는 어느 한 측면도 소홀히 취급될 수 없는 동등한 가치를 지니는 것이라고 하겠다.

학문을 한다고 하는 것은 유학에 있어서나 退溪에 있어서나 바로 자기 수양을 함을 의미하는 것이고, 그 수양의 전제가 되는 진리에 접근하여 감을 뜻하는 것이다.

退溪에 있어서 그 학문은 구체적으로는 性理學이다. 물론 이렇게 말하는 것은 오해를 불러 올 수 있을런 지도 모른다. 혹자는 退溪의 학문의 대상이 性理學이라 한다면 孔子, 孟子와는 무관한 것이냐고 반문할런 지도 모른다. 그러나 性理學도 역시 나름대로의 특수성을 아주 갖고 있지 않다고 말할 수는 없다 하더라도 기본적으로는 孔·孟의 흐름을 계승하는 것이라 할 때, 退溪의 관심의 대상으로서의 性理學이란 程·朱계통의 학자들에 의해 설명된 孔·孟사상이라 할 수 있을 것이고, 이 점에서 孔·孟 역시도 退溪의 관심의 대상일 수밖에 없을 것이다. 退溪는 그러한 유학의 성현들이 이른바 天理로 대표되는 사물의 궁극적 이치를 파악하여 놓고 있다고 믿는다. 따라서 退溪의 이른바 학문이라고 하는 것은 바로 이러한 성현들의 말씀의 진의를 파악하고 그것을 구현하여 내는 것과 연결된다. 그러므로 退溪는 이렇게 말한다.

또한 학자가 성현의 말씀을 실천한다면 한마디를 실천한다고 하여도 그것으로 오히려 남음이 있을 것이고, 실천하지 않는다면 비록 수많은 말씀을 알고 있다고 하여도 오히려 아무런 유익함도 없을 것이다.34)

이렇게 退溪에 있어서의 학문은 유학적 테두리 속에 위치한다.

유학은 물론 春秋戰國時代의 시대적 난맥상을 교정하기 위한 목적하에 나타난 구세의 학문이다. 따라서 유학은 '治世' 또는 '治人'의 차원에 많은 관심을 집중한다. 그러나 유학의 '治世' '治人'은 기능적 차원에 국한되는 것이 아니다. 유학은 기능적인 것만으로는 스스로가 목적하는 救世의 결과가 보장될 수 없다고 믿는다. '治世'의 차원에서 볼 때 유학은 직접적 치세의 방법으로서의 기능적인 것들은 방편에 지나지 않는 것으로 간주한다. 그러한 방편은 그 자체만으로는 아무 의미도 지니지 못한다. 그것은 본질에 의해서 지지될 때에만 나름대로의 의미를 지니는 것이다. 그것은 무엇인가? 그것은 도덕주의이다. 유학은 도덕주의를 근간으로 하는 학문체계이다. 유학에 있어서의 정치도 기본적으로 이러한 도덕주의의 흐름으

34) 退溪全書 卷一, p.335.「且學者於聖賢之言, 苟能用功, 一言有餘, 苟不用功, 雖多無益.」

로부터 무관할 수 없다. 따라서 유학이 '治世'를 말하고, '治人'을 말할 때, 그것은 제도적인 것이거나 기능적인 것을 통해서 행하여 질 수 있다는 것이 아니라, '修身'으로 대표되는 자기 자신의 도덕적 완성에의 노력을 매개로 삼아서만이 그 결과가 보장될 수 있다는 이야기가 된다. 때문에 유학은 우선 '治者'가 이러한 도덕성으로 무장된 '聖人'이기를 요구한다.

정치행위의 본질은 '聖人'인 '治者'가 그 내면적 도덕성을 백성들에게 이입시켜 백성들 각자의 도덕적 자기계발 노력을 촉발시키는데 있다. 그리하여 백성들 각자가 다 '修身'의 질서를 전개시켜 나갈 수 있을 때 '救世'의 결과가 보장되는 것이다.

이렇게 유학에 있어서는 비단 그 도덕론적, 윤리학적 측면뿐만이 아니라 정치론까지 도덕 또는 수양의 논리를 바탕으로 한다. 그러니까 유학의 정치론은 이원화되어 있는 셈이다. 그 하나는 본질적 측면이고, 다른 한쪽은 기능적 측면이다. 본질적 측면은 도덕주의로써 설명될 수 있고, 기능적 측면은 직접 백성들을 다스리는 행정적인 차원의 것으로 설명될 수 있다.

유학은 董仲舒이래로 관학으로서의 역할을 담당하여 왔다. 우리나라에 있어서도 유학은 고려 이래로 관리를 채용하는 기준이 되어왔다. 유학이 관학으로 된 것은 긍적적인 측면과 부정적인 측면의 양면을 갖는다. 긍정적인 측면이라면 유학이 많은 사람에게 폭넓게 연구될 수 있는 입지를 확보하였다는 점이다. 부정적인 측면이라면 유학의 깊은 정신적 경지에의 탐구보다는 그 외면적인 것들만을 섭렵하는 폐단, 유학의 형식화된 일면이 말하여 질 수 있을 것이다. 그러니까 유학이 관학으로 수용된 것은 유학을 위해 다행한 일만은 아니라고 할 수 있겠다. 그것은 유학을 위해 불행이라고 할 수도 있다는 말이다.

유학이 관학으로 되어 관리 채용을 위한 도구가 되면서 관계로 진출하고자 하는 사람은 자신의 유학적 지식을 시험관의 눈에 띌 수 있게 전시하지 않으면 안되었다. 그리고 이러할 경우에는, 즉 한 장의 시험지에 쓰인 글로 운명을 결정받는 경우에는 박학다식함이라든지, 문장의 화려함이라든지 하는 장식적인 것들, 이론적인 것들이 보다 중시되지 않을 수 없다. 그런데 유학의 진실한 본질은 이러한 겉치레 속에서 드러날 수 있는 것이 아니다. 유학의 본질은 인간의 삶, 생활 속에서만 드러날 수 있다. 유학은 학문의 일종임에는 틀림없으나 지식 그 자체를 목적으로 삼는 학문이 아니라, 생활 속에서 몸소 행함으로써 궁극의 모습을 구현하여 낼 수 있는 것이기 때문이다. 이러한 유학의 본질을 어떻게 단기간에 걸쳐 한 장의 종이 위에 펼쳐 보일 수 있겠는가? 그러나 어쨌든 과거제도는 인재채용의 제도로 정착하였고, 관리로 출세하고자 하는 모든 유생들은 과거를 통하여 실험관의 시선을 끌지 않으면 안되었던 것이 사실이다. 그러므로 유학자체로서의 학문하는 모습과, 과거 공부로서의 학문하는 모습 사이에는 점점 간격이 넓어져 갔던 것이다.

退溪에 있어서도 본실적인 유학과 과거공부로서의 유학 사이에는 차이가 있다. 退溪는 과거공부로서의 학문을 그리 썩 좋게 평가하지 않는 것이다. ≪退溪全書≫ 속에는 이러한 말이 보인다.

性理學으로 사람을 가르쳤고, 혹시 과거보는 것을 가지고 물어오는 경우가 있으면 질문에 답변하는 것을 사양하지는 않았지만 스스로 권장하지도 않았다.[35]

35) 退溪全書 卷四, p.35.「敎人以性理之學, 或以科業來問, 則亦不苟辭, 而非所勸也.」

이 구절을 통하여 볼 때 우리는 退溪에 있어서 性理學과 과거보는 것 사이에는 간격이 있으며, 性理學이 긍정적인 평가를 받는 것이라면 과거보는 것은 부정적인 평가를 받는 것임을 확인할 수 있다.

退溪에 있어서는 性理學은 修身의 학문이고, 爲己之學이고, 선비의 학문이고, 書院에서 가르쳐지는 학문이고, 과거학은 詞章學이고 爲人之學이고 관리의 학문이고, 國學에서 가르쳐지는 학문이다. 이러한 등식은 물론 완벽하게 일치하는 것이라고 말할 수는 없다. 그러나 退溪에 있어서는 어느 정도 이러한 분류가 가능하여 지는 것임도 부정 할 수는 없다.

수신의 학문과 詞章學은 다르다. 우리가 전에 退溪의 年譜에서 언급한 바 있지만 退溪는 그 인격형성에 있어서 어머니의 훈도에 힘입은바가 큼을 인정하지 않으면 안된다. 그 어머니는 退溪를 비롯한 형제들이 과부의 자식이라는 비난을 받지 않게 하기 위하여 엄격한 훈도를 멈추지 않았다. 그 훈도는 두가지 방향에서 전개된다. 그 하나는 '文藝'의 차원이고, 다른 하나는 '몸을 다스리고 행동을 삼가는' 것이다. 전자는 詞章學이고, 후자는 修身의 학문임을 알 수 있다. 이둘 중에서 退溪의 어머니가 보다 주의를 기울이고, 보다 중요하게 간주한 것은 후자, 즉 '修身'쪽이다.

이 修身 쪽이야 말로 유학의 학문의 본령이다. 그러나 유학도 문자를 가지고 기록되고 표현되는 학문의 하나인 만큼 그 문예적인 측면을 아예 무시할 수는 없을 것이다. 이 문예적인 측면이야 말로 남에게 스스로의 지식과 식견을 현시할 수 있는 부분이다. 따라서 우리는 '修身'을 '爲己之學', 즉 자기자신의 인격도야에 힘쓰는 학문이라 하고, '文藝'를 '爲人之學', 즉 남에게 보여지기를 꾀하는 학문이라고 할 수 있을 것이다.

退溪는 이렇게 말한다.

爲己之學은 道理를 우리들이 마땅히 알아야만 할 것으로 인정하고, 德行을 우리들이 마땅히 행하여야만 할 것으로 간주하니, 사물의 내면적 이치에 접근하여 열심히 수양하여 마음으로 이치를 얻고 몸으로 그것을 구현할 수 있기를 기대하는 것이다. 爲人之學은 마음으로 이치를 얻고 몸으로 그것을 구현하기를 힘쓰지는 않고, 거짓 외면적으로만 자기를 꾸며서 이름을 얻고 명예를 취하고자 하는 것이다.36)

이렇게 退溪에 있어서는 위기지학과 위인지학은 구별된다. 전자는 긍정적인 것이고, 후자는 부정적인 것이라는 말이다. 물론 이러한 구분은 退溪만의 고유한 것은 아니다. 그것은 孔子 이래로 모든 유학자들에게서 살펴질 수 있는 일반적인 특징이기도 하다. 孔子는 벌써 ≪論語≫ 속에서 이렇게 말하여 놓고 있는 것이다.

옛날의 학자들은 자기 자신을 위해 학문을 하였고, 오늘날의 학자들은 다른 사람에게 보여 지기 위해서 학문을 한다.37)

그러니까 자기과시를 위한 학문의 역사는 벌써 孔子시대에 있어서 조차 당시 학자들의 병폐로 언급되는 만큼 그 연원이 상당히 오랜 것이라고 하겠다. 이것은 인간의 본성과 연결되는 것인 만큼 어느 한 시대에서만 나타난다고는 할 수 없을 것이고, 그렇다고 하면 孔子시대에 벌써 이런 현상이 언급된다는 것도 놀라운 일은 아니라 할 것이다. 인간이 자의식을 가지고 있는 한 인간의 자기과시는 모면할 수 없을 것이기 때

36) 退溪全書 卷四, p.179. 「爲己之學, 以道理爲吾人之所當知, 德行爲吾人之所當行, 近裏著工期在心得而窮行者是也. 爲人之學, 則不務心得窮行, 而飾虛徇外以求名得譽者是也.」

37) 論語, 憲問. 「古之學者爲己, 今之學者爲人.」

문이다.

그런데 일단 이러한 과시욕에 마음을 빼앗기기만 하면 누구라도 그것으로부터 벗어나기란 쉽지 않은 법이다. 그러므로 孔子는 ≪論語≫에서 '사람들이 자신을 알아주지 않더라도 화를 내지 않는 것을 군자' 라고 하지 않았던가! 그만큼 남에게 자신을 알리고 싶고, 타인의 인정을 받고 싶은 것이 인간의 본성 중 하나라는 것을 말함이리라.

학문에 있어서 이렇게 타인이 자신을 알아주는 것을 목적으로 하는 풍조는 과거제도가 시행되게 되면서 보다 심각하여졌다고 할 수 있겠다. 스스로의 인격 수양을 도모하는 학문과 남에게 알려지는 것을 목적으로 하는 학문사이의 차이는 또한 書院과 國學의 차이이기도 하다.

退溪의 입을 빌려서 국학과 서원의 차이를 살펴보기로 하자.

무릇 서원은 어떻게 하여 설립되기에 이르렀는가? 현자를 존숭하고 도리를 강론하기 위하여 설립되게 된 것이 아닌가? 宋나라 때 4개의 서원이 처음 선 이래 南宋 때 점점 성행하더니 元·明시대에 극성하게 되었다. 저 수 대 동안에도 국학과 향교가 없었던 것이 아닌데 다시 서원을 건립하게 된 것은 어떤 이유인가? 국학과 향교는 과거제도의 법령에 구속되어 있어서 서원같이 현자를 존숭하고 도리를 강온하는 일에 전념할 수 없었기 때문이다. 그러므로 혹은 사사로이 건립되어서 나라에 의해 명명되든지, 나라의 명에 의해 세워져서 사람들을 택해 가르치든지 하였다.[38]

국학이나 서원이나 궁극적으로 유학적 도리를 가르치던 기

---

38) 退溪全書 卷一, p.341.「夫書院何爲而設也? 其不爲尊賢講道而設乎? 自宋朝四書院之後, 漸盛於南渡而大盛於元明之世. 彼數代非無國學鄕校而必更立書院者何也? 國學鄕校有科擧法令之拘, 不若書院可專於尊賢講道之美意. 故或因私立而國寵命之, 或國命立之而擇人敎養也.」

관이었음에는 아무런 차이가 없을 것이다. 그러나 그렇다고 해서 국학과 서원이 완전히 서로 같은 것이라고 보아도 좋은 것은 아니다. 국학이 관리가 될 수 있는 교육에 치중하고 있었다면, 서원은 그런 구속으로부터 자유롭게 순수한 인간 교육에 전념할 수 있었다는 차이가 엄존하기 때문이다. 그러므로 유학적 이상이 보다 진실되게 전달될 수 있는 것은 서원의 교육이라 하겠다. 退溪는 이 서원을 보다 중시하였다. 退溪는 관리로서의 입신이라 하는 것에 적극적 의미를 부여하지는 않았다. 그의 관리생활이라는 것이 그 자신의 진실된 선택에 의해서 시작된 것이 아니고, 그 관리생활 중에도 관직에 연연하지 않고 그야말로 훌훌 털고 일어나곤 하는 초연함을 보일 수 있었다는 것 등에서 관직에 대한 退溪의 태도를 우리는 찾아볼 수 있다.

退溪에 있어서 학문이란 인간완성의 차원에 놓여져 있는 것이고, 유학적 도리를 실천하는데서 완성되는 것이다. 다만 선비로서의 자기완성만이 문제가 되는 것이지 관리로서 얼마나 출세하느냐 하는 것은 그의 관심의 대상일 수 없었다. 退溪는 물론 유학의 한 측면으로서의 '治世'·'治人'을 가볍게 생각하는 것은 아니다. 그러나 그것이 관리로써 백성들을 대상으로 행함으로써만 이루어질 수 있는 것이라고 보지는 않는다. 退溪는 오히려 서원에서 후생들을 가르침으로써, 향약을 통해 백성들을 이끌어 감으로써 보다 근본적인 '治世'·'治人'의 세계가 열린다고 생각하였던 듯하다. 이러한 측면들이야말로 바로 退溪를 구성하는 특징들인 것이다.

# 제 2 장 退溪에 있어서의 학문하는 방법

退溪에 있어서 학문한다는 것은 순수한 지식의 차원에서만 의미를 지니는 것은 아니다. 유학에서 학문이라고 하는 것이 다 그러하듯이 退溪에 있어서도 학문이라는 것은 자기를 수양하는 것이고, 실천을 통하여 유학적 이념을 구현하여 내는 것이다. 즉, 유학에 있어서, 그리고 退溪에 있어서, 학문이라고 하는 것은 실천의 영역에서 궁극적으로 완성되는 것이라는 말이다. 그런데 앞에서도 말하였듯이 유학적 이념을 구현하여 내고자 하면 우선 유학적 이념이 무엇인가를 알지 않으면 아니된다. 이렇게 유학적 이념이 무엇인가를 파악해내는 측면을 학문의 지식론적 차원이라고 하겠다.

지식론적 차원에서 유학의 이념에 접근하여 갈 때 우리는 實踐窮行의 전제를 확보할 수 있다. 그런데 退溪에 있어서 이러한 지식론적 차원의 유학의 이념은 이미 성현들의 말씀으로 우리에게 주어져 있는 것이다. 그러므로 退溪에 있어 지식론적 차원에서 유학의 이념에 접근하여 가는 것은 바로 성현들의 말씀의 진의를 파악하는 것과 같다. 그 성현들의 말씀은 退溪에 있어서 직접적으로는 朱子를 비롯한 性理學者들의 말씀이고, 궁극적으로는 孔·孟을 중심으로 하는 원시 유학 경전 속의 말씀이다.

이런 까닭에 退溪에 있어서 지식론적 차원에서의 학문함이 말하여 질 때는 그것은 이해 또는 해석의 의미를 지니는 것이다. 여기서는 이러한 특징을 지니는 退溪의 학문하는 방법, 지식론적 차원에서의 학문하는 방법에 대하여 개략적으로 더 듬어 보고자 한다.

## 1. 이해를 기조로 하는 학문방법

退溪는 성현들의 말씀을 이해하는 것을 자신의 학문하는 방법으로 삼는다. 이것은 그의 의식이 전적으로 그 자신이 성현이라고 치부하는 유학자들의 의식의 반경 안에 놓여져 있는 것임을 의미한다. 이런 의미에서 退溪는 철저하게 程·朱를 필두로 하는 性理學者들의 말씀의 진리성을 받아들이는 性理學者의 하나였다고 말할 수 있을 것이다. 退溪는 선현들의 말씀을 진실하게 이해한다면 거기에서 진리가 발견된다는 믿음을 가지고 있었다. 그래서 그는 아무렇게나 선현들을 비난하는 태도를 참지 못하였다.

退溪는 이렇게 말한다.

> 오늘날의 선비들은 대개가 다 자기를 닦는 공부에는 열중하지 않고 다만 선현들의 말씀을 알 수 없다고만 한다. 나이 어린 선비들은 眞西山·許魯齋·吳臨川·鄭圃隱 등을 다 비난한다. 무릇 西山이 동궁의 스승 노릇을 했다고 해서 그게 어찌 濟王의 신하된 것이겠는가? 이러한 일들은 나는 알지 못하는 것들이다.1)

이 구절을 통하여 우리는 退溪時代의 젊은 학자들이 退溪의

---

1) 退溪全書 卷四, p.96.「今世之士例皆不務切己工夫, 徒論先賢吾不知也, 年少之輩於眞西山·許魯齋·吳臨川·鄭圃隱, 皆議而非之, 夫西山賓師於東宮, 是豈濟王之臣乎? 如此等事非吾之所能知也.」

눈에 어떤 모습으로 비쳤는지를 확인할 수 있다. 당시는 아마도 선현들을 비판하는 젊은 학자들이 많았었던 모양이다. 이러한 비판적 분위기는 退溪의 구미에 맞는 것이 아니었다. 退溪는 이러한 비판자들이 정당하다고 보지 않는다. 그것은 다만 스스로의 공부가 모자라서 선현들의 진실한 의도에 접근하지 못한 탓이라는 것이다.

이 구절을 통하여 보더라도 우리는 退溪가 얼마나 선현들의 말씀과 행동을 숭앙하는 사람이었는지를 알 수 있다. 退溪는 자기자신을 앞세우기보다는 선현들을 앞세우기를 즐겨하였고, 선현들의 말씀을 통하여 진리에 접근하여 가고자 한 사람이었다. 退溪는 선현들의 말씀의 진실한 의미를 확인한다면 그것이 바로 진리를 파악하는 것이라는 점을 의심하지 않았다.

다시 退溪의 말을 살펴보자.

나는 비록 늙고 견문도 넓지 않지만 어려서부터 성현들의 말씀을 독실하게 신봉하여 불명예나 명예, 영광과 오욕에 구속당하지 않았고, 아직껏 이설을 세워 사람들로부터 괴이하다는 말을 들어본 적이 없다. 만약 학자가 불명예나 명예, 영광과 오욕을 두려워한다면 스스로 자립할 수 없는 법이다. 만약 내적인 공부의 축적도 없이 이설만을 세워 사람들로부터 괴이하다는 말을 듣게 된다면 스스로를 보전할 수 없게 되는 법이다.2)

退溪의 학문은 이설의 수립에 목적을 두는 것이 아니다. 退溪는 새로운 진리를 설파하는 데에 학문의 목표를 두지 않는다. 退溪는 자기 자신의 학설이나 학파의 건립에는 관심이 없다. 退溪는 다만 기왕의 유학, 그 유학의 宋·明時代的 해석의

---

2) 退溪全書 卷四, p.24.「余雖老而無聞, 但自少篤信聖賢之言, 而不拘於毁譽榮辱, 亦未曾立異而爲衆所怪. 若爲學者畏其毁譽榮辱, 則無以自立矣. 若內無工夫, 而遽然立異爲衆所怪, 則無以自保矣.」

결과로서의 性理學을 이해하는 데에만 목적을 둔다. 그것을 통하여 진리에 접근하여 가고자 하는 것이다. 이러한 退溪의 태도는 우리 시대의 안목으로 볼 때는 어느만큼 불합리한 측면이 있다고도 할 수 있을 것이다. 그러나 당시는 性理學의 시대였다. 그리고 그 性理學은 孟子 이래로의 道統論的 사고방식을 유전 받아서 이단에 대한 단호한 태도를 표방하는 학문이었다. 이러한 이단에 대한 단호한 태도는 조선 유학의 시대에로 넘어와서 보다 적극화된다. 退溪도 이러한 흐름 속에 속한 인물이었다. 退溪는 비단 시대의 흐름 속에 처하여 있는 인간으로써 마지못해 시대가 이끌어가는 대로 性理學의 독존적 위치를 받아들였던 인물은 아니었다.

그는 진실로 性理學적인 세계 속에 모든 진리가 갖추어져 있다고 믿고 있었던 것이다. 이러한 그의 태도가 그의 학문하는 방법을 규정하여 주었기 때문에 退溪의 학문방법론은 해석학적 측면, 理解의 지평 위에 그 입지를 설정하는 것 외에 딴 방법이 있을 수 없었던 것이다.

退溪의 해석학적 방법, 이행의 논리는 자기 자신의 주관을 가지고 대상을 수용하여 들이는 형식이 아니라, 대상 그 자체의 의노를 수렴하여 들이는 방식이었다. 철저하게 진리의 습득을 理解의 차원에 놓고 보는 것이다. 이 점에서 우리는 지식론적 차원에서의 退溪의 학문하는 방법이 理解를 기조로 한다고 말할 수 있을 것이다.

## 2. 해석학적 측면에서의 학문방법

退溪의 학문이 理解를 기조로 한다고 하고, 그 이해의 대상이 性理學 또는 유학의 경전이라고 할 때, 문제가 되는 것은 그것이 어떠한 방식으로 이해될 수 있느냐 하는 해석학적 측면이다. 앞에서도 조금 언급하였듯이 退溪는 어떤 나름대로의 주견을 가지고 이러한 진리의 말씀에 접근하여 가는 것을 요구하지 않는다. 退溪는 빈 마음으로 대상에 접근하여 가기를 요구하는 것이다.

退溪는 이렇게 말한다.

> 글의 의미를 파악하고 도리를 찾아 강설을 하기 위해서는 반드시 먼저 마음을 비우고 자기를 뒤로 물려야지 私見을 위주로 해서 대상에 접근하여 가려 하여서는 아니 된다. 옛날 사람이나 지금의 사람을 막론하고 오로지 이러한 태도로써 대상에 접근하여 가게 되면 진실과 부합되는 결과를 얻을 수 있고, 혹시라도 이러한 태도와 어긋나게 되는 경우에는 자기 자신이 오류를 범할 뿐만 아니라 타인에게도 오류를 범하게 하는 일이 많으니 진실로 두려운 일이 아닐 수 없다.[3]

이렇게 退溪는 대상으로써 대상을 보는 해석학적 입장을 강조한다. 이것은 대상의 진리성과, 진리성의 언표 가능성, 언어를 매개로 하는 진리성의 전달 가능성을 전제로 하는 것이 아닐 수 없다.

유학에 있어서 진리란 객관적 절대성을 지니는 것이고, 天理와 같이 객관적 실체로서 존재하는 것이다. 그리고 유학에 있어서는 言語라는 것도 진실의 한 객관적 표현 양태로서의 기능을 갖는다. 그러므로 유학은 진리가 과연 언어로 표현될 수 있느냐의 여부는 문제시 하지 않는다. 언어의 객관적 실체성이 인정되기 때문이다. 언어가 이렇게 실체화된 의미를 갖추고 존재할 수 있기에 유학은 언어를 다스림의 도구로까지

---

3) 退溪全書 卷四, p.383.「凡看文義與講究道理, 必先虛心退步, 勿以私見爲主. 不論古人今人, 惟從是處, 乃得其眞實恰好處, 苟或反是深恐自誤人必多.」

삼을 수 있게 된다. 孔子의 이른바 正名思想이 바로 이러한 언어의 의미를 함축하는 것이다.

正名思想에서 언어는 진리의 어떤 인자를 포함하고 있는 것이다. 그러므로 실질이 그 언어의 내포 의미에 다가가면 갈수록 그 실질은 보다 이상화된 모습을 갖추게 되는 것이다. 孔子는 그렇게 언어 속에 나름대로의 진실한 의미가 내포될 수 있다고 믿는다.

유학은 이러한 孔子식의 언어관을 인습한다. 따라서 유학의 말과 글은 그저 도가처럼 빈껍데기에 지나지 않는 것이 아니라 성인들의 말씀 그 자체를 포함하는 것이다. 유학의 학문은 그러므로 그렇게 진리성을 간직하고 있는 성현들의 말과 글의 의미를 밝혀내는 차원에서 전개된다. 다시 말해서 유학의 언어를 보는 이러한 시각은 유학의 역사를 해석학적인 것으로 특징지워 줬다는 말이다.

이 점은 退溪에 있어서도 마찬가지이다. 退溪에 있어서도 유학은 성현들의 말씀을 이해하고 구현하는 차원에서 그 모습을 드러낸다. 이러한 해석학적 방법은 진실로 해석하는 사람 중심으로 전개되어 나가는 것이 아니라, 해석되는 것을 중심으로 하여 전개되어 나가는 것이다. 그러므로 해석하는 자는 될 수 있는 한 자신을 억제하지 않으면 안 되는 것이다. 대상이 진리성을 포함하고 있는 것이기 때문이다. 대상이 진리성을 포함하고 있는 것이기에 될 수 있는 한 대상의 의미를 생긴 그대로 그려내지 않으면 아니 되는 것이다. 그러기 위해서는 그 대상에 접근하여 가는 자가 거울처럼 투명한 마음을 가져야 하는 것이다. 거울이 먼지나 흔적으로 더럽혀졌을 때에는 거울 앞에 놓인 사물의 본모습이 그대로 투영되기 어렵다. 거울 앞에 놓인 사물의 모습이 조금치도 왜곡되지 않고 그대로 거울 속에 투영될 수 있기 위해서는 거울이 한 점 티

끝도 없는 청정함 그자체여야 한다. 마찬가지로 성인들의 말씀의 진실이 조금치도 훼손되지 않고 그대로 수용되기 위해서는 그것을 대상으로 삼아 窮究하는 학자의 마음이 至純하게 비어 있지 않으면 안되는 것이다.

이렇게 退溪에 있어서는 그 해석학적인 방법이 객관적인 특징을 지닌다. 주관은 용납되지 않는 것이다. 그러나 그렇다고 해서 그 해석학적 방법의 결과로써 얻어지는 것이 그저 말과 글 속에 놓여 있기만 하는 죽은 것이어서는 아니된다. 유학은 말과 글의 세계에 놓여져 있는 것이 아니기 때문이다. 유학은 인간과 인간의 삶 속에 놓여져 있는 것이기 때문이다.

말과 글을 대상으로 해서 그 의미를 궁구하여 감에 있어서 退溪는 그 말과 글이 제시하여 주는 의미에 좇아서 분석과 종합의 방법을 고루 원용함으로써 그 의미를 구현하여 내려고 하였다.

退溪는 다음과 같이 말한다.

이런 까닭에 滉에게는 나름대로 독서하는 방법이 있다. 무릇 聖賢이 의리를 말함에 있어 드러내 놓고 말하였다면 그 드러난 것을 따라 궁구하지 감히 경솔하게 숨어있는 것 속에서 찾으려 하지 않으며, 숨겨 놓았다면 그것을 숨겨놓은 채로 궁구해 나가지 감히 경솔하게 억지로 드러내 놓고 구하려 하지 않는다. 비천한 것으로 말하였다면 그 비천한 것으로 궁구하지 감히 거기서 심오한 뜻을 찾으려 하지 않으며, 심오한 뜻으로 말하였다면 그 심오한 뜻을 좇아 궁구하지 감히 비천한 자리에서 그치지는 않는다. 나누어서 말하였다면 나누어서 파악하지 종합해서 그 의미를 해치지 않으며, 종합해서 말하였다면 종합적으로 보지, 나누어 보아가지고 그 의미를 해치지 않는다.[4)]

---

4) 退溪全書 卷一, p.422.「是故在滉讀書之拙法, 凡聖賢言義理處, 顯則從其顯而求之. 不敢輕索之於微, 微則從其微而求之, 不敢輕推之於顯. 淺則因其淺,,

이렇게 退溪는 말과 글이 선인들에 의해 쓰여졌을 때 선인들이 거기에 어떠한 의미를 포함시켰는지를 중시한다. 말과 글을 매개로 삼아서 선인들의 의도를 읽고자 하는 것이다.

그런데 여기에서 중요한 해석학적 방법으로는 分析과 綜合의 양자가 있다. 물론 이 분석과 종합이라는 방법은 退溪의 임의대로 원용되어도 좋은 것은 아니다. 退溪는 그러한 자유를 스스로에게 부여하지 않는다. 다만 退溪는 원래 그 말과 글을 남긴 사람의 의도가 종합적인 맥락 위에서 나타난 경우에는 종합적인 시각으로 그것에 접근하여 가야하고, 분석적인 맥락 위에서 나타난 경우에는 분석적 시각을 통하여 그것에 접근하여 가야 한다는 것을 말할 따름이다. 이렇게 이 분석과 종합의 시각은 退溪 자신이 마련하는 것이 아니다. 그것은 그 의미를 궁구하여 내고자 하는 대상 자체 속에서 주어지는 것이다. 이 종합적 시각과 분석적 시각을 잘못 선택하면 대상의 의미에 진실하게 접근하여 갈 수 없다는 것이다. 退溪와 高峰 奇大升 사이에 四端七情을 중심으로 하여 벌이진 논쟁도 실은 이러한 시각의 차이로부터 비롯된 것이라는 것이다.

이렇게 대상이 요구하는 바에 따라 대상의 진실한 의미에로 접근하여 가는 것이 退溪에 있어서의 해석학적 방법이다. 그러나 退溪는 여기에서 그치지 않는다. 해석학적 방법이 退溪에게 가져다 줄 수 있는 것은 말과 글 속에 놓여 있는 성현들의 생각에 불과하다. 그것을 그저 말과 글로써 접근하여 가고 의미로써 파악하기만 한다면 그것은 죽은 지식의 습득에 지나지 않는다. 退溪는 성현들의 말과 글을 그것의 의도에 따라 접근하여 가서 궁극적으로 자신의 것으로 변용시키기를 요구한다. 그것을 궁극적으로 자신의 것으로 변용시키지 못한다면

---

不敢鑿而深, 不敢止於淺. 分開說處, 作分開看, 而不害有渾淪, 渾淪說處, 作渾淪看, 而不害有分開.」

말과 글의 진실에 접근하여 가는 것도 무의미한 것일 것이기 때문이다.

退溪는 이렇게 말한다.

> 聖學이 날로 점점 내면에서 구현되어 高明의 단계에 이르게 되면 문자의 이치나 언어의 의미를 통하지 않더라도 통달하지 않을 수 없는 부분이 많아진다. 단지 문자의 뜻이나 글귀들을 읽는 것만 알 뿐 그 실질을 自得함이 없다면 聖學에 아무 보탬이 될 수 없다.[5)]

이렇게 해석학적 방법은 문자의 뜻이나 이해하고 글귀들의 의미나 파악하는 데서 끝나는 것이 아니다. 그러한 것들을 다만 이해하는 데서 그친다면 그것은 우리의 삶에 어떤 의미도 제공할 수 없을 것이다. 비록 그것이 우리의 삶에 어떤 의미를 제공할 수 있다고 하더라도 그것은 장식적인 의미 이상일 수 없을 것이다. 이러한 것은 우리들 삶의 모습을 윤택하게 만들어 주지 못한다. 그러므로 退溪는 위에서 보듯이 그 실질을 自得할 수 있어야 한다고 한 것이다. 실질을 自得한다는 것은 문자의 의미를 이해하는 데서 그치지 않고 그것을 스스로의 마음속에서 저절로 발현될 수 있도록 스스로를 자각의 當體로 만들어야 한다는 것을 의미한다. 자각이 동반되지 않은 지식은 다만 장식적인 지식에서 끝날 뿐 진실한 삶의 윤기를 부여하여 주지 못한다. 자각이 동반될 때 그 지식은 머리속에서가 아니라 몸으로 구현될 수 있는 것이다. 그러므로 自得한다는 것은 실천력을 확보한다는 것을 의미한다. 실천력이 동반되지 않은 지식은 화석에 지나지 않는다. 退溪는 지식을 화석과 같이 손발이 잘린 사체로서 수용하는 것을 원치 않는다. 退溪는 그것을 스스로의 내면에서 살아있는 것으로 수용

---

5) 退溪全書 卷四, pp.73~74.「聖學日漸高明, 勿以文理語意, 無不通曉自多也. 徒知音義句讀, 而無自得之實, 則無益於聖學也.」

하기를 원하고, 그리하여 그 말과 글의 주인인 성현들과 같은 기능을 그의 마음과 몸을 통하여 구현하여 낼 수 있기를 원한다. 성현들의 말씀을 그대로 스스로의 것으로 하여, 그것이 스스로의 행위를 통하여 구현될 수 있기를 바라는 것이다. 그것은 자각이 동반되지 않고서는 어려운 일이다. 자각은 바로 自得이다. 自得을 통하여 退溪는 자신이 접근하여 간 성현들의 말씀에 실천력을 확보하여 주는 것이다.

# 제 3 장 退溪思想의 연원

退溪가 性理學의 전통을 계승하는 학자이고, 性理學이 유학의 전통을 이어받는 학문유형인 까닭에 굳이 退溪 사상의 연원을 따로이 거론할 필요는 없을 것이다. 여기서는 다만 退溪가 중국정신을 어떠한 맥락 위에서 보며, 특히 어떠한 책에 심취되고 있는 가를 개략적으로 살펴보는 것으로 대신하고자 한다.

## 1. 退溪는 중국정신을 어떻게 보는가?

退溪는 ≪全書≫ 속에서 唐虞시대로부터 언급한다. 이것은 退溪가 중국정신사의 上限을 唐虞시대까지 올려 잡고 있다는 이야기가 될 것이다. 唐虞시대란 堯舜시대를 의미한다.

退溪는 唐虞시대 다음으로 三代시대를 말한다. 三代시대란 夏·殷·周 3왕조시대를 뜻하는 것으로 전통적으로 중국의 역사가들에게서 중국 역사상 초기의 왕조시대, 고대국가 시대라고 받아들여져 왔었다.

그러나 물론 현대의 사학자들 중 얼마쯤은 이러한 입장을 승인하지 않는다. 그러나 그러한 역사학계 내부의 문제들은 여기서 문제 삼고자 하는 것이 아니다. 여기서는 다만 退溪가 그 시대의 다른 사람들과 마찬가지로 唐虞시대·三代시대로 이어지는 시대구분에의 의식을 갖추고 있었다는 것을 말하고자 할 뿐이다. 退溪는 이러한 중국 역사의 고대를 윤리사적 측면에서 이해한다.

退溪는 이렇게 말한다.

> 대저 唐虞시대에는 五品을 가지고 가르쳤고, 三代시대에는 人倫을 밝히는 학문을 하였다.[1)]

五品은 五典으로 5제 때 있었다는 고서의 이름이기도 하고, 사람이 갖추어야 할 다섯가지 도리, 五倫이기도 하다. 그것은 父의 義·母의 慈·兄의 友·弟의 恭·子의 孝, 또는 君臣 사이의 義理·父子 사이의 親愛·夫婦사이의 分別·長幼 사이의 差序·朋友 사이의 信義 등을 의미한다. 그러니까 唐虞시대의 5품이라고 하는 것은 구체적으로 말해서 윤리적인 규범의 체계라고 하겠다.

그러면 3대 시대의 인륜을 밝히는 학문은 무엇인가? 그것은 물론 退溪가 唐虞시대와 3대시대를 연결시켜 보는 만큼 唐虞시대의 윤리적 규범의 체계를 인습하여 나타나는 것이다. 그런데 退溪에 의하면 3대시대는 각자 나름대로의 특징을 지닌다. 禮樂制度의 차원에서 3대시대 나름대로의 미세한 차이가 발견될 수 있다는 것이다.

> 夏시대에는 忠을 숭상하였고, 商시대에는 質을 숭상하였고, 周시대에는 文을 숭상하였다. 이는 禮樂制度를 보는 시각에 변화가 있었기 때문이다. 대저 夏시대에는 그 정신이 순박하여 禮文이 대체로 忠을 숭상하는 것이었다. 忠이란 中을 중심으로 하는 것이다. 商시대로 내려가면 質을 숭상하게 되는데, 그 忠을 기준으로 하여 본다

---

1) 退溪全書 卷一, p.204.「蓋唐虞之敎在五品, 三代之學皆所以明人倫.」

면 形質 쪽에 치우쳐서 이루어지는 것이다. 周시대에 이르면 앞선 두 시대를 종합하여 禮樂制度가 완전하게 갖추어진다.[2)]

위의 인용구를 통해 본다면 夏 殷 두 시기의 개별적이고 일편적인 특징이 종합적으로 지양되면서 周 시대의 예악제도가 완비되는 것이라고 이해할 수 있겠다. 夏시대는 예악제도의 정신적 입각점만이 중시되고, 그 형식적 실질적 표현의 측면은 별로 중시되지 않았다. 忠은 곧 中이고, 이 中은 중국 고대의 도덕정신의 핵심이다. 그러니까 이 시대에 있어서는 도덕적 행위를 할 수 있는 심리적 토대를 확보하는 것만이 문제가 되었다는 말이다. 그러나 殷시대에 오면 夏시대의 정신적 특성은 지양되고 그 반대적 특징이 부각된다는 말이다. 그것은 바로 質이다. 退溪는 이 質을 忠과 대비되는 개념으로 이해한다. 즉 실질적이고 형식적인 행위의 규범으로 인정하는 것이다. 다시 말하자면 退溪에 있어서 夏시대의 윤리정신은 정신적 입각점에만 치중하여 그 실질적 삶 속에서의 구체적 행동의 양식에는 초점이 주어지지 않는다. 그러나 殷시대, 즉 商시대에 이르면 그 정신적 입각점 보다는 오히려 구체적·실제적 행동의 양태에 초점이 맞추어져서 규범의 체계들이 아주 복잡한 모습을 띄고 나타나게 되는 것이다. 退溪는 이러한 夏·殷 두 시대의 윤리적 도덕적 특징들은 나름대로 장단점이 있는 것으로 본다. 이 둘 속에서 드러나는 단점을 보완하고 장점만을 취해서 나타나는 예악제도의 종합적인 것이 바로 周시대의 文이라고 退溪는 보는 것이다. 그러니까 退溪에 있어서 忠과 質은 상호 대립개념이고, 文은 그 양자의 종합개념인

---

2) 退溪全書 卷四, p.38.「夏尙忠, 商尙質, 周尙文. 此禮樂制度之所以損益也. 蓋夏之時, 風氣渾然, 故禮文大體尙忠, 忠者主於中而已. 降及於商, 尙質者, 其視忠則著於形質而成矣. 至於周則參二代而禮樂制度極備.」

셈이다.

그런데 孔子에 있어서는 文이란 종합개념이 아니었다.

質이 文을 이기면 野요, 文이 質을 이기면 史이다. 文과 質이 종합된 연후에야 君子라 할 수 있다.[3)]

孔子는 이상과 같이 말한다. 위에서 보듯이 文은 孔子에 있어서는 종합개념이 아니다. 그것은 質과 대립되는 개념인 것이다. 위에서의 文은 退溪의 文과 같지 않다. 위에서의 質도 退溪의 質과 일치하지 않는다. 위에서의 質은 질박함, 즉 윤리의 순박한 정신적 토대를 뜻하는 것으로써, 退溪의 이른바 忠과 같은 개념이다. 위에서의 文은 윤리의 외면적 표현양태, 즉 형식적 규범의 측면을 말하는 것으로써, 退溪의 이른바 質과 같은 개념이다. 그러므로 孔子는 도덕적 심성이 그 표면의 양태보다 우월하게 되면 거칠고 순박한 사람이고, 표현의 형식이 그 토대가 되는 도덕적 심성의 질박함보다 우세하게 되면 세련되고 형식적인 사람이라고 말할 수 있게 되는 것이다. 그러니까 이러한 孔子식의 文과 質의 개념을 그대로 退溪의 개념으로 수용한다면 위의 이른바 夏는 忠을 숭상하고, 殷은 質을 숭상하고, 周는 文을 숭상한다는 말이 이해될 수 없다. 退溪에 있어서의 忠은 도덕적 심성, 순수하고 질박한 도덕의 심리적 토대이다. 退溪에 있어서의 質은 도덕의 형식적 측면, 행위의 양태, 규범의 체계 같은 것들이다. 退溪에 있어서의 文은 내적으로는 질박한 순수성에 의하여 지지되고 외적으로는 세련되고 우아한 표현의 형식을 갖추고 있는 도덕성의 완전한 모습이다. 그러니까 退溪는 夏시대를 도덕성의 내적 토대 위에 서 있는 시대로 간주하고, 殷시대를 도덕성의 외적

---

3) 論語, 雍也.「質勝文則也, 文勝質則史, 文質彬彬. 然後君子.」

표현의 양태에 치중하는 시대로 간주하며, 周시대를 이러한 양 시기의 도덕적 특성을 종합하여 나타나는 이상적 시대로 간주하는 것이다. 이것은 周시대를 예악제도가 완성된 시대, 이상적 시대로 간주하여, 거기로부터 도덕적 정치적 이념형을 추출하여 내는 유가적 의식구조의 계승이라고 할 수 있겠다.

유학은 스스로를 창조의 자리에 위치시키지 않는다. 유학은 계승이라는 말로 자신들의 정통성을 주장한다. 즉 중국 고대의 성인들로 추앙 받는 堯·舜·禹·湯·文·武·周公과의 연계선상에 자신들을 위치시키는 것이다. 물론 유학은 직접적으로 周를 계승한다. 그러나 유학은 다만 周 만을 계승한다고 말하는 데서 그치는 것이 아니라, 周를 五帝 이래로의 중국정신을 총체적으로 내포하고 있는 것으로 간주하여, 周를 통해 중국 고대 정신의 총체를 정면에서 그대로 계승하는 것이 바로 자신들의 유학사상이라고 천명하는 것이다. 혹자는 이러한 유학의 입지설정이, 유학자들이 스스로의 학문체계에 정통성을 부여하기 위하여 창조해 낸 전설과 같은 것이라고 말하기도 한다. 물론 그러한 측면이 아예 무시될 수는 없을 것이다. 그러나 설령 그러하다 할지라도 그러한 것들은 여기에서는 논의의 대상이 되지 못한다. 여기서는 다만 退溪의 의식 속에 중국정신이 어떠한 모습으로 간직되어 있는가를 살펴보고자 하는 것이기 때문이다. 모든 유학자의 의식이 스스로의 학문체계가 중국정신의 정통을 계승하는 것이라고 승인하는 것과 마찬가지로 退溪의 의식도 이러한 입장을 그대로 승인한다.

그런데 유학은 孔子 이전의 중국정신을 三經, 즉 ≪詩≫≪書≫≪易≫속에 갖추어져 있는 것으로 본다. 그러니까 유학은 孔子로부터 물줄기를 여는 사상체계라고 한다면, 유학사상은 비단 孔子의 의식 속에서만이 아니라 중국의 고대정신, 구체적으로 三經 속에서 찾아질 수 있는 것으로 본다는 말이다.

그러니까 유학정신의 원형은 바로 三經 속에 있다는 것이다.

이런 까닭에 유학자들에게 있어서는 三經이야말로 四書만큼 중요하다. 이 점은 退溪에 있어서도 마찬가지이다. 그러므로 退溪는 ≪三經釋義≫라는 이름하에 ≪詩≫≪書≫≪易≫의 몇몇 부분들을 발췌해서 諺解 하여 놓고 있는 것이다. 이와 같은 언해 작업은 물론 기초적인 것이기는 하지만 실제에 있어서 너무 소홀하게 취급되는 감이 있다. 물론 고도의 학문적 이론의 세계만을 놓고 말한다면 이와 같은 언해 작업 속에서는 그러한 측면이 찾아지기 어려울 것이다. 그러나 실제적인 측면에 있어서는 이것은 退溪가 일반 민중에게 알리고 싶다고 생각하는 것들을 쉬운 말로 풀어 놓은 것이라는 말이 되는 것이기 때문에 학문의 대중화라는 차원에서 진실로 중시되지 않으면 안되는 것이다.

退溪는 반도의 학자이고, 그가 비록 중국정신의 정수를 체득하였다하더라도 반도의 문화적인 상황으로부터 전적으로 자유로울 수는 없는 사람이었다. 退溪에 있어서 유학이 스스로가 발견한 최고의 학문이고, 또 그것을 통하여 궁극적으로 이상적 사회가 구현될 수 있다는 확신을 그가 가질 수 있었다면, 그에게 있어서 가장 시급한 것은 그 유학의 이념을 전파하는 것일 것이다. 서원에서 유생들을 가르치는 것은 물론 그러한 전파작업의 한 중요한 부분이다. 그러나 그것만으로 다일 수는 없다. 그러한 엘리트들과는 다른 민중에게도 유학의 수용이라고 하는 현상이 살펴질 수 있는 것이어야 하기 때문이다. 退溪의 언해작업은 바로 이러한 차원에서 이해되어야만 한다. 즉, 退溪의 언해작업은 두 가지 특징을 통하여 이해될 수 있는 것이다. 하나는 번역의 기본적인 특징으로서 의미의 명료화라는 것이다. 이 점은 외국어와 모국어의 차이에서 비롯되는 것이다. 언어는 하나의 표현의 형식이라는 의미 속에 전적으로 구속되는 것이 아니다. 언어는 표현의 형식적 수단이면서, 의사전달의 방법이고, 사유의 구조이다. 언어의 차이는 생각하는 방법의 차이인 것이다. 그러므로 아무리 표현 형식으로서의 언어의 외적 측면에 해박한 지식을 갖추었다고 하더라도 그것이 모국어가 아니라 외국어인 한에 있어서는 이해와 해석의 한계를 갖게 마련이다. 번역은 그러한 한계를 없애주는 기능을 담당한다. 일단 退溪의 언해작업은 이러한 일차적인 의미를 갖는 것으로 설명될 수 있다. 이것은 모든 번역에 다 적용되는 번역의 기본적 특성으로서, 退溪의 언해작업에서만 찾아질 수 있는 특징은 아니다. 다른 하나는 번역의 사회적 기능과 연결되는 것으로, 이것은 또한 특히 반도의 문화적인 상황 속에서 말하여질 수 있는 것이기도 하다. 우리가 다 잘 알고 있듯이 반도의 지식인들은 한자문화권에 속한다. 이것은 비단 그 정신적인 배경에서 그러하다는 것만은 아니다. 이것은 언어행위의 일상적 차원에서도 그러하다는 말이다. 반도의 지식인들은 한자로 쓰고 생각하는데 부족함을 느끼지 않았다. 그러나 반도의 상층부를 장악하는 고급문화는 그러하다 쳐도 하급문화는 그것과는 다르다. 하급문화에 있어서는 한자는 외국어에 지나지 않는 것이다. 그러므로 退溪의 언해작업이란 이런 점에서 볼 때 반도의 하급문화를 대상으로 하는 유학의 대중화의 한 시론적 작업이라고 할 수 있겠다. 이렇게 退溪의 언해작업은 두 가지 차원에서 이해될 수 있는 것이다.

어쨌든 退溪가 三經을 언해하고 있다는 것은 그만큼 退溪가 유학정신 속에서 이것들이 차지하는 비중이 크다는 것을 인정하고 있는 것이라고 할 수 있겠다.

유학은 三經 등에서 나타나는 중국 고대정신을 계승하여 구성된다. 孔子는 스스로 그것을 '述而不作'이라는 말로 규정하여 놓고 있다. 즉 '敍述'·'記述'의 차원에서 유학의 학파형성의 특징을 설명하는 것이다. 그러나 유학을 그대로 고대정신의 因襲이라는 차원에서만 받아들인다면 그것은 옳은 시각이 아니다. 유학은 因襲과 創造의 두 측면을 지니며, 이 양자 중 어느 한 측면이 간과된다면 유학의 본모습은 어디에서도 찾아질 수 없는 것이기 때문이다. 孔子는 '述而不作(기왕에 있던 것을 기술한 것이지 새로 지은 것은 아니다)'을 말하면서 '溫故而知新(옛것을 그대로 계승하고 새로운 것을 받아들인다)'도 말하지 않았던가? 유학은 전승이면서 창조이고, 보수적인 것이면서 혁신적인 것이다. 그러므로 비록 유학이 三經으로 대표되는 중국의 고대정신을 인습한다고 하더라도 유학정신의 총체가 그대로 三經속에 간직되어 있는 것일 수는 없다. 다시 말해서 ≪論語≫·≪孟子≫·≪中庸≫·≪大學≫으로 연장되는 원시유학의 주요 경전들과 三經의 중심사상은 완전히 일치하는 것만은 아닌 것이다. 그 양자는 같으면서도 다르고, 다르면서도 같다.

두 말할 나위 없이 유학의 성격은 四書에서 결정된다. 四書를 제외하고는 유학의 진수란 따로 찾아질 수 없는 것이다.

退溪는 이렇게 말한다.

> 聖學은 四書 외의 다른 데서 찾아질 수 있는 것이 아니다. 선비(士)가 학문에 뜻을 둔다면 이 책들을 버리고 달리 또 어디서 배움을 말할 것인가?[4)]

이렇게 退溪는 유학이야말로 진실한 학문이고, 그 진실한 학문으로서의 유학의 진수는 四書 속에 있다고 언명한다. 그러니까 四書로 대표되는 원시유학의 기본정신을 이해하는 것이 학문함의 진실한 목적이라고 생각하는 것이다. 그러나 退

---

4) 退溪全書 卷四, p.26.「聖學不過四書, 士之志學者舍是書何以哉?」

溪는 누가 무어라 하더라도 유학자 중에서도 性理學者이다. 유학이 기본적으로 원시유학 속에서 전체적인 모습을 갖춘다고 하더라도 性理學을 원시유학과 완전히 동일시할 수는 없는 노릇이다. 그렇다면 退溪는 性理學을 어떻게 보길래 四書 외에 따로 유학이 있는 것은 아니라고 말하는 것인가. 性理學과 原始儒學은 어떻게 관계가 지어지는 것일까? 性理學은 原始儒學과 어떻게 다르다고 말할 수 있는 것인가?

원시유학이 周初의 정신세계의 재구성이라면(물론 이것은 유학자들이 주장하는 것이지 사실이 그러하다는 것은 아니다. 필자는 사실이 그러하다고 말하는 것은 아니다. 그것은 고증학적인 문제와 연결되어 있는 것인 까닭에 쉽게 단정할 수 있는 것이 아니기 때문이다) 性理學은 原始儒學의 재구성이다. 통상 원시유학은 이론적인 측면보다는 실제적인 측면, 즉 행위와 실천의 문제에 보다 치중한다고 말하여진다. 이러한 원시유학의 특징은 ≪論語≫속에서 가장 구체적으로 나타난다. 四書 중 ≪論語≫를 제외한 나머지 셋 속에서는 이론적인 탐구의 흔적들도 보이는 것이다. 특히 ≪中庸≫과 ≪孟子≫는 원시유학이 이룩한 이론적 성취를 대변한다고 말할 수 있는 것이다. 그러나 그 이론이라고 하는 것도 性理學의 그것과 비견될 수는 없다. 그것은 보다 원론적이고, 보다 소박한 이론 체계이기 때문이다. 여전히 원시유학, 四書의 정신세계는 그 이론적 특징 속에서 설명될 수 있기보다는 실제적 삶과 행위 속에서 드러날 수 있는 것이라는 말이다. 이것은 그 학문적 체계가 엄밀한 논리에 의해 전달되고 전개되는 것보다는 체험과 자각과 수양을 통하여 얻어질 수 있는 것이라는 이야기가 된다. 그러므로 원시유학에 있어서는 문자가 담당할 수 있는 역할이 性理學보다는 크지 못하다. 즉 동일한 체험이 수반되거나, 일정한 정신적 경지에 도달하지 못한다면 원시유학의 정수는 체득될 수 없으리라는 말이다. 이것은 원시유학이 지식의 영역에서 이론적 체계를 목적으로 삼는 것이 아니라는 것으로부터 기인하는 당연한 귀결이다.

性理學은 원시유학에 비해서 볼 때는 그 체계의 엄밀성, 치밀한 논리적 전개 등이 특징으로 언급될 수 있을 것이다. 유학이 秦漢시대 이후에 이르게 되면 董仲舒에 의해 官學으로 채택되는 등 외형상의 번성을 구가하지만 실제적으로 내용상에 있어서는 답보상태를 면하지 못하는 것이 사실이다. 학문적인 차원에서 유학의 중요한 성과들은 宋明시대에 이르기까지 좀체로 눈에 띄지 않는 것이다.

이 시기, 즉 原始儒學의 시기로부터 宋明儒學의 시대에 이르기까지 학문적인 성취의 대부분은 유학 외적인 모습을 띄고 나타난다. 즉, 道家思想과 佛敎思想에 의하여 학술계의 대세가 장악되었다는 말이다. 이 시기에 유학은 道家의 원리탐구의 심오함을 따라잡지 못하고, 佛敎의 논리체계의 치밀성을 따라잡지 못한다. 따라서 학술계의 중요한 고급인력들을 불교나 도가에 빼앗기는 추세가 계속되었다. 물론 이것은 일반화할 때 말해질 수 있는 것이다. 따라서 얼마쯤의 예외는 인정되어야만 한다.

性理學은 이러한 학술계의 일반적 추세에 대한 유학의 보수적 반동의 결과로 출현한다. 性理學은 도가의 심원한 원리성을 받아들이고, 불교의 치밀한 논리체계를 수용해서 원시유학을 재구성한 결과이다. 물론 性理學은 외면적으로는 도가와 불교를 이단으로 배척한다. 그러나 실제에 있어서 性理學은 이러한 양사상체계로부터 자양분을 섭취하여 구성된 것이라는 사실을 부정할 사람은 없다.

그러니까 性理學은 현실적이고 인간적인 삶과 실천적 행위를 특징으로 하는 유학 사상의 흐름 속에서 가장 논리적 체계가 분명하게 갖추어져 있는 것 중의 하나라고 하겠다. 이런 점에서 性理學은 지식으로서 원시유학보다는 쉽게 접근할 수 있는 것이라고 할 수 있다. 性理學에 대한 退溪의 기본입장은 이러하다. 이것은 退溪의 다음 말을 통하여 확인될 수 있다.

> 오늘날의 사람들도 四書를 읽지 않는 것은 아니나 그들은 다만 그 속의 구절들을 외거나 과거 보는 데에만 정신을 빼앗겨 몸과 마음으로 진실하게 받아들여 몰두하기가 어렵게 된지 오래이므로, 그것으로써 啓發될 수 없다. 이 책 (≪朱子書≫를 말함)은 그러한 폐가 없이 사람들이 읽어서 쉽게 감흥을 느낄 수 있다.[5)]

이상은 退溪가 ≪朱子全書≫에 대하여 하고 있는 말이다. 이 말은 물론 구체적으로는 ≪朱子全書≫에 대한 말이지만, 性理書 전체에 일반화해서 받아들인다고 하여도 크게 그릇된 것이라고 할 수는 없는 것이다.

위에서 우리는 四書가 退溪의 시대에 있어서 다만 장식적 의미 이상을 지닐 수 없게 되어 버렸음을 확인할 수 있다. 이것은 四書가 이미 이해되고 實踐窮行되기 어려운 책이 되어 버렸음을 의미한다. 대신에 성리서는 읽어서 쉽게 이해하고 쉽게 접근할 수 있는 책으로써 말하여진다. 기본적으로 性理學이 四書로 대표될 수 있는 원시유학의 정신을 인습하여 보다 체계화시킨 것이라면 四書와 성리서 사이에서 발견되는 이러한 차이는 그 기본골격으로부터 원인하는 것이라고 볼 수는 없을 것이다. 이것은 체계의 문제, 논리의 문제로부터 비롯되는 것이라고 보는 편이 옳다는 말이다. 왜냐하면 논리적 체계화야말로 性理學이 원시유학과 구별될 수 있는 가장 커다란 특징중의 하나일 것이기 때문이다.

---

5) 退溪全書 卷四, p.26.「今人非不讀之(四書), 而只以帖誦決科爲業, 於身心了不相關陷溺旣久. 難以啓發, 若是書(朱子書)則旣無其蔽, 而讀之令人易以感發興起.」

退溪는 '聖學이 四書 외에 따로 있는 것이 아니라는 것'을 말함으로써 유학의 기본골격을 四書의 테두리 안에 위치시킨다. 그러니까 性理學도 유학의 한 흐름인 까닭에 당연히 四書의 테두리 안에 소속되지 않을 수 없다. 그러니까 退溪가 보는 性理學은 새로운 유학이 아니라 다만 四書의 원시유학적 정신을 後代人들이 쉽게 접근하고 이해할 수 있도록 해석하여 놓은 것이거나, 보다 쉽게 그 사상적 정수에 다가갈 수 있도록 체계화하여 놓은 것에 지나지 않는 셈이다.

退溪는 이렇게 중국정신을 유학적 정신구조 속에서 이해한다. 唐虞시대나 三代시대의 도덕주의적 정신세계는 유학의 연원이 되고, 그로부터 비롯된 유학은 四書 속에서 그 정점에 이른다. 그리고 그 四書의 정신세계를 보다 쉽고 체계적인 것으로 주석하여 놓은 것이 性理學이다. 이러한 유학의 역사는 그 연원이 되는 唐虞나 三代시대의 정신적 특징이 五品이나 人倫을 밝히는 학문이라고 말하여질 수 있듯이 당연히 도덕주의를 근간으로 한다고 말할 수 있을 것이다. 退溪는 이러한 유학적 정신을 그대로 계승한다.

## 2. 退溪사상의 직접적 연원

退溪사상이 어디로부터 연원하는지에 대한 구체적인 설명을 하기 위해서는 우선 그가 무엇을 우선하여 가르쳤고, 그가 聖學의 전개과정을 어떠한 차원에서 이해하는지를 파악하는 것이 중요하다.

退溪는 성학의 가장 기초적인 단계로서 ≪小學≫공부를 중시한다. ≪小學≫공부가 끝난 다음에 ≪大學≫공부가 이어져야 하고, ≪大學≫공부가 완결된 다음에 ≪心經≫의 이해가 요구되고, ≪心經≫을 완전히 이해한 다음에야 ≪論語≫나 ≪孟子≫를 읽을 수 있으며, ≪論語≫≪孟子≫에 대한 공부가 끝난 다음에 ≪朱子書≫를 공부하여야 하고, 그런 다음에야 여타의 제 경전들을 섭렵할 수 있는 여유가 주어질 수 있다는 것이다. 이러한 차례는 退溪가 사람들을 가르칠 때 따르는 제 단계들이다.6) 이것은 바로 退溪가 聖學을 바라보는 시각이기도 하다. 그리고 이것은 이러한 제 경전들이 聖學을 이해함에 있어서 가장 기본적인 것들이라고 退溪가 인정하고 있는 것임을 뜻한다.

그러면 ≪小學≫공부는 어째서 모든 경전들에 대한 공부 보다 앞서서 요구되는 것인가? 이것은 退溪가 ≪小學≫을 어떻게 생각하느냐를 설명한다면 그 이유가 밝혀질 수 있을 것이다. 退溪는 이렇게 말한다.

≪小學≫은 體와 用을 함께 구비하고 있으므로 읽지 않으면 아니된다.7)

≪小學≫이 체용을 함께 갖추었다는 것은 무슨 의미인가? 그것은 아마도 ≪小學≫속에는 유학의 원리적 본질과 운용의 실질이 담겨져 있다는 이야기가 될 것이다. 그러한 ≪小學≫의 양측면 중에서 보다 중시 될 수 있는 것은 用적인 부분일 것이다. ≪小學≫은 행동의 규범을 통하여 유학의 본질을 전달하려 하는 것이기 때문이다. 朱子에 의하면 ≪小學≫을 배우지 않고서는 마음을 다스릴 수 없다고 한다.8) 退溪는 이러한 朱子의 말을 인용하면서 이렇게 말한다.

---

6) 退溪全書 卷四, p.31.「先生教人, 先之以小學, 次及大學, 次及心經, 次及孟子, 次及朱書, 而後及諸經.」

7) 退溪全書 卷四, p.26.「小學體用俱備, 固不可不讀.」

8) 退溪는 朱子의 말을 인용하여 이렇게 말한다. 「……是以方其幼也 不習之於小學, 則無以收放心……」(退溪全書 卷一, p.201 참조)

이제 유학을 공부하는 선비들로 하여금 반드시 먼저 스스로 물뿌리고, 빗질하고, 들고 남에 있어서 응대하는 법을 다 익히게 하며, 禮·樂·射·御·書·數를 습득하게 하여……[9)]

그러니까 청소하는 것으로부터 대인관계의 예절에 이르기까지의 모든 행동 윤리, 예·악·사·어·서·수의 인간이라면 갖추어야 할 기본적 덕목들의 습득 등, 몸으로 학습하는 일체의 유학적 가르침들이 바로 ≪小學≫으로부터 주어지는 것이다. ≪小學≫은 그러니까 어린아이로 하여금 먹고 마시고 생활함의 형식을 법도에 맞게 훈련하는 과정 속에서 저절로 유학적 원리를 체득하여 가게 하는 책이라고 하겠다. 그러므로 ≪小學≫은 유학의 길에 들어서려는 사람에게 있어서 어떤 무엇보다 먼저 습득되어야만 하는 것이라고 하겠다.

이와 같은 ≪小學≫공부는 결국 ≪大學≫에로 연결되어야만 한다. 이것은 ≪小學≫의 원리가 바탕이 되어서 ≪大學≫의 원리가 전개될 수 있음을 의미한다. 退溪는 朱子의 말을 이렇게 인용한다.

자라서는 ≪大學≫을 익히지 않으면 의리(義理)를 살펴 알 수 없고 모든 사업을 제대로 할 수 없으며 ≪小學≫의 공부를 완성시킬 수 없다.[10)]

이렇게 朱子에 있어서는 ≪小學≫과 ≪大學≫은 서로 짝을 이루고 존재한다. ≪小學≫이 聖德의 시발점이라면 ≪大學≫은 聖德의 종착점이다. 退溪는 ≪小學≫공부 없이는 ≪大學≫

---

9) 退溪全書 卷一, p.201.「今使幼學之士, 必先自盡乎灑掃對應進退之間, 禮·樂·射·御·書·數之習……」

10) 退溪는 「及其長也, 不進之於大學, 則無以察夫義理, 措諸事業, 而收小學之成功」이라는 朱子의 말을 인용한다. (退溪全書 卷一, p.201 참조)

공부가 시작될 수 없고, ≪大學≫공부 없이는 ≪小學≫공부가 완성될 수 없다는 朱子의 입장을 그대로 승인한다. 그리하여 ≪小學≫과 ≪大學≫이 따로따로 존재할 수 있는 것이 아니라 상호 보완적인 자리에 위치하는 것이며, 그런 까닭에 상호 구분된 두 개의 경전이면서 동시에 상호 구분될 수 없는 하나라고 말하는 것이다.[11]

退溪는 ≪小學≫공부를 거쳐서 성장한 다음에는 明德과 新民과 止於至善의 경지에 도달할 수 있다고 말한다.[12] 그러니까 ≪大學≫을 이러한 三綱領을 통하여 축약적으로 이해하는 것이다. 이와같은 ≪大學≫의 공부는 學者로서의 공부라고 退溪는 말한다. 여기서의 학자는 오늘날의 학자와는 의미가 일치되지 않는다는 것을 염두에 두지 않으면 아니된다. 여기서의 학자란 오늘날의 학자가 학문하는 사람, 지식을 섭취하는 사람이라는 의미로 쓰여지는 것과는 달리 몸과 마음을 닦는 사람, 덕을 쌓는 사람이라는 의미로 쓰여지는 것이다. 退溪는 ≪大學≫이 修身의 근본이 되며, 德을 쌓는 관문이 되는 학자로서의 공부라고 말한다.[13] 그러니까 ≪小學≫으로부터 시작된 일상적 영역에서의 행동을 통한 유학적 학습의 논리는 ≪大學≫에 이르러 明德을 기초로 하는 내적 덕성을 확보하고, 新民을 기조로 하는 외적 행위의 덕성을 확보하여, 至善의 궁극적 위치를 확보할 수 있게 되는 것이다. 이렇게 退溪는 ≪小學≫과 ≪大學≫을 상호 상관되는 것으로 간주하여, 초기 단계에서 유학의 덕성을 함양하는 데 필수불가결한 경전으로 인정한다.

≪大學≫공부가 끝난 다음에는 ≪心經≫을 학습할 필요가

---

11) 退溪全書 卷一, p.202.「蓋小學大學相待而成, 所以一而二, 二而一者也.」
12) 退溪全書 卷一, p.201.「……俟其旣長而後, 進乎明德·新民, 以止於至善……」
13) 退溪全書 卷二, p.308.「大學修身之本, 入德之門, 故曰學者事.」

있다고 退溪는 인정한다. ≪心經≫은 退溪가 가장 중시하는 경전중의 하나이다. 退溪가 ≪心經≫을 얼마나 중시하는가는 다음의 한 구절을 통하여 확인될 수 있다.

許魯齋는 일찍이 '나는 ≪小學≫을 神明처럼 敬慕하고, 부모처럼 尊崇하였다'고 하였다. 나도 역시 ≪心經≫을 魯齋의 ≪小學≫같이 생각한다.[14)]

그러니까 ≪心經≫은 退溪가 神明처럼 경모하고 부모처럼 존숭하였던 책이라는 말이다. 그만큼 退溪의 학문의 역사 속에서 ≪心經≫이 지니는 위치는 중요한 것이다. 그러면 어째서 退溪는 이 ≪心經≫을 그렇게 중시하였는가? 退溪의 입을 통하여 그 이유를 들어보자.

나는 ≪心經≫을 얻어 본 다음에야 비로소 心學의 연원과 心法의 진수를 알 수 있게 되었다. 그러므로 나는 평생 동안 이 책을 神明같이 믿고, 嚴父처럼 경모하였다.[15)]

이렇게 볼 때 우리는 退溪가 왜 그렇게 ≪心經≫을 중시하는지에 대한 이유를 어느 만큼은 발견할 수 있을 것이다. 退溪는 ≪心經≫이 유학의 심성론적 세계에 접근할 수 있게 하는 통로라고 보는 것이다. 그러니까 유학의 심성론적인 기본 구도가 이 ≪心經≫속에 드러나 있다고 보는 것이다.

유학은 행위와 실천을 주조로 한다. 그런 까닭에 유학의 본령은 도덕과 윤리의 차원에 걸려 있다. 그런데 이 도덕과 윤리는 어떤 원리에 의하여 존재하고, 어떤 이치에 의하여 운용

14) 退溪全書 卷五, p.274.「許魯齋嘗曰, '吾於小學敬之如神明, 尊之如父母.' 愚於心經亦云.」

15) 退溪全書 卷四, p.24.「吾得心經而後始知心學之淵源, 心法之精微, 故吾平生信此書如神明, 敬此書如嚴父.」

되는가? 유학은 그것을 다만 인간 사회가 가공의 형식으로 우리들에게 제공하여 주는 것이라고 말하지는 않는다. 유학은 도덕의 원리가 본체론적으로 실재 한다고 말한다. 그 실재하는 원리를 우리들 인간세상에 하나의 형식화된 규범의 체계로 옮겨 놓은 것이 바로 우리들이 학습하고 실천궁행하여야 하는 도덕 또는 윤리라는 것이다.

물론 우리는 이렇게 반문할 수 있을 것이다. 그것은 어디에 어떻게 있는가? 그것은 어떻게 우리에게 알려질 수 있는가? 유학자들은 그것이 天地의 고유한 이치로서 존재한다고 믿는다. 유학자들은 그것이 聖人들의 눈을 통하여 우리들에게 알려질 수 있는 것이라고 생각한다.

모든 위치, 모든 원리가 객관적인 실체로서 존재한다고 하는 이러한 믿음을 갖는다는 점에 있어서 우리는 유학자들을 이상주의자들이라고 말할 수 있다. 그러나 이 세계의 아무리 사소한 일이라도 다 이러한 객관적인 원리에 비롯되어 발생하고 전개된다는 이러한 사고방식은 얼마나 신비적인 것인가? 그런데 인간은 대부분의 경우에 이러한 신비심성에 의하여 지배되게 마련이다. 그것은 종교가들에게서처럼 신의 의지라는 이름으로 나타나기도 하고 유학자들에게서처럼 天地의 근원적 이치라는 이름으로 나타나기도 한다. 그러한 신비적 의식의 眞僞문제는 필자가 관여할 문제가 아니다. 그러한 것들이야 아무래도 좋은 것이다. 문제는 유학이 이와 같은 신비적 의식을 인습하고 있으며, 비록 그것을 객관적 이치와 같은 합리적 포장을 하여 우리에게 제시한다고 하더라도, 그것이 종교적 신비주의의 한 변용임을 부인할 수는 없다는 것이다.

어쨌든 유학에서는 모든 이치, 모든 원리는 실재하는 것이다. 그러므로 그렇게 실재하는 이치 또는 원리에 가까이 가면 갈수록 모든 것은 보다 진실된 의미를 함축하게 마련이다.

이런 까닭에 유학은 이러한 본체론적 원리, 실재하는 본질적 이치의 세계 속에 나름대로의 형이상학적 체계를 건설한다. 이것이 바로 유학의 天道論인 것이다. 유학은 이러한 형이상학 체계, 天道論의 체계에 기초하여 자신들의 모든 이론을 전개하여 나가는 것이다. 즉, 천도론은 유학체계의 전체가 근거하는 것이며, 기원이 되는 것이며, 궁극에 가서 결과가 되는 자리인 것이다.

이러한 유학의 天道論의 체계가 나름대로 뚜렷한 모습을 갖추는 것은 ≪中庸≫부터이다. ≪中庸≫은 바로 유학의 천도론을 본격적으로 출발시키는 경전인 것이다. 그런데 ≪中庸≫은 유학의 전 체계가 토대로 삼는 天道論의 형식과 人性論의 형식을 동일 맥락 위에 비끌어 매어 놓았다. 그래서 이론적으로는 천도론이 유학 전 체계의 모형이 되는 것이지만, 실제적으로는 유학의 전 체계는 인성론에 의해 전개되고 설명되는 것이다.[16)]

유학의 역사는 한마디로 말하자면 人性論의 역사이다. 이러한 유학적 특징은 ≪中庸≫으로부터 적극적으로 전개되기 시작하여 ≪孟子≫에게로 이어진다. 그리고 이러한 측면은 性理學에 가서 정점을 이루는 것이다.

이렇게 보면 유학의 본령이 인간의 마음의 문제임을 부정할 수 없을 것이다. 退溪에 있어서도 유학의 궁극처는 바로 그 자리이다. ≪心經≫은 바로 그러한 유학의 깊고 오묘한 마음의 세계에로 들어갈 수 있게 하는 관문이다.[17)] 退溪는 바로 이 ≪心經≫을 유학의 인성론적 체계로 진입해 들어갈 수 있

---

16) 拙著, ≪原始儒學의 새로운 해석—中庸의 理論構造—≫人性論 부분 참조

17) 退溪는 「初學下手用功之地, 莫切於心經一部因.」이라고 말한다. 退溪全書 卷四, p.26. 여기서의 '下手 공부'란 심성론적 탐구의 기초단계를 의미하는 것이다.

게 하는 열쇠로 인정하고 있는 것이다. 그러니까 ≪心經≫을 통하여 유학을 이해하는 시각의 일단을 확보하는 것이 바로 退溪라는 말이다.

退溪는 이러한 시각이 확보된 다음에 그것을 가지고 ≪論語≫와 ≪孟子≫를 보아야 그 진실된 의미를 발견할 수 있고, 그 오묘한 이치를 놓치지 않을 수 있다고 믿는다. 그러므로 退溪는 다른 사람을 가르칠 때 늘 ≪心經≫다음 자리에 ≪論語≫와≪孟子≫를 놓곤 하였던 것이다.

유학의 역사 속에서 ≪論語≫와 ≪孟子≫의 중요성이 어떠한 것인지에 대해서는 구태여 여러 말이 필요 없을 것이다. ≪論語≫는 유학의 역사를 여는 책이고, ≪孟子≫는 유학의 흐름을 결정하는 책이기 때문이다. 이 두 책이 얼마나 중요한 것인가는 항용 우리들이 유학을 이야기할 때 孔孟學이라고 말하곤 하는 것을 통해서 단적으로 증명될 수 있다. 그런데 우리가 ≪論語≫나 ≪孟子≫의 체계를 훑어보기만 하여도 쉽게 호가인할 수 있는 것이지만, ≪論語≫≪孟子≫의 내적 체계를 일원적으로 분명하게 살펴보는 것은 쉬운 일이 아니다. 왜냐하면 ≪論語≫나 ≪孟子≫는 다만 단편적 사례들의 집합으로 되어 있는 것이기 때문이다. 그것은 ≪論語≫≪孟子≫가 어떤 하나의 주견을 논리적으로 또는 체계적으로 기술하여 놓은 책이 아니라 단순한 언행록에 지나기 않는 것이기 때문이다. 그러므로 退溪는 ≪論語≫≪孟子≫의 진실된 내적 구조에로 접근하여 갈 수 있게 하여 주는 길잡이를 필요로 하였던 것이다. ≪心經≫이 바로 그러한 역할을 할 수 있다고 退溪는 믿는다. ≪心經≫으로부터 확보된 시각을 통하여 유학의 기본경전을 살펴봄으로써 朱子學의 심성론적 세계로 들어갈 수 있는 토대를 확립하는 것이다. 退溪는 그런 다음에 ≪朱子書≫로 들어가기를 요구한다. 그러한 토대, 즉 ≪小學≫·≪大學≫·≪

心經≫·≪論語≫·≪孟子≫ 등에 대한 소양이 갖추어져야만 ≪朱子書≫를 이해할 수 있다는 이야기인 것이다. 이러한 제 단계는 性理學에로 들어가기 위한 전제들인 셈이다. 退溪가 이와같은 단계를 거쳐서 사람들을 가르쳤다면, 그것은 退溪가 자신이 터득한 性理學的 경지가 이러한 것들에 의해 설명될 수 있는 것이라고 믿고 있다는 이야기가 될 수 있을 것이다. 그러므로 退溪思想에 자양분을 제공하여 주는 책들 중에 위에 거론한 것들이 놓일 수 있다고도 말할 수 있을 것이다.

물론 이상에서 거론한 책들은 기본서에 불과하다. 최소한 이러한 책들을 통하여 性理學이 이해될 수 있다는 것이고, 최소한 이러한 책에 깃들어 있는 내용들을 숙지한 다음에야 退溪思想의 윤곽을 그려 낼 수 있다는 이야기에 지나지 않는 것이다.

이것들 외에도 退溪가 중요하게 간주하는 책들은 많이 있다. 그 중 몇 몇을 들어본다면 ≪太極圖說≫·≪서명≫·≪近思錄≫·≪中庸≫같은 것들이 있을 것이다. 이러한 책들은 고도의 오묘한 이치를 갖추고 있는 것이고, 유학의 궁극처에서 만날 수 있는 것들이며, 앞에 거론한 제 단계를 거친 다음에야 이해될 수 있는 것들이다. 退溪는 ≪小學≫·≪大學≫·≪心經≫·≪論語≫·≪孟子≫·≪朱子書≫등을 거친 다음에야 이러한 고도의 오묘한 이치들이 이해될 수 있는 것이고, 반대로 이러한 오묘한 이치들에 대한 숙지를 통하여서만 앞의 기본서들의 진실한 정신적 맥락이 확인될 수 있는 것이라고 믿는다. 다시 말해서 일테면 ≪小學≫을 거치지 않고서는 ≪太極圖說≫로 나갈 수 없으며, ≪太極圖說≫을 통하지 않고서는 ≪小學≫의 진실한 경지를 볼 수 없다는 식으로 退溪는 이해하는 것이다.[18]

18) 앞의 註 6)에서 볼 수 있듯이 퇴계는 ≪小學≫을 下水工夫의 첫머리에

이 외에도 退溪의 정신에 자양분을 제공하는 서적들은 무수히 많다. 그러나 우리는 대충 위에 거론한 책들이 退溪의 정신반경 속에 그 중 가까이 위치하는 것들이며, 退溪思想의 기본골격은 그것들에 의해 구성된다고 말할 수 있을 것이다. 즉, 위에 거론한 책들이 退溪思想의 직접적 연원이라는 말이다. 이 중에서도 退溪思想을 이해함에 있어서 필수적인 것은 ≪朱子書≫·≪太極圖說≫·≪心經≫등이다. 앞에서도 언급하였듯이 退溪는 ≪心經≫을 심성론적 공부의 요체로써 상당히 중시한다. 그리고 退溪는 ≪太極圖說≫로부터 자신이 入道하였다고 하며,[19] 朱子를 인용하여 ≪太極圖說≫이야말로 도리의 대두뇌처(道理大頭腦處)이며 백세 도술의 연원(百世道術淵源)이라고 한다.[20] 이렇게 ≪太極圖說≫을 중시하였으므로 그는 자신의 ≪聖學十道≫의 첫머리에 太極圖를 위치시키는 것이다. ≪朱子書≫에 관해서는 더 말할 나위도 없다.

선생은 朱子로부터 400년이나 떨어져 있고, 태어난 땅도 만여리나 떨어져있다. 그러나 선생은 늘 朱子의 책을 읽어 그 뜻을 구하고 그 道에 통하였다. 後人들이 만약 선생을 통하여 晦翁의 마음을 알고자 하여 선생의 학문을 탐구한다면 그 道理에 쉽게 접근할 수 있을 것이다.[21]

---

위치시킨다. 그리고 마지막 자리, 즉 ≪朱子書≫ 뒤에 ≪太極圖說≫등을 놓는 것이다. 이것은 ≪小學≫ 등이 이해된 뒤에야 ≪太極圖說≫ 등이 이해될 수 있다는 것을 뜻한다. 동시에 퇴계는 ≪全書≫卷一, p. 199에서, 「蓋學聖人者, 求端自此而用力於 小·大學之類……」라는 말을 한다. 여기서의 '此'는 ≪太極圖說≫을 의미한다. 이것은 또한 ≪太極圖說≫을 통하여서 ≪小學≫의 진실한 의미가 파악될 수 있다는 것을 뜻하는 것이다.

19) 退溪全書 卷四, p.31. 「吾與人講學, 必先講此者, 吾初年由此而入故耳.」 여기서의 '此'는≪太極圖說≫이다.

20) 退溪全書 卷一, p.199. 「朱子謂此(太極圖) 是道理大頭腦處, 又以爲百世道術淵源.」

21) 退溪全書 卷四, p.12. 「先生之生上距朱子之世畿乎四百年, 地之相距亦畿乎

退溪는 門人인 趙穆의 말이다. 朱子와 退溪 사이의 학문적 상관관계는 바로 이 조목의 말과 같이 밀접한 것이다. 朱子야말로 진실로 退溪思想의 연원인 것이다. 그러니까 退溪思想은 ≪朱子書≫를 대표로 하는 性理書의 사상체계와 직접적으로 연결된다는 말이다.

---

萬餘里. 而先生尙且讀其書, 求其義以達其道. 後之人若以先生學晦翁之心而求先生之學, 則其至於道也不遠矣.」

# 제 4 장 退溪는 한국정신사를 어떻게 보는가?

한국정신사는 물론 나름대로의 역사와 의미를 따로 가질 수 있을 것이다. 그것은 우리가 나름대로의 고유한 문화적인 환경과 단절 없는 역사를 갖추고 있기 때문이다. 우리 민족은 내내 독립성을 갖는 주체적 존재로서 지금까지 살아왔다. 이런 우리 민족이 주변의 다른 민족과는 어느만큼 다른 정신의 역사를 갖추고 있음은 필연이다. 모름지기 한국정신사는 이러한 나름대로의 특수성에 초점이 맞추어져서 기술되어야 할 것이다.

그러나 그것은 이 장에서 필자가 목적하는 바가 아니다. 필자는 여기서 우리 한국의 정신사를 말하고자 하는 것이 아니라 退溪라는 사람이 한국의 정신사를 어떠한 시각에서 바라보는가 하는 것을 소략하게나마 다루어 보고자 하는 목적을 지닐 뿐이다.

退溪는 유학자이다. 그는 堯·舜임금과 文王·武王·孔子·孟子와 程伊川·朱子로 이어지는 중국 유학의 정신을 그대로 계승하는 사람이다. 그런데 이러한 정신의 계승은 그저 지식의 수수관계에서 그치는 것이 아니다. 유학은 孟子 이래로 道統論의 흐름을 열고, 性理學의 시대에 와서 그러한 유학의 자존의식은 보다 강화되어 한국의 유학자들에게 전하여지기 때문이다.

性理學에는 유학의 자존의식이 한껏 고양되어 있다. 그것은 바로 중화주의적인 보수적 자존심이 만들어내는 문화현상이다. 性理學은 이렇게 자기중심적인 교조화된 이념으로 존재한다. 이렇게 이념적 색채가 강하게 나타나는 사상체계는 그러한 전통적 흐름, 외적인 것에 대한 강한 적개심을 지니고 있게 마련이다. 그러한 전통적 흐름, 외적인 것에 대한 강한 적개심을 지니고 있게 마련이다. 그러한 의식은 조선조의 性理學 시대에 와서 극점을 이룬다.

退溪는 바로 이러한 흐름 속에 처하여 있는 골수 性理學者이다. 따라서 退溪에 있어서는 堯·舜으로부터 朱子까지의 중국정신과, 중국역사와, 중국인의 의식이 그 정신의 주류로서 인습된다. 이것은 바로 退溪에 있어서 한국정신이라 하는 것은 그리 중요한 것이 아니라는 사실을 의미한다. 이것은 우리들 후대 사람들에게 있어서는 여간 불만스러운 것이 아니다.

그러나 불만은 불만으로 남겨놓을 뿐이지 우리로서는 별다른 뾰족한 수가 따로 있는 것은 아니다. 어쨌든 退溪는 거기 그런 모습으로 놓여 있는 것이기 때문이다.

그러면 退溪는 한국정신사를 어떻게 생각하고 있는지를 살펴보자.

## 1. 退溪에 있어서 한국정신사의 시대적 특징

우리는 왕왕 유학자들에게서 한국정신이 말하여질 때 그 상한선이 箕子의 東來라는 사실을 발견할 수 있다. 箕子東來說은 현금에 와서는 사학자들 사이에서도 논란의 대상이 되어 있는 것이 사실이지만, 그러나 조선조의 유학자들에게 있어서는 대부분 그것이 수용되고 있었음을 부인할 수 없다. 退溪에 있어서도 마찬가지이다.

退溪는 아래와 같이 말한다.

> 우리 東方에는 箕子가 건너와서 封하여진 이래로 九疇로 가르침을 베풀고 八條로 다스려, 백성들은 인자하고 현명하며 신명스런 지혜의 敎化를 입게 되었으니, 선비가 心學에 조예가 깊거나 九疇의 가르침에 밝으면 반드시 세상에 이름을 얻게 되었다.[1)]

退溪는 우리 정신사의 상한에 箕子를 위치시켜서 그 시대의 학술과 정치를 弘範九疇나 八條法禁의 차원에서 이해하는 것이다. 弘範九疇란 무엇인가? 그것은 중국의 고대로부터 殷 말기에 이르기까지의 중국인의 축적된 지식의 총체이다. 이 지식체계는 그러니까 중국 상고 정신의 핵심인 것이다. 이것은 箕子에 의하여 武王에게로 전하여진다. 그리하여 그 연장선상에서 周왕조의 문물제도가 비롯되는 것이다. 만약에 이러한 설명이 진실된 것이라면, 우리는 이것이 비단 상고 시대에만 국한되는 것이 아니라 전체 중국정신의 핵심이라고 간주할 수도 있을 것이다.

殷末 周初의 상황 속에서 箕子는 학술과 문화를 상징한다. 이 기자의 학술과 문화가 고대 한국에서 베풀어졌다는 것은 어찌보면 한국의 문화수준을 중국과 동일수준에로 끌어올리는 문화적 자존심의 발로이기도 하다고 할 수 있겠다. 그러나 정치적 차원에서는 식민주의를 용인하는 사대적 발상의 하나가 됨도 간과할 수는 없을 것이다.

어쨌든 이 箕子의 시대가 退溪에 있어서는 한국정신사의 제 1 기에 해당된다. 이 시기는 한국이 문명사회로 진입하는 시대라는 것이다. 물론 그것은 箕子東來라는 형식으로 비롯된

---

1) 退溪全書 卷四, p.96.「吾東方自箕子來封, 九疇說敎, 八條爲治, 人被仁賢神明之化, 士之得心學明疇敎者, 必有名世者矣.」

다. 즉, 이식된 문명사회라는 말이다. 이 시기에 있어서는 弘範九疇가 베풀어지고, 八條法禁이 행해져서 敎化된 이상사회가 구현된다는 것이다.

이러한 이상적 사회가 가면 한국정신사의 암흑기가 도래한다고 退溪는 본다. 四郡[2]·二府[3]·三國時代 등이 한국정신사의 제 2 기로 말하여 지는데, 이 시기는 전쟁상태로 얼룩져 있어서 학문과 문화에 있어서의 어떤 성취도 찾아볼 수 없다는 것이다.

> 四郡·二府·三國의 분쟁시대에는 전쟁이 빈번하게 발생하여 文籍이 많이 없어졌고, 道가 전하여지지 않게 되었음은 물론 선인들의 이름조차도 전해들을 수가 없게 되었다.[4]

4군·2부의 시대는 물론 현대의 우리들의 국사 교과서에서는 사라져 가고 있는 시기들이다. 그러나 어쨌든 退溪는 이 시기를 정신적 암흑기로 파악한다. 기자시대의 문화상황이 기자 이후 3국의 병립시기까지의 분쟁기간의 전 시기를 통하여 침체된 쇠퇴상태에 놓여지게 된다는 것이다.

이러한 쇠퇴기, 정신적·문화적 암흑기, 사회적 혼란기가 지나면 회복기가 오게 마련이다. 退溪는 이 회복기를 삼국통일기의 신라로부터 고려말기까지의 시대 속에 위치시킨다. 신라의 삼국통일을 통하여 분쟁이 해소되고 사회적 안정기가 도래

---

2) 前漢의 武帝가 BC 108년 衛滿朝鮮을 멸망시키고 그 영역에 설치한 樂浪·眞番·臨屯·玄菟의 사군현을 의미한다.

3) 「二府」가 구체적으로 무엇을 지칭하는 것인지는 筆者로서는 분명치 않다. 다만 樂浪郡·玄菟郡의 二郡으로 축소되는데 아마도 退溪가 이「二郡」을「二府」라는 명칭으로 쓰고 있는 것은 아닐까 하고 추측하여 볼 뿐이다.

4) 退溪全書 卷四, p.96.「四郡·二府·三國 分爭, 干戈摩爛, 文籍散逸, 不惟傳道之無人, 其前人姓名亦不得聞矣」

하며, 그에 따라 학술과 문화에 있어서도 부흥기가 찾아온다는 것이다.

신라의 삼국통일은 한국의 역사 속에서 2중의 의미를 지니는 것이다. 그것은 애·증이 교차하는 미묘한 감정의 갈등을 우리들 한국인들에게 가져다준다. 그 하나는 민족 내부의 갈등과 분쟁을 해결하였다는 점이다. 다른 하나는 민족의 세력 판도를 위축시켰다는 점이다. 전자는 우리들에게 있어서 긍정적인 의미로 받아들여지고, 후자는 부정적인 것으로 간주된다.

현대에 와서 신라의 삼국통일은 득 보다는 실이 더 많았던 것으로 이해되는 경향이 보다 세력을 키워가고 있다. 어쨌든 신라의 삼국통일로부터 우리는 대륙민족으로서의 자격을 박탈당하고 반도인으로써 살아가게 되었음만은 사실이다. 불행한 일이 아닐 수 없다.

그러나 退溪에 있어서는 이러한 의식은 찾아지지 않는다. 退溪에 있어서 신라의 삼국통일은 긍정적 시각을 통해서만 포착되는 것이다. 그것은 민족 내부의 갈등과 알력을 해소한 쾌거이면서, 분쟁으로 소진된 정신문화를 재흥시키는 계기가 되는 것이다. 그리하여, 그것으로부터 한국 정신의 제 3 기, 즉 箕子시기 정신문화의 부흥기가 도래하게 된다고 退溪는 이해한다.

신라가 삼국을 통일한 뒤부터 고려 500여년의 역사 기간 동안까지 道는 점차 융성하고 文風은 차츰 개화되어 갔다. 선비들은 中原에 유학하는 사람이 많았고, 經籍들이 세간에 많이 유포되어 어지러운 세상이 다스려지게 되었고, 中華를 경모하여 夷族의 습속이 바뀌게 되었다. 詩書의 恩澤과 禮義의 風敎로 箕子가 베푼 弘範九疇의 風俗이 점차 회복되기에 이르렀다. 그러므로 우리 東方을 文獻의 고장이라 칭하고 君子의 나라라고 부르는 이유는 이것으로부터 연유

한다.[5]

그러니까 통일신라시대와 고려시대는 기자 이래로의 옛 습속이 부활하는 시대이고, 書冊과 君子의 풍속이 만연되는 시대라는 말이다. 이렇게 退溪는 이 한국정신사의 제 3 기를 기자 시기의 재현의 차원에서 이해한다.

그런데 여기서 우리가 하나 간과랄 수 없는 것이 있다. 그것은 退溪가 문풍의 발흥이라는 것을 中國化의 도식 위에서 이해한다는 점이다. 중국정신을 인습하고, 중국의 풍속을 따르는 것이 바로 이 땅의 지식인의 할 일이고, 君子 되는 길이라고 이해하고 있다는 말이다. 이 점은 물론 구체적으로는 유학의 정신을 받아들이고, 유자로서의 생활을 구현하는 것이 바로 지식인이고, 군자라는 말로 구체화될 수 있을 것이다.

이러한 慕華思想은 비단 退溪에서만 발견되는 의식일 수는 없다. 이것은 우리 역사 속에 족적을 남긴 거의 모든 인물들에게서 그대로 나타나는 것이다.

이것은 周邊文化의 차원에 머물러 있는 민족 집단에게서 필연적으로 찾아질 수 있는 특징이다. 동아시아에 있어서는 현대가 열리기까지 중국이 모든 문화와 정신의 중심국으로서의 역할을 수행하였다. 이 점은 우리가 아무리 부정하려 하여도 부정될 수 없는 사실이다.

이와 같은 주변 문화적인 특징 외에 이러한 현상이 있게 하는 또 하나의 이유를 들라면 그것은 유학자체의 성격을 말할 수 있을 것이다. 다시 말해서 유학과 유학자 사이의 상관관계가 이러한 측면을 보다 강화하였다는 말이다.

유학은 현실 구제의 목적을 가지고 구성되는 학문체계이다.

5) 退溪全書 卷四, p.96.「新羅統三爲一, 高麗五百餘年間, 世道向隆, 文風漸開. 士多遊學中原, 經籍興行, 易亂爲治, 慕華變夷, 詩書之澤, 禮義之風, 箕疇遺俗, 猶可漸復, 故吾東見稱爲文獻之邦, 君子之國, 有由然矣.」

따라서 그것은 단순한 학문으로서의 의미영역 속에 전체적으로 그 의미가 국한될 수 있는 것이 아니다. 그것은 하나의 사회운동인 동시에 문화현상이며, 또한 정치이념인 것이다.

유학자들은 유학으로써만 현실사회는 구제될 수 있다고 믿는다. 즉 유학의 정신을 사회 속에서 전적으로 구현할 때 이상사회가 도래한다고 보는 것이다. 이러한 까닭에 유학자들에게 있어서는 유학정신, 유학적 습속, 유학적인 것 일체가 그대로 변경 불가능한 최상의 가치로써 받아들여지게 된다. 위에서 발견되는 退溪의 慕華的 측면, 쉽게 말해서 사대주의적 경향도 이러한 차원에서 이해되지 않으면 안된다. 그것은 정치적인 것이 아니라 문화적인 것이며, 진리구현의 한 방편으로서의 성격을 지니는 것이다. 이것은 초기의 마르크스주의가 민족 또는 집단 사이의 다양성과 관계없이 스탈린적 교조주의의 형식을 모든 국가 모든 집단에 관철하려 하였던 것과 맥락을 같이 한다. 공산주의는 그 정치체제와 경제체제에 있어서의 동일성을 통하여 세계혁명을 꿈꾼다. 유학은 그 문화적 도덕적 동질성을 통하여 세계의 이상화를 기도한다. 이 양자는 둘 다 이념화된 지식체계이며, 그것도 실천력·행동력을 갖춘 지식체계라는 점에서 서로 일치한다. 즉, 이 양자는 다같이 종교 쪽으로 한걸음 다가서 있는 지식체계라는 말이다. 물론 이러한 일치점은 외형상의 것에 불과하다. 내적으로는 이 양자 사이에는 물과 불처럼 융합될 수 없는 단절이 존재하는 것이다.

어찌됐든 유학은 그것을 수용하는 사람의 정신과 의식과 행동을 지배한다. 그러므로 유학은 주변국가에 대해서 중국적인 경향성을 행사하는 것이다. 그것은 유학이 중국정신의 정수라는 점으로부터 필연적으로 요구되는 결과이다. 이 말은 보다 철저한 유학자이면 일수록 중국적일 수밖에 없다는 것을 뜻한다.

退溪는 누구보다도 철저한 유학자였다. 따라서 그에게서 나타나는 이러한 유학정신에의 투철한 의식은 놀라운 것도 아니다.

아뭏든 退溪는 바로 이 시기, 한국정신사의 제 3 기에서 변방적인 요소, 다시 말해서 한국적인 요소가 많은 부분 배제되고, 중국적 유학적인 요소가 생활의 거의 모든 부분을 장악하는 현상을 본다. 그것은 그에게 있어서는 바람직한 현상으로 비춰졌던 것이다.

그런데 이 시기에 있어서의 유학이라고 하는 것은 다분히 형식적인 것에 불과하였다. 유학의 경전을 단순히 외형상으로만 접근해 가는 그러한 학문적 특징을 退溪는 이 시대에서 발견한다.

그러나 이 두 시기의 유학은 끝내 言語文字의 사이에 그 중점이 놓여진다.[6)]

退溪의 말이다. 다시 말해서 退溪가 보기에 이 시대의 유학은 유학 경전을 읽고 이해하고, 형식적으로 따라 행하는 단계 이상일 수 없었다는 것이다. 책을 읽고, 시를 쓰고 하는 문힉적인 유학이 대세를 장악하고 있었다는 말이다. 말하자면 義理學과 文章學 둘 중 의리학은 찾아볼 수 없고 문장학만 일편적으로 신장되어 있는 유학의 시대라는 것이다. 그러므로 退溪는 이 시기를 결핍된 유학의 시대로 보는 것이다. 왜냐하면 유학은 문장학의 차원에서는 완벽하게 알려질 수 있는 것이 아니기 때문이다. 왜냐하면 유학은 문장학과 의리학 양자가 상호 보완적인 기능을 담당할 때 분명하게 그 모습이 확인될

---

6) 退溪全書 卷四, p.96.「然二代之儒, 其歸重終在於言語文字之間.」

수 있는 것이기 때문이다. 退溪의 이와같은 태도는 다음의 구절을 통하여 밝혀질 수 있다.

先儒들은 하루의 반은 義理書를 읽고 반은 文章書를 읽으라고 하였다. 학자가 도리를 구하고자 하면서 전적으로 文章書만 읽는 다면 공부할 방도를 찾기가 어렵다.7)

위에서 우리는 退溪의 유학관이 文章儒와 義理儒 양자 사이에 놓여져 있음을 발견할 수 있다. 그 양자 중 어느 한 측면도 소홀히 하여서는 안된다는 것이 退溪의 입장인 것이다. 이것은 退溪가 문장에도 뛰어나고 의리에도 밝은 유학자라는 것과 상관관계를 이룬다.

性理學은 의리의 탐구를 중심으로 하는 유학의 형태이다. 性理學은 유학의 역사에 있어서 마지막을 장식하는 철학화된 유학인 것이다. 중국에 있어서도 한 왕조 이후 송·명 시대 이전까지에는 유학의 역사는 文章儒쪽에 치우쳐 있는 것이었다. 그런 유학의 역사 속에 의리 중심의 性理學이 갖추어짐으로써 유학은 최종적으로 완성될 수 있었던 것이다. 그러니까 退溪는 性理學이 출현한 이후, 즉 기왕에 존재하였던 文章儒의 전통 위에 義理儒의 측면을 부가시킬 수 있었던 송·명 시대 이후에야 유학이 완성된 형태를 갖춘다고 보는 것이라 하겠다.

중국 유학의 역사를 보는 이러한 退溪의 시각은 한국의 정신사를 봄에 있어서도 그대로 적용된다. 退溪는 통일신라로부터 고려시대까지의 文章儒의 전통 위에 性理學이 유입되어 義理儒의 측면이 갖추어 짐으로써 한국에서의 유학이 완성된 모습을 갖춘다고 보는 것이다. 이 시기는 한국정신사의 제 4 기로서 고려말기로부터 조선 왕조까지 그러니까 退溪 當代까지

---

7) 退溪全書 卷四, p.28.「先儒云, '一日之間, 半則讀義理之書, 半則讀文章之書.' 學者若欲求追, 而專讀文章之書, 則難得其用工之地矣.」

를 포함한다.

고려말기에 이르러 程·朱의 책이 조금씩 동방에 전하여졌으므로 禹倬·鄭夢周 등이 그것들을 가지고 性理說을 탐구할 수 있게 되었다. 현재의 왕조에 이르러서는 ≪史書≫·≪五經大全≫·≪性理大全≫등의 책을 왕실의 도움으로 제작하여 나누어주곤 하였다. 나라에서 선비를 뽑을 때에도 四書三經에 달통한 사람을 뽑았다. 이런 까닭에 선비들은 孔·孟·程·朱의 말을 암송하지 못하는 사람이 없게 되었다.8)

그러니까 고려말기에 처음 이 나라에 상륙한 性理學은 조선에 들어와 국가정책적 차원에서 장려되었고, 그러한 정책의 결과로 일반화되었다는 이야기이다. 대개 이 性理學은 安珦 등에 의하여 동방에 전래된 것으로 간주된다. 그러니까 한국정신사의 제 4 기는 安珦에 의해 열리는 것이고, 李退溪에 의해 화려한 결실을 맺게 되는 것이라고 하겠다. 退溪는 性理學者답게 한국정신사를 유학의 역사로 보면서 특히 性理學에 중심을 둔다. 退溪는 유학 외적인 정신사는 도외시하는 것이다. 그러므로 그에게는 신라나 고려시대의 불교도 정신사의 한 갈래로써 인정될 수 없다. 단군신화 같은 것도 언급조차 되지 않는다. 온진하게 유학의 흐름만을 이야기하는 것이다.

그러니까 退溪에 있어서는 한국에 유학정신이 처음 유입된 시대는 箕子時代인 것이다. 물론 유학이라고 하는 학파는 孔子로부터 열리는 학술적 흐름이므로, 箕子時代에 한국에 유학정신이 전래되었다고 하는 주장에는 어폐가 있을는지 모른다. 그러나 유학과 유학정신은 서로 다른 개념임을 인정한다면 이러한 주장이 전혀 타당하지 않다고 말하지는 못할 것이다.

---

8) 退溪全書 卷四, p.96.「逮于麗末, 程·朱之書稍稍東來, 故禹倬·鄭夢周之徒, 得以參究性理之說半. 至于國朝學, 獲蒙皇朝, 頒賜四書·五經大全·性理大全等書, 國朝敢士, 又以通四書三經者矣.」

학파로서의 유학은 孔子에 의해 중국정신의 정통적인 흐름을 정리하여 나타난다. 그러니까 유학정신은 바로 중국정신의 총체이고, 孔子 이전시기의 중국정신과 서로 간격없이 일치할 수 있는 것이다. 그러므로 箕子에 의해 대표되는 殷왕조 이전의 중국정신도 유학정신의 한 갈래라고 할 수 있는 것이다. 이런 점에서 箕子로 대표되는 殷왕조 정신세계의 한국 유입은 그대로 유학정신의 이식이라고 할 수 있게 된다. 退溪는 이런 맥락 위에서 箕子의 시기를 한국정신사, 한국유학사의 제 1 기로 치부한다고 하겠다.

그러나 이 제 1 기의 한국정신은 외래적인 요소가 강하게 나타나는 것으로 문화적 식민형태의 하나로써 말하여질 수밖에 없다. 그것은 箕子의 東來로써 비롯되는 것이기 때문이다. 그러므로 본격적인 한국정신사의 시발점으로 간주하기에는 어려운 점이 있다. 이것이 토착화되고 한국인에 의하여 자체적으로 행하여질 때 그것은 비로소 외래적인 것, 식민현상의 한 형태라는 꺼풀을 벗어버릴 수 있을 것이다. 이것은 비단 이 상황 속에서만 제기될 수 있는 문제는 아니다. 이것은 모든 외래문화와 토착문화의 접점에서 동일하게 언급될 수 있는 문제인 것이다. 즉, 이것은 유학을 어떻게 우리의 정신세계의 하나로서 인정할 수 있느냐 하는 문제와도 그대로 연결된다는 말이다.[9)]

외래문화와 토착문화의 차이는 기본적으로 그것이 대다수의 국민들의 의식과 자연적으로 연결되어 있느냐 하는 것으로부터 제기될 수 있다. 즉, 대다수의 국민들이 그것을 '우리적인 것'이라고 승인하고, 그것이 대다수의 국민들의 삶의 형식과

---

9) 尹絲淳 선생은 韓國儒學不在論에 대응하여 韓國文化 속에서 變容된 儒學의 特殊性, 儒學의 韓國的 獨自性의 차원에서 韓國儒學의 存在를 인정한다. (≪韓國儒學論究≫의 <緒論> 부분 참조)

연결되어 있는 것이라면 그 유래가 어디이든 간에 그것은 이미 토착문화의 한 형식으로서의 자격을 확보할 수 있는 것이라는 말이다. 그리고 그것이 독자적인 자생력을 확보할 때 그것은 고유문화와 같은 자격을 갖게 되는 것이라는 말이다. 그렇게 하여 한번 토착화되고 고유문화화된, 자생력을 지니는 문화는 어떤 극단적인 변혁의 시기를 맞기 전에는 그 자생력을 상실하지 않게 된다.

한국정신사의 제 1 기라고 退溪가 간주하는 箕子時代는 문화적 암흑기로 이어진다. 이것은 기자시대의 문화를 자생력을 확보한 토착문화로서 간주할 수 없게 하는 부분이다. 退溪는 이 암흑기에 뒤이어서 한국정신사의 제 3 기가 도래한다고 본다. 그리고 이 시기에 箕子 시절의 정신이 부흥한다고 말한다. 그렇다면 외래문화로 수용된 箕子時代의 정신이 오랜 잠복기를 거치면서 자생력을 확보하여 삼국통일기 이후에야 자생력을 확보한 토착화된 정신으로 나타난다고 볼 수 있을 것이다. 그리고 이러한 자생력이 축적되어 제 4 기의 정신 속에서 화려한 결실을 맺는다고 볼 수 있겠다.

분명히 退溪는 이상과 같은 맥락 위에서 한국정신사를 총체적으로 이해한다. 이것은 물론 한국정신사를 보는 退溪의 시각일 뿐으로 그 자체로써 어느 누구에게나 진실로써 받아들여질 수 있는 것은 아니다.

## 2. 退溪가 보는 한국의 유학자들

退溪가 한국의 유학자들을 말할 때 그의 시각은 전적으로 性理學者들의 차원에 국한된다. 退溪는 東方의 儒者들 중에서 孔·孟의 心學과 箕子의 弘範九疇를 능히 알 수 있는 사람이 누구인가 하는 질문에 고려의 禹倬·鄭夢周, 조선의 尹祥·金宏弼·鄭汝昌·趙光祖·李彦迪·徐敬德 등을 든다. 이 중 몇몇 사람은 전통적으로 조선의 性理學者들에게서 한국 性理學의 정통을 잇는 사람들로 거론되고 있다. 高峯 奇大升이 요약하여 주는 바에 의하면 한국 性理學의 학통은 鄭夢周-吉再-金叔滋-金宗直-金宏弼-趙光祖로 이어진다 한다. 高峯에 의하면 이것은 학문의 수수관계에 따른 순수한 의미의 학통이다.[10] 이러한 韓國性理學의 계보는 대부분의 학자들에게서 그대로 승인되는 것이다. 그러나 여기서 우리가 거론하는 인물들은 이러한 학통의 수수관계에 따라 도출되는 인물들은 아니다. 이것은 학문의 성취정도를 두고 거론하는 것에 불과하다. 사실 필자는 여기서 韓國性理學의 학통이 어떠한지에 관해서는 논하고 싶지 않다. 여기서는 다만 退溪의 시각을 통해서 그가 이해한 한국 性理學者들의 면면을 간단하게 훑어보고자 할 따름이다. 즉, 위에 退溪가 든 인물들 중에서도 보다 중요하게 언급되고 있는 몇몇과 그 외에 趙南明 등에 대한 退溪의 평가를 아주 소략하게 제시해 보려는 것이다.

우선 필자는 圃隱 鄭夢周에 대한 退溪의 견해를 거론하여 보고자 한다.

退溪는 포은을 동방이학의 조(東方理學之祖)라고 인정한다. 이것은 사실 모든 性理學者들의 견해이다. 그러니까 退溪를 비롯한 조선조의 모든 性理學者들은 스스로의 학문적 흐름이 궁극적으로 포은으로부터 비롯된다고 믿는 것이다. 그런데 포은은 문자로 기록된 학술적 업적을 별로 남기지는 못하였다. 포은을 東方 理學의 鼻祖라고 말하는 것은 牧隱으로 부터이다. 목은은 圃隱의 ≪四書集註≫ 강의가 중국 胡炳文의 ≪四書通

10) 尹絲淳 ≪韓國儒學論究≫, p.50 참조

≫과 내용상 일치한다는 차원에서 포은을 동방이학의 비조라고 말하는 것에 불과하다.[11] 그러니까 포은의 ≪四書集註≫ 강의가 性理學的 이치를 胡炳文의 견해에 준하는 수준에서 포착하고 있다는 점에서 性理學에 대한 포은의 식견을 인정하는 것에 불과한 것이다. 그러나 이것만으로 포은의 위치가 결정되는 것은 아니다. 포은이 韓國性理學의 역사 속에서 갖는 위치를 결정적인 것으로 만들어주는 것은 바로 그의 忠節이다. 圃隱의 節義精神이 그의 위치를 공고하게 하여 주는 것이다.

유학은 지식의 체계만으로 한정되는 것이 아니다. 유학은 보다 크게는 행동의 측면을 요구한다. 행위를 통해 實踐躬行되지 않는 지식은 유학의 체계 속에서는 아무 의미도 지니지 못한다. 그러니까 유학의 경지는 비단 말과 글로써 검토될 수 있을 뿐만이 아니라 행동을 통해서도 검증될 수 있는 것이다. 말과 글은 그 행동이 수반될 때에만 나름대로의 의미를 확보할 수 있는 것이다.

이 점은 圃隱과 陽村을 대비하는 것만으로도 확연하게 밝혀질 수 있다. 陽村은 누가 뭐라해도 고려말기 조선 초기의 학자들 중에서는 가장 학문적으로 뛰어난 업적을 말과 글을 통하여 남겨 놓고 있는 사람이다. 이 점은 누구도 부인하지 못한다. 그러나 그는 후세의 비판의 대상일 뿐 性理學的인 師表로서의 자격을 확보하지는 못하는 것이다. 행동으로 목숨을 던져가며 의리를 지킨 포은과 말과 글을 통해 의리의 세계를 넘나들면서도 행동으로는 그에 미치지 못하였던 陽村과의 명암이 이와같은 것이다.

말과 글을 통한 학문적 업적은 별로 남겨놓지 못하고서도 만고에 남을 절의정신 하나로 포은이 당당히 동방 이학의 비조로서 숭앙 받게 된 것은 조선性理學의 성격을 단적으로 증

11) 尹絲淳 ≪韓國儒學論究≫, p.51 참조

명하여 주는 것이라고 하겠다. 이것으로부터 초기 사림파들의 성격이 결정되는 것이라고 하겠다. 이것으로부터 초기 사림파들의 성격이 결정되는 것이고, 成三問을 비롯한 死六臣·生六臣들도 여기로부터 비롯되는 것이고, 한말 초기 의병운동도 이것과 연계되어 있는 것이다.

물론 포은의 의리정신을 보는 시각에는 양론이 없는 것은 아니었다. 그것은 당시 고려왕조의 내적인 문제 때문이다. 일부에서는 禑王이나 昌王 등은 王氏가 아니라 辛氏라는 의혹이 제기되어 있었고, 그렇다면 신하로써의 충절을 그러한 고려왕조에 바치는 것이 과연 온당한 것이냐 하는 문제가 대두되기도 하는 것이다. 退溪에게도 이러한 문제는 던져진다. 그러나 退溪는 그것이 포은의 행위의 孤節함에 타격을 주는 것은 아니라고 믿었다.

물음 : 전 왕조에서 王氏의 뒤를 이어 辛氏가 왕위에 올랐는데 鄭圃隱이 그를 섬겨 물러나지 않은 것은 후에 비록 공이 있다고 하여도 어찌 속죄할 수 있는 것이겠습니까?

답변 : 그렇지 않다. 뒤를 잇는 자가 비록 辛氏라 하더라도 王氏의 종사(宗祀)가 아직은 망하지 않은 것이므로 포은은 마땅히 그를 섬겨야 한다.[12]

그러나 退溪의 위의 설명은 상당히 궁색한 것이 아닐 수 없다. 고대왕조에 있어서 타성의 왕의 출현은 그 왕조의 쇠망을 의미하는 것이었다. 그러므로 신씨 왕이 들어섰다면 왕씨의 고려 왕실은 끝난 것이라고 하겠다. 그럼에도 불구하고 退溪가 신씨가 왕이 되었어도 왕씨의 종사가 아직 망하기 전이므

---

12) 退溪全書 卷四, p.96.「問:前朝王氏之後繼立者辛氏, 而鄭圃隱先生事之不去, 後雖有功, 何足贖哉? 曰:不然, 繼之者雖辛 而王氏宗祀未亡, 故圃隱猶事之.」

로 그를 섬겨야 한다고 강변하는 것은 이 문제가 정치적인 측면에서 아주 미묘한 것이라는 점을 방증하는 것에 불과하다.

禑王은 恭愍王을 뒤이어 등극해서 14년 동안 재위에 있었다. 그가 물러나는 것은 威化島 回軍이라는 정치적인 문제와 맞물려 있다. 그리고 李成桂는 그를 폐하고 그의 아들을 왕위에 올려놓는다. 만약에 禑王이 왕씨가 아니라 신씨라면, 그리고 그러한 사실이 확인될 수 있는 것이었다면, 그는 어떻게 14년 동안 재위할 수 있었으며, 그러한 사실은 어떻게 이성계의 위화도 회군 뒤에야 갑자기 발견될 수 있었으며, 이성계는 어째서 또 그의 아들을 昌王으로 옹립하는 것인가? 이러한 문제들은 우왕이 신씨였다는 속설에 오히려 의혹을 되던져주기에 충분하다. 그러한 이야기들은 우왕의 출생의 문제로 인하여 민간에 하나의 소군으로 존재하고는 있었을 것이다. 그러나 그것은 공민왕이나, 당대의 조정에서는 문제가 되지 않는 것이었을 것이다. 이성계는 다만 그러한 소문을 구실로 삼아 스스로의 권력을 창출하는 도구로 원용하였을 뿐일 것이다. 아마도 이것은 사실이 아니고 이성계 일파의 생각이 사실이었을런지도 모른다. 그러한 일들의 사실성 여부는 어느 시대에나 검증되기 심히 어려운 문제이기 때문이다. 그러나 적어도 포은에게 있어서만은 이 문제는 분명한 것이었을 것이다. 사실 辛禑·辛昌을 섬겼다는 것이 王禑·王昌을 섬겼다는 것과 확연히 구별될 수 없는 것이라면 그것을 가지고 포은의 절의정신에 타격을 가할 수는 없는 것이라 하겠다. 이성계는 이미 권력에의 의지를 가지고 있었고, 그는 禑王·昌王을 辛氏라 하여 차례로 폐하고 神宗의 7대손인 확실한 왕씨 임금을 세우지만, 그 마지막 고려왕인 왕씨인 공양왕도 조선왕조의 창업을 막지는 못하기 때문이다. 이것은 이미 신씨니 왕씨니 하는 차원의 문제가 아니다. 이성계의 의지와 새로운 세계를 꿈꾸는 鄭道傳 등 新進士類 등의 동향, 元·明 사이에서의 외교정책, 유학 이념의 절대화 욕구 같은 것들이 서로 상승작용을 일으키며 만들어 내었던 한편의 드라마라 하겠다. 그것들은 상호 야합하여 왕조를 뒤바꾸려는 역성혁명에로의 도도한 흐름을 연다. 포은은 그러한 정치적인 요구보다는 유학의 근본 정신인 義理에 입각하여 그 도도한 정치적 요구에 온몸으로 부딪혀가서 장렬한 최후를 마치는 것이다. 그러므로 역사의 주역은 李成桂·鄭道傳 등이었지만 결국 그들의 위세는 이 포은의 그림자 속에 파묻혀 버리는 것이다.

圃隱의 항거는 이러한 차원에서 설명되어야만 한다. 그는 유학이념을 순수하게 구현한 사람인 것이다. 그것은 어떤 욕구나 이해타산과도 연결되어 있지 않다. 다만 性理學의 핵심인 義理精神을 그저 자연스럽게 구현하여 냈을 따름인 것이다. 이것만으로도 우리는 포은이 性理學의 본질인 義理思想에 얼마나 투철한 지 확인할 수 있고 이 점만으로도 圃隱을 韓國性理學史의 첫머리에 능히 위치시킬 수 있을 것이다.[13]

다음으로 寒暄堂 金宏弼에 대하여 말해 보자

退溪는 포은을 조종으로 하고 寒暄堂과 靜庵 趙光祖를 수장으로 하는 것이 동방의 理學이라고 주장한다.[14] 여기서 알 수 있듯이 退溪의 韓國性理學觀은 鄭夢周·金宏弼·趙光祖를 세 축으로 하며, 이 세 사람이 동일하게 나타내주는 정신경지에 의하여 그 초기의 특성이 규정될 수 있는 것이다.

退溪는 이렇게 말한다.

다만 이들 세 선생은 저술을 남기지 않았으므로 지금 그 학문의

---

13) 鄭夢周 思想의 大綱은 金忠烈先生의 ≪高麗儒學史≫, pp.189~202 참조.
14) 退溪全書 卷四, p.96.「嘗言, 吾東方理學, 以鄭圃隱爲祖, 而以金寒暄趙靜庵爲首.」

얕고 깊음을 살펴볼 수는 없다.[15]

그러니까 이들 韓國性理學史의 개척자들이 실은 그 위치를 학문적 저술작업을 통하여 확보하는 것이 아니라 실천과 행위를 통하여 확보한다는 공통점이 말하여질 수 있는 것이다.

한훤당 김광필은 누구인가? 그는 <吊義帝文>으로 유명한 金宗直의 문인으로 조선조 사림파의 선구이다. 그의 학문은 ≪小學≫에 기초한다. 김굉필은 늘상 스스로를 소학동자(小學童子)로 자처하였다 한다. 이것은 학자로서의 한훤당을 규정하여 주는 중요한 단서가 된다고 하겠다.

≪小學≫은 유학의 초보적 학습서로써 특히 어린아이들에게 유학 이념을 학습시켜 주는 매체로 사용되었다. 그러니까 ≪小學≫은 청소하고 몸을 다스리고 하는 생활 속에서의 규범의 체계들의 실천궁행을 가르쳐 주는 수신서인 셈이다. 이러한 ≪小學≫을 평생의 업으로 삼아 구현하여 내고자 하였던 한훤당의 정신경계는 자연히 이와 같은 실천궁행의 차원에서 말하여 질 수밖에 없을 것이다. 그러니까 한훤당에게서도 실천이 주가 되고 학문은 종이 된다는 말이다. 退溪는 한훤당에게서 보이는 이러한 누 측면을 이렇게 평한다.

> 寒暄堂의 학문은 그 실천의 측면은 비록 뛰어나나 道問學의 공부에 있어서는 불행히도 미진한 점이 있다.[16]

한훤당에 대한 이러한 평가는 退溪思想의 입지를 아는 데에도 도움을 준다. 退溪는 이런 先人들에게서 발견되는 실천의 측면 위에 그들에게서 약점으로 드러나는 道問學의 측면을 부

15) 退溪全書 卷四, p.96.「但此三先生, 著述無徵, 今不可考其所學之淺深.」
16) 退溪全書 卷四, p.86.「寒暄之學, 踐履雖篤, 而於道問學工夫, 恐有未盡也.」

가하여 나타나는 것이다. 道問學이란 중용에서 처음 나오는 것으로 尊德性과 짝을 이루는 것이다. 존덕성이 덕성의 함양을 목적으로 하는 것이라면, 도문학은 지식의 축적을 목적으로 하는 것이다.[17] 물론 이러한 분류는 아주 초보적인 것에 지나지 않는다. 그러나 여기서는 이쯤으로 충분할 것이다.

그러니까 退溪는 한훤당에게서 그 실천공부의 뛰어남을 발견하면서 지식공부의 부족함을 또한 찾아내는 것이다.

이러한 두 측면은 초기 한국성리학의 특징이다. 그것은 아직 性理學의 깊은 의리세계에 대한 이론적 탐구의 업적들이 축적되기 전이라는 사실을 암시하여 주는 것일 것이다.

앞에서도 말하였듯이 이러한 구조적 특징은 靜庵 趙光祖에게서도 나타난다.

정암은 조선조 사림정신의 정점을 차지하는 학자이다. 그는 한훤당 김굉필의 문인으로 한훤당의 정신과 사상을 정면에서 그대로 계승한다. 그는 스승의 실천중심의 학풍을 정치의 영역에서 구체적으로 실현하려고 노력하다가 사화의 희생물이 되는 인물이다.

우리는 그의 정치 이념을 道學政治라고 부른다. 道學이란 그의 스승인 한훤당으로부터 연원하는 것이다. 退溪는 한훤당이 도학정신의 연원이라고 말한다. 정암은 다만 그것을 정치의 현장 속으로 옮겨 놓았을 따름이다.

道學이란 무엇인가? 도학은 性理學에 포함되는 개념이면서, 性理學과는 약간 다른 함의를 지닌다. 유학의 도통관과 연결되는 것이 도학인 것이다. 유학의 도통관은 孟子에서 그 단초가 발견된다. 즉, 孟子가 楊朱·墨翟을 배척하고 유학을 독존

---

17) 拙著, ≪原始儒學의 새로운 해석—中庸의 理論構造—≫, pp.198~211 참조

적 위치에 올려놓는 것으로부터 도통관의 흐름은 열린다는 것이다.[18] 그러나 이러한 유학의 도통관이 적극적 구속력을 지니는 형식으로 구체화되는 것은 韓愈의 <原道>가 출현한 이후의 일이다. 이러한 도통관은 性理學의 시대에 와서 보다 강화되어 원시유학보다 程·朱 性理學에 더욱 치중하는 道學의 역사가 열린다.[19]

道學은 세 가지 차원에서 性理學과 구분될 수 있다고 한다. (1) 도학은 性理學보다 道統觀念에 더욱 투철하다. (2) 단순히 性理學이라 말할 때에는 客觀知의 추구라는 의미로 이해될 수 있으나, 도학에 있어서는 행위를 위주로 하는 주체적 實踐知의 추구가 보다 두드러진다. (3) 행위의 측면에 가치가 지향되어 있으므로 道學은 性理學보다 實踐躬行을 중시한다.[20]

이러한 세 가지 특징들은 물론 性理學을 구성하는 특징들이기도 하고, 유학 본연의 성격적 특징이기도 하다. 그러니까 도학이라는 것은 유학 본연의 특성, 性理學의 특성 중에서 유학의 독존의식, 실천주의를 보다 극대화하여 개념이 정의되는 것이라고 할 수 있겠다.

정암은 이러한 도학정신에 입각하여 유학의 至治主義, 道德政治를 실제적으로 구현하고자 하였다. 그러나 결국 정암은 현실정치에서 실패하고 만다. 退溪는 이러한 정암을 이와같이 평가한다.

> 趙靜庵은 천품이 뛰어나지만 學力이 충실하지 못하여 그 행하는 바가 지나침을 면하지 못하였다.[21]

---

18) 孟子, 滕文公下篇 참조.

19) 金忠烈, ≪高麗儒學史≫, p.180

20) 尹絲淳 ≪韓國儒學論究≫, pp.64~65

21) 退溪全書 卷四, p.86.「趙靜庵天資信美, 而學力未充, 其所施爲未免有過當處.」

그러니까 정암의 실패는 밖에 원인이 있었던 것이 아니라 정암 자신에게 이유가 있었던 것이라는 말이다. 배움이 완성되지 못한 탓이 라는 것이다. 따라서 정암은 시대의 흐름에 부합되게 그 시책을 펴지 못하고, 그리하여 거대한 반발에 부딪힐 수밖에 없었다는 것이다.

원래 유학은 인간완성이 궁극적 목표이다. 동양정신은 인간이 완성된 형태를 조화와 원만함에서 찾는다. 性理學적인 이념 구현의 치열성도 궁극적으로 이러한 완성된 인격의 형식으로부터 이탈될 수는 없는 것이다. 그러므로 ≪中庸≫은 최고의 덕목을 時中의 차원에서 보지 않던가? 무엇이든지 정도에 지나친다면 그것은 모자라는 것보다 못한 것이다.

≪中庸≫은 이렇게 말한다.

> 道가 행하여지지 않는 까닭을 나는 안다. 知者는 넘치고, 愚者는 모자라는 때문이다. 道가 분명하게 밝혀지지 않는 까닭을 나는 안다. 賢者는 넘치고 不肖子는 모자라기 때문이다.[22)]

정도에 넘치게 지식이 뛰어나다던가 정도에 넘치게 현명하다던가 하는 것은 있을 수 없다. 그것은 진실한 知者, 진실한 賢者가 아니라는 말에 다름 아닌 것이다. 진실한 知, 진실한 賢은 합당함·적당함·적절함이다. 그 이상도, 이하도 부정적인 것이다.

退溪는 정암이 진실로 知者이고, 진실로 賢者였다면 그의 내면적 이념을 구현함에 있어서도 적절한 형식·합당한 방법을 찾을 수 있었으리라고 본다. 退溪의 인간완성의 의미를 짐작케 하는 대목이다.

---

22) 中庸,「道之不行也, 我知之矣, 知者過之, 愚者不及也, 道之不明也, 我知之矣. 賢者過之, 不肖者不及也.」

조광조 다음으로 우리가 退溪에게서 찾을 수 있는 인물은 晦齋 李彦迪이다. 退溪는 晦齋로부터 초기 性理學자들에게서 결핍되었던 부분의 보완을 본다. 즉, 鄭夢周·金宏弼·趙光祖 등에서 결핍되어 있는 지식의 차원에서의 性理學的 이론탐구의 측면을 회재 이언적의 학문세계에서 발견하는 것이다. 그리하여 지금까지의 韓國性理學 역사의 최고봉으로 그를 간주하는 것이다. 회재에 대한 退溪의 평가는 거의 경탄에 가까운 것이다. 그 점을 우리는 아래와 같은 인용구를 통하여 분명하게 확인할 수 있다.

> 우리 봉방의 理學은 鄭圃隱으로 祖宗을 삼고, 寒暄堂 金宏弼·靜庵 趙光祖로 首長을 삼는다. 다만 이들 세 선생은 저술을 남기지 않았으므로 지금의 학문의 얕고 깊음을 살펴볼 수는 없다. 근자에 ≪晦齋集≫을 보니 그 학문하는 방법이 올바르고, 성취한 경지가 심오하여, 거의 近世 최고의 수준이라고 할만하다.[23)]

그러니까 晦齋 李彦迪은 초기 性理學의 역사에 있어서 그 理論性理學의 극치라 할 수 있겠다. 회재는 理哲學의 입장에서 우주론적 형이상학을 전개한다. 이 점이 아마도 退溪의 감탄을 유발시켰을 것이다. 이것은 程·朱 계통의 정통 性理學의 宇宙觀이고, 이것은 동시에 退溪의 입장이기도 하기 때문이다.

어쨌든 鄭夢周로부터 趙光祖에 이르는 실천유학의 흐름에 晦齋의 이론유학이 가세됨으로써 조선 性理學은 본격적인 시대에 접어든다. 그리하여 이 흐름이 退溪로까지 이어지는 것이다.

---

23) 退溪全書 卷四, p.96.「吾東方理學, 以鄭圃隱爲祖, 而以金寒喧·趙靜庵爲首·但此三先生, 著述無徵, 今不可考其所學之淺深. 近見晦齋集, 其所學之正, 所得之深, 殆近世爲最也.」

회재 이언적과 같은 시기에 또 한명의 뛰어난 학자가 존재한다. 花潭 徐敬德이 바로 그 사람이다. 花潭 徐敬德은 黃眞伊와 관련되어 잘 알려진 인물이지만, 그에게 발견될 수 있는 보다 중요한 측면은 그 학문적 업적이다. 花潭의 철학사상은 조선 초기 性理學史에 있어서 독특한 의미를 지닌다. 대다수의 性理學者들이 理의 측면에 치중하는데 반해서 화담은 氣쪽을 중시한다는 점이 그것이다.

晦齋와 花潭이 동시대에 존재한다는 것은 우연치고는 참으로 재미있는 우연이 아닐 수 없다. 이 두 사람은 그 출신부터가 대비되는 측면을 지닌다. 花潭이 庶民 출신인 반면 晦齋는 士林 출신이다. 이 두 사람은 동시에 理論性理學의 시대를 연다. 다 같이 형이상학적인 우주론 체계를 전개시키는 것이다. 그러나 그들이 취하는 방법은 정반대였다. 회재는 理를 가지고 형이상학적 우주론을 전개시켜 나가는데 화담은 氣를 가지고 형이상학적 우주론을 전개시켜 나가는 것이다. 이러한 차이는 아마도 그들 각자의 출신과 전적으로 무관하지는 않을 것이다. 회재는 사림 출신이었기 때문에 사림파 고유의 의식의 차원을 떠날 수 없었을 것이다. 그 결과는 理論的 宇宙論으로 제기된다. 화담은 서민 출신이므로 이런 제약으로부터 자유로울 수 있었을 것이다. 그러므로 그는 당시 학술계의 일반적 흐름으로부터 일탈하는 파격이 가능하였을 것이다. 그 결과는 氣論的 宇宙論으로 나타난다.

退溪는 氣論의 영역에서의 花潭의 성취는 인정한다. 그러나 退溪는 理論者로서 理論의 영역에서의 화담의 결핍을 통박하기를 주저하지 않는다. 退溪의 서경덕관은 이러하다.

그 議論하는 바를 보면 氣를 말함에 있어서는 그 이론이 아주 정밀하여 완전한데, 理를 말함에 있어서는 투철하지 못하며, 氣에 중점을 두어서 때로 氣를 理라고 인정하기까지 한다.[24]

그러니까 氣論 체계의 정밀함은 화담의 장점이지만 理論 체계에는 많은 결함이 있고, 理를 氣를 통해 말하기까지 한다는 것이다. 물론 이러한 불만은 理論者로서의 退溪의 시각으로부터 비롯되는 것이다. 그러나 氣論者로서의 花潭 자신으로서는 이러한 측면이 오류일 수만은 없다고 하겠다.

花潭의 氣論체계는 張橫渠로부터 힘입은 바가 크다. 그리고 朝鮮性理學의 역사가 거의 전적으로 主理의 차원에서 전개되는 까닭에 화담과 같은 氣論체계는 그야말로 독특한 것이 아닐 수 없다. 조선전기 성리학의 역사 속에서는 더욱 그러하다. 이 점은 退溪도 승인한다.

退溪는 이렇게 말한다.

그러나 우리 동방에 이 사람 전에 이런 이야기를 한 사람은 없었다. 理·氣에 대해 탐구하는 역사는 이 사람으로부터 시작된다.[25]

理·氣를 가지고 논하는 것은 조선성리학의 특징이다. 일체를 理와 氣에 연결시켜 해석하는 조선성리학의 입장은 중국에서보다 더 투철하게 나타난다. 이러한 理氣說의 탐구가 화담 서경덕으로 부터 비롯된다고 退溪는 말하는 것이다. 물론 회재 이언적도 이러한 역사를 출발시키는 자라고 할 수 있을 것이다. 그러나 회재 보다는 화담이 활동하는 역사가 10여년 쯤 앞서고 보면, 그 개시는 서경덕으로 부터라고 말한다 해도 틀린 것은 아닐 것이다. 花潭과 晦齋는 시대를 같이 하기는 하

24) 退溪全書 卷四, p.99.「觀其議論, 論氣則精到無餘, 而於理則未甚透徹, 主氣太過, 惑認氣爲理.」
25) 退溪全書 卷四, p.96.「然吾東方前此未有論著至此者, 發明理氣, 始有此人耳.」

지만 화담의 출생연대가 조금 앞서는 것이다.[26)]

이들 외에 退溪가 거론하는 인물로는 南冥 曺植이 있다. 南冥은 退溪에 있어서 전적으로 비판의 대상으로 간주된다. 南冥에 대한 退溪의 비판은 주로 그 학문하는 태도에 대한 불만의 형식으로 나타난다. 앞에서도 말하였듯이 退溪의 학문하는 태도는 상당히 진지하고, 평이함의 형식을 통하여 학문의 성과가 제기된다. 退溪는 異說을 세우거나, 異端에 빠지거나, 신기한 학설의 제시에 탐닉하는 것을 금기시 한다. 학문은 自得을 기조로 하지만, 그러나 그 自得이란 退溪에 있어서는 자기 나름대로의 색다른 견해를 뜻하는 것이 아니라 선인들의 말씀의 진실을 스스로 깨치는 것을 의미한다.

남명 조식은 士林派에 속하는 고절한 선비 중의 한 사람이다. 조광조가 도학에 입각한 至治主義를 내걸고 개혁을 주도하다가 勳舊派에 의해 타도되는 己卯士禍는 조선조 선비들을 다시 吉再와 같은 은둔과 은거의 산림생활로 몰아넣는다. 이 때 산림으로 숨어든 이 중의 하나가 바로 南冥이다. 그러므로 南冥의 선비정신은 退溪로서도 굳이 탓할 수 있는 것은 아니다. 다만 異說과 新奇를 좇는 학문하는 태도가 退溪의 마음에 들지 않았을 따름인 것이다.

무릇 학문하는 작업의 생명은 독창적 견해의 수립 여부에 달려 있는 것이다. 새롭고 독창적인 학술의 제시야말로 학문함에 있어서 더 이상 중요할 수 없는 것이다. 이 점은 退溪에 있어서도 마찬가지이다. 退溪라고 해서 독창적이고 새로운 학설을 전적으로 금기시하는 것은 아니라는 말이다. 만약에 退溪에게서 나름대로의 독창성이 조금치도 발견될 수 없다면 退

26) 徐敬德의 氣論體係에 對해서는 拙考 <徐敬德의 氣哲學에 있어서 世界의 文願>(高大 哲學硏究 第九輯) 참조

溪哲學이 굳이 운위될 필요는 없는 것이다. 이 점을 망각하여서는 아니된다. 退溪의 이른바 自得이라는 것이 退溪에 있어서 나름대로의 독창성의 확보여지를 남겨 준다고 필자는 생각한다. 그러나 退溪의 自得이라 하는 것은 선인들의 견해 속에 숨겨져 있는 새로운 것을 찾을 수 있는 해석학적인 차원의 것이지 전혀 얼토당토않은 신기하고 놀라운 이야기를 끌어 낼 수 있게 하는 것은 아니다.

退溪의 南冥 비판에 있어서도 우리는 이러한 시각을 통하여 그 비판의 의미를 파악하지 않으면 안된다. 그러니까 退溪가 보기에 南冥의 異說과 新奇는 합당한 근거를 갖고 있는 것이 아니라 그저 異說을 위한 異說이고, 타인을 놀라게 하기 위한 新奇에 지나지 않는다고 여겨졌다는 것이다. 그러므로 南冥의 異說과 新奇는 退溪의 안목에는 독창적이거나 또는 自得處가 있다고 보여지기 보다는 헛되이 타인을 현혹하는 것으로 비쳐졌다는 말이다.

退溪는 이렇게 말한다.

> 南冥의 견해는 실제로는 莊周의 견해와 합치된다.[27)]

退溪는 이렇게 말하기도 한다.

> 南冥이 비록 스스로를 理學으로 자부하기는 하나 실은 그는 奇士이다. 그 議論과 識見은 매양 신기한 것만을 높게 보고, 세상을 놀라게 하는 말만을 꾀한다. 이 사람이 어찌 진실로 道理를 아는 사람이겠는가?[28)]

이상에서 필자는 退溪의 시각을 빌려서 退溪 이전의 중요한

---

27) 退溪全書 卷四, p.100.「南冥所見, 實與莊周一串.」
28) 退溪全書 卷四, p.100.「南冥雖以理學自負, 然直是奇士. 其議論識見, 每以新奇爲高, 務爲驚世之論, 是豈眞知道理者哉?」

유학자 몇몇에 대하여 거론하였다. 退溪는 물론 직접적으로 이들의 학문체계를 인습하여 자신의 사상체계를 구축하지는 않는다. 退溪는 自得의 결과로서 스스로의 사상체계를 완성시키는 것이다. 그러나 그럼에도 불구하고 退溪가 한국 性理學의 역사 속에 위치하는 사람인 한에 있어서는 이러한 선인들의 유학적 업적들로부터 전적으로 자유로울 수는 없는 것이라고 하겠다. 그러니까 韓國性理學은 高麗末期에 씨앗이 뿌려져서 朝鮮初期에 이르러 토대가 견고하여지고, 실천 유학의 시대를 거쳐서 徐敬德·李彦迪의 시기에 이르러 그 내적 이론 체계를 理氣說的 입장에서 탐구하기 시작하며, 그 결과가 退溪와 栗谷에서 화려하게 나타난다고 할 수 있을 것이다. 退溪는 조선 전기 性理學의 결실이면서, 조선 후기 性理學의 원천이다. 조선 性理學의 모든 지류들이 여기에 집결하고, 또 여기로부터 흐름을 시작하는 것이다.

# 제 5 장 退溪의 異端에 대한 태도

앞에서도 이야기 하였듯이 異端에 대한 강렬한 부정은 性理學의 특징 중의 하나이다. 이러한 의식은 최초로 孟子로부터 발견되며, 韓愈에 의하여 적극화되고, 性理學에로 수용되는 것이다. 그리고 앞에서 말하였듯이 그러한 도통관념은 道學에 가장 격렬한 모습으로 나타나는 것이다.

孟子는 그의 시대의 학술계가 楊朱와 墨翟에 의하여 양분되고 있다고 믿었다. 그리고 孟子는 그러한 사상형식들은 혼란된 세상을 구제하기에는 적당지 못한 것이라고 생각하였다. 儒學만이 세상을 구제할 수 있는 유일한 思想이라는 것이다. 그러므로 孟子에 있어서는 역으로 혼란된 사회는 유학 이념이 구현되지 못한 탓으로 받아들여졌다. 따라서 孟子는 세상을 구제하기 위해 楊朱와 墨翟 思想에 대한 적의를 노골화하는 것이다. 그러나 실제에 있어서 孟子의 이러한 입장은 상대적으로 약화되어 있는 儒學精神을 부흥시키기 위한 孟子 나름대로의 전략이었다.

이러한 孟子의 생각은 사실상 道統論의 시발이 된다. 그러나 孟子의 이와 같은 유학존중 의식은 그 이후의 유학자들에게서도 계속 선명하게 드러나는 것은 아니다. 그것은 일단 단절되었다가 韓愈에게 이르러서야 다시 선명하게 모습을 드러낸다.

韓愈에게서 나타나는 孟子와 같은 類의 의식은 역시 유학의 자기 방어의 성격을 띤다. 孟子에게 있어서는 그것이 楊朱와 墨翟에 대한 방어의 형식으로 나타나지만 韓愈에게 있어서는 그것은 道家와 佛敎에 대한 방어의 형식을 띤다.[1] 韓愈에게 있어서 유학의 적은 孟子에게 있어서의 그것보다도 한결 강성한 세력이다. 그러므로 韓愈의 자기 방어의 정도는 孟子의 그것보다 한결 더 강력한 모습을 띠게 된다.

韓愈에게서 비롯된 유학의 자기방어 형식은 생리적인 적개심의 차원을 넘지 못한다. 그러나 강력한 적이면 적일수록 단순한 적개심만 가지고는 극복될 수 없는 법이다. 상대에 대한 적개심 표출이 韓愈로부터 강하게 나타나면서 儒學은 그 강력한 적을 극복하는 작업을 개시한다. 자기반성에 기초한 유학의 체제 정비 노력이 전개되는 것이다. 그것은 적의 장점을 자체 속에 수렴해서 자기화하며, 자기의 장점을 한껏 고양시키고 체계화하는 방식으로 전개된다. 이러한 치열한 노력의 결과로써 性理學은 출현한다.

강력한 적을 극복하고 힘겹게 나타나는 性理學이기 때문에 性理學은 자체 내에 자기 방어의 본능적인 장치를 내재하게 된다. 그것이 바로 道統論이다. 道統論은 性理學의 유학적 자기존중 의식의 표방이면서, 異端에 대한 강력한 방어력으로서 기능한다.

退溪에 있어서도 이러한 사고방식은 그대로 유전된다. 여기서는 退溪의 이단에 대한 단호한 태도를 개략적으로 더듬어보자. 그것은 일단 道家에 대한 것, 佛敎에 대한 것, 陸王心學에 대한 것 등 세 가지로 대별되어서 말하여질 수 있을 것이다.

---

1) 이 시대의 가장 지배적인 사상은 불교였다. 따라서 이 불교를 극복하려는 노력은 中華主義와 상호 밀접하게 연결된다.

## 1. 도가사상에 대한 退溪의 태도

원래 유가사상과 도가사상은 상호 배타적인 체계는 아니다. 유가와 도가는 상호 보완관계, 표리관계를 이루며 중국사상의 두 중요한 흐름을 형성한다. 그 두 흐름은 고대에 있어서는 서로 접촉된다. 일테면 孔子에게서도 그러하다. 孔子는 실천가이며, 개혁가이고, 현실주의자이며, 또한 이상주의자이다. 그리고 孔子는 누구보다도 강한 지식욕을 갖고 있는 사람이다. 그는 역사상 중요한 사람들의 생각을 이어받고자 하고, 현존하는 당대의 위대한 인물들을 두루 찾아다니며 배웠다. 그 중에는 老聃도 있다. 이 老聃이라는 인물은 사마천의 ≪사기≫에 ≪老子도덕경≫의 주인공이라고 기술되어 있는 인물이다. 전통적으로 도가사상은 구체적으로는 이 사람에게서 기원한다고 말하여진다. 孔子는 이 사람에게 禮에 대한 가르침을 청한다.[2] 그리고 ≪孔子家語≫에 보면 周에 가서 이 老聃을 만나고 온 다음에 孔子의 道가 많이 깊어졌다고 말하여지기도 한다.[3] 이러한 것들의 진실성은 물론 지금의 우리로서는 검증해 볼 도리가 없다.

어쨌든 유학과 도가는 支末에서는 분명히 갈라지지만 根源에서는 상호 합치되는 측면을 갖는 것이 사실이다. 그것들은 동일하게 無爲를 말한다.[4] 행위에 있어서도, 정치에 있어서

---

2) 司馬遷, 史記, 老子韓非列傳 第三 참조 (원래 <老莊申韓列傳>이나 최근 중국에서 나온 史記를 京仁文化史에서 영인해 펴낸 것에 의하면<老子韓非列傳>으로 바뀌어 있음)

3) 孔子家語 卷第三, 觀周第十一 참조

4) '無爲'는 道家思想의 가장 중요한 개념이다. 그러나 이 개념은 그대로 儒家思想 속에서도 나타난다. 이를테면 ≪論語≫에서 孔子는 이렇게 말한다. 「無爲而治者, 其舜也與.」(衛靈公篇) 堯·舜이 儒學에서 가장 이상적인 성현으로 받아들여지는 것이고 보면 공자의 이 말은 유학의 이상적 정치이념이 '無爲而治'이다. 라는 것으로 이해될 수도 있을 것이다. 이러한

도, 그 궁극의 자리에서는 유가나 도가나 다 無爲의 이념을 표방하는 것이다.5)

---

유학속에서의 '無爲'는 ≪孟子≫ 속에서 보다 많이 나타난다. ≪孟子≫ 속에는 「仲尼不爲 已甚者也.」(離婁下篇)라는 말도 있고, 「人有不爲也, 而後可以有爲.」(離婁下篇)라는 말도 있다. 前의 句節은 孟子가 '無爲' 또는 '不爲'의 상태를 확보하는 것이 人間의 理想的 경지라고 이해하고 있음을 우리에게 알려준다. 後의 句節은 '無爲' 또는 '不爲'의 상태가 모든 인간적 行爲의 出發點이라는 것을 알게 한다. 특히 後의 句節은 어떤 다른 것 보다 더 道家的인 분위기를 느끼게 한다. 이른바 老子의 「無爲而無不爲」와 文字의 차이는 있지만 意味上 完全히 一致하는 글귀가 아니겠는가?

5) 道家는 政治의 가장 순수한 형태까지 철저하게 부정한다. 一切를 '自然而然'의 形式속에 그대로 놓아두고자 하는 것이다. 따라서 道家에서는 儒家의 理想政治인 德治까지도 부정된다. ≪老子≫에는 「太上下知有之, 其次親而譽之……」(老子道德經 十七章)라는 句節이 있다. '太上下知有之'는 「大人在上, 居無爲之事, 行不言之教……」(王弼-老子註)라 하여 '無爲而治'로 주석되고, '其次親而譽之'는 「立善行施使下得」(王弼-老子註)이라 하여 '德治'로 해석된다. 그러니까 '德治' 第二流의 정치형태로 道家에서는 이해되는 것이다. 그런데 문제는 '德治'도 '有爲'이고, '有爲'는 現實社會를 바르게 이끌어 갈 수 없다는 의식에 있다. 도가는 '德治'에서 '無爲而治'에로의 移行 可能性을 근원적으로 차단한다. '德治'에서 '法治'에로, '法治'에서 '力治' 에로의 必然的인 下向移行의 도식만을 인정하는 것이다. 따라서 '德治'나 '力治'나 똑같이 긍정적 의미를 확보하지 못한다. 反面에 유가는 이 '德治'를 자신들의 固有한 政治理念으로 받아드린다. 그런데 儒家에 있어서도 이 '德治'는 儒學의 最終的 理念으로 간주되는 目的的인 것은 아니다. 그것은 方法的인 수단에 지나지 않는 것이다. 이를테면 孔子에 있어서는 그것은 '正名'의 결과를 이끌어내기 위한 수단인 것이다. '正名'이란 무엇인가? 그것은 ≪論語≫에서 정치행위의 요체로써 제시된다. 孔子는 '正名'을 「郡君·臣臣·父父·子子.」(顔淵篇)로써 제시한다. 그러니까 그러한 '正名'의 상태를 도출하여 내기 위해서 政治가 요청되는 것이다. 유학의 정치이념이 '德治'인 까닭에 그것은 결국 '德治'의 목적이 되기도 한다. '德治'는 '正名'이 이루어지기까지의 과정 속에서만 의미를 지닌다. '正名'이 이루어지면 政治는 不必要하여진다. 「군왕이 군왕답고, 신하가 신하답고, 어버이가 어버이답고, 자식이 자식다운」이 경지에서는 다스리는 者도 다스려지는 者도 不必要하여지는 것이다. 이것이 바로 유학의 理想鄕인 '大同社會'이다. 이 '大同社會' 에서는 '無爲政治' 의 時代가 열린다. (이러한 측면은 中庸의 政治理論에서도 同一하게 나타난다. 이 점에 대해서는 筆者가 拙著 《原始儒學의 새로운 해석—中庸의 理論構造—》의<政治論> 부분에서 밝힌 바 있다.) 그러니까 儒家나 道家나 政治論의 窮極處에서는 '無爲政治'를 共有하는 것이다.

다만 유가는 그러한 궁극처를 확보하여 가는데 까지의 과정을 용인하고, 그 과정 속에서의 모든 인간적인 노력을 인정하는 데 반해서, 도가는 그러한 과정을 부정하고 모든 인간적인 노력이 인위적인 일체의 것으로부터 해방되기 위해서만 행하여져야 한다고 보는 점이 다를 뿐이다. 그러니까 유학과 도가는 서로 같은 점도 얼마쯤은 있는 것이다. 이러한 측면은 宋왕조 시대의 性理學者들도 아예 부정하지는 않는다. 그들의 대 도가관의 일면을 여기서 소략하게나마 거론하여 보고, 그로부터 退溪의 대 도가관의 의미와 한계를 살펴보도록 하자.

### (1) 송왕조 시대 性理學者들의 도가사상에 대한 태도

宋代 性理學者들의 道家에 대한 이해는 보통 우리가 생각하는 것보다 상당히 깊다. 우리는 性理學이 排斥異端의 기치를 드높이고 있는 호전적인 유학이고, 그들의 배척대상의 중요한 한 갈래가 도가사상이라는 선입감만으로 송대 성리학자들의 도가사상에 대한 이해의 정도를 논하여서는 안된다. 그렇다면 우리는 그들의 의도와 목적을 분명하게 확인할 수 없을 것이기 때문이다.

송대 유학자들은 도가사상에 대해서 일방적인 배척만을 일삼는 것이 아니다. 그들은 우호적인 태도를 취하기도 한다. 도가사상에 대해서 가장 우호적인 인물은 아마도 邵康節이라고 말할 수 있을 것이다. 邵康節에게서는 도가사상에 대한 비판의 분위기가 살펴지지 않는다.

사실 邵康節의 성격은 모호하다. 그는 유가사상가로 분류되기도 하고, 도가사상가로 분류되기도 하는 것이다.[6] 그러나

6) ≪性理大全≫에서도 邵康節의 이러한 성격은 나타난다. 어떤 사람이 朱子에게 康節과 莊周가 서로 같은가를 묻자 朱子는 「康節較穩(性理大全書卷之五十七, 諸子一, 莊子)」이라고 대답하는 것이다. 그러니까 주자의 이 말은 邵康節이 莊周와 같이 그렇게 儒學으로부터 멀리 떨어져 있는 것

분명히 그는 유학자이다. 도가사상에 접근하여 있는 유학자인 것이다. 邵康節은 老子가 ≪易≫의 본체를 안 사람이라고 말한다.[7] ≪易≫은 중국사상가 중 누구라도 가장 중요하게 언급하는 것이고, 邵康節 또한 ≪易≫의 일가를 이룬 사람이므로, 邵康節이 老子를 이렇게 평가하는 것은 상당한 호평이라고 할 수 있을 것이다. 그러니까 邵康節에 의하면 老子는 우주자연의 형이상학적 이치를 체득한 사람이 되는 것이다. 邵康節은 비단 老子에 대해서만 이렇게 우호적인 것이 아니다. 그는 莊子에 대해서도 상당히 우호적인 입장을 갖는다.

莊子는 惠子와 더불어 호수 위 다리 위에서 노닐고 있었다. 莊子가 말하였다. "피라미가 나와 돌아다니는 것을 보니 물고기가 즐거운(漁樂) 모양이군." 이는 자기의 심성을 窮盡하면 만물의 심성을 다 알 수 있다는 것을 의미한다. 비단 물고기의 마음을 알 수 있을 뿐만이 아니라 천하의 모든 것들의 마음을 다 알 수 있는 것이다. 莊子같은 사람은 만물과 서로 잘 통할 수 있는 인물이라고 하겠다.[8]

---

은 아니라는 이야기가 된다.

7) 邵康節, 皇極經世書六, 觀物外篇下. 「老子知易之體者也.」 주자는 邵康節의 이러한 생각은 옳지 않다고 본다. 그는 이렇게 말한다. 「康節嘗言, 老氏得易之體……非也. 老子自有老子之體用……將欲取之, 必固與之, 此老自之體用也.」(성리대전서 권지 오십칠 제자일, 老子) 그러니까 老子의 체는 老子의 것일 뿐이지 ≪易≫의 體는 아니라는 말이다.

8) 邵康節, 皇極經世書六 觀物外篇下. 「莊子與惠子遊於濠梁之上. 莊子曰:'儵漁出遊從容, 是魚樂也'. 此盡己之性, 能盡物之性也. 非魚則然, 天下之物皆然. 若莊子者, 可謂善通物也.」邵康節이 여기서 引用하고 있는 部分은 ≪莊子≫秋水篇에 나오는 一節로써 아주 흥미있는 부분이다. 장자의 위와 같은 말에 惠子는 反問한다. 「그대는 물고기가 아닌데 어찌 물고기의 즐거움을 안다고 하느냐? (子非魚, 安知魚之樂?)」 이것에 대하여 장자는 다시 말한다. 「그대는 내가 아닌데 어찌 내가 물고기의 즐거움을 알 수 없다고 하는가? (子非我, 安知我不知魚之樂?)」 이러한 식으로 이들 사이의 대화는 계속된다. 이것은 '物我一體'의 存在論的 본질을 알게 하여 주는 부분이면서 認識과 知識의 可能性을 알게 하여 주는 부분이다. 邵康節은 이것을 '物我兼全'의 경지로 이해하여 ≪中庸≫의 「唯天下至誠, 爲能

그러니까 邵康節은 莊子를 유학의 가장 고매한 인격으로 인정하는 셈이다. 莊子는 '자기의 마음을 하나 빠짐없이 다 알고 있는 사람' '심성의 내적 원리를 다 구현하여 낼 수 있는 사람'이라는 것이다. 그런데 ≪中庸≫에 의하면 이러한 사람은 성인이고, 천지의 조화와 동참할 수 있는 존재이다. 이것은 유학의 최고의 이상인격이 아닐 수 없다. 그러니까 邵康節은 묵시적으로 莊子에게 최상의 더없는 찬사를 바치는 것이다.

이렇게 邵康節은 도가사상과 상호 연결되어 있는 것이다. 그의 가장 중요한 업적 중의 하나라고 할 수 있는 <先天圖>도 사실은 당시 도사들의 영향을 받은 결과이기도 하다.[9]

송명 시대 性理學의 가장 직접적인 연원이 되는 ≪太極圖說≫도 또한 당시 道士들의 영향 아래 도가사상의 우주론적 원리체계가 수용됨으로써 잉태되어 나오는 것이다. 그것은 '無極이 곧 太極'이라는 말로 시작되는 그 유명한 ≪太極圖說≫의 첫머리로부터 그대로 확인될 수 있다.[10]

---

盡其性. 能盡其性, 則能盡人之性, 能盡人之性, 則能盡物之性, 能盡物之性則可以贊天地之化育.」 等과 연결시켜 말하는 것이다.

9) 邵康節은 기왕의 八卦圖는 伏羲 이래로의 正統을 이어받는 형식의 것이 아니라 後代에 이루어진 것이라 본다. 그리하여 伏羲 이래로의 의식을 그대로 이어받고 있다고 생각되는 八卦圖를 새로 그린다. 그리하여 자신의 圖를 先天圖라 이름 붙여 後天圖로서의 기왕의 八卦圖와 區分하는 것이다. 이러한 邵康節의 《周易》을 보는 시각은 직접적으로 當代 道士들로부터 因襲하는 것이다.

10) '無極'이라는 말은 원래 儒家諸經에는 없던 말이다. 中國의 모든 宇宙論體係는 窮極的으로는 다 ≪易≫에 기원을 둔다. 儒學도 그러하고 道家도 그러하다. 그런데 ≪易≫에는 生成의 始原이'太極'으로 되어 있다. '太極' 위에 '無極'을 따로 설치하여 生成論의 흐름을 전개하는 周濂溪의 《太極圖說》은 老子의 立場을 受容한 것이라 筆者는 생각한다. 老子는 이렇게 말한다. 「無名天地之始, 有名萬物之母.」(老子道德經 一章) '天地之始', '萬物之母'는 生成의 始原을 뜻한다. 그러니까 '有'·'無'는 같은 자리를 지칭하는 것으로써 萬物의 窮極的 根源을 의미하는 것이다. 그 根

원래 유학의 역사 속에서는 우주론은 도덕론적인 의미구조의 차원에서 주로 다루어져 왔었다. 즉, 仁義라는 것의 전제로서 天理가 언급되어 왔다는 말이다. 따라서 그것은 인간사회의 도덕적 이치로서 어떠한 모습을 갖추고 거기 존재하여 있느냐 하는 것을 주된 요소로 하는 것이었다. 그러므로 우주생성론의 체계는 관심 밖이었다. 天은 原理로, 性質로, 道家의 來源으로, 生成變化와 支配의 主體로서 존재하지만, 그것들이 구체적으로 어떠한 과정을 거쳐서 우주만물을 형성하느냐에 대한 성찰, 생성론의 질서와 과정에 대한 탐구는 ≪太極圖說≫이전의 유학의 역사 속에는 일찍이 존재하지 않았었다. ≪太極圖說≫은 老子·莊子의 우주생성에 대한 몇몇 구절과 ≪周易≫繫辭傳의 몇 구절을 복합시켜서 만들어지는 생성 변화에 대한 최초의 가장 구체적이고 가장 적극적인 탐구의 결과이다.11)

---

源의 자리가 어떤 個體도, 어떤 具體的 存在도 드러나 있지 않은 '無分別' '無差別' 의 형식으로 존재한다는 점에서 그 자리는 「無」로 형용된다. 그러나 그 자리는 眞無의 자리일 수는 없다. 그 자리는 外面的으로는 아무것도 없는 듯하다. —그 점에서 그 자리는 '無'임—실제로는 만물의 根據가 되는 기본적인 재료를 갖추고 있는 자리인 것이다. 그 점에서 그 자리는 동시에 「有」로 형용되는 것이다. 동시에 老子는 「天下萬物生於有, 有生於無.」(老子道德經 四十章)라고 하여 이와같은 '有'의 觀念, '無'의 觀念을 生成論的 질서 위에 세운다. 즉, '無'→'有'→'萬物'로의 상관관계가 설정되는 것이다. 그러나 앞의 '有'·'無'의 관념과 뒤의 구절이 상호 연계된다면 그것은 '無'='有'→'萬物'이라는 도식으로 이해되는 것이 옳을 것이다. '無=有'라는 등식은 바로《太極圖說》의 「無極而太極」에 있어서의 '無極'='太極'이라는 等式으로 수렴되는 것이다. 그러니까 《太極圖說》의 구조는 老子로부터 因襲되는 것이라는 말이다. 적어도 《太極圖說》의 序頭部分에서 이 말은 전적으로 옳다.

11) 위에 거론한 《道德經》의 諸 句節들과 「反者道之動」(老子道德經 四十章), 「道生一, 一生二, 二生三, 三生萬物, 萬物負陰而抱陽, 沖氣以爲和. (老子道德經 四十章) 같은 글귀들, 《莊子》의 「泰初有無無, 有無名.」一之所起, 有一而未形,」(莊子, 天地篇) 等의 구절, 그리고 繫辭傳의 「一陰一陽之謂道」, 「易有太極, 是生兩儀, 兩儀生四象, 四象生叭卦」等 諸 글귀들이 복합하여 《太極圖說》의 체계를 구성한다고 하겠다.

周濂溪와 邵康節, 이들 두 사람은 中國性理學史의 제1기를 장식하는 인물이다. 이들이 동일하게 宇宙論의 문제를 제기하여 주는 것은 반드시 우연의 소치만은 아니다. 그것은 유학의 본질적 체계로부터 기인할 결과인 것이다.

유학은 천도론의 체계, 우주론의 체계를 다른 사상체계들의 이론적 전형으로 삼는다. 실제적으로는 유학의 모든 이론체계가 인성론을 바탕으로 하여 전개되어 나가는 것이 사실이지만, 이론상으로는 인성론도 천도론의 하부구조로 존재하는 것이다. 천도론이 이렇게 다른 어떤 부분보다 중시되고, 다른 모든 부분들이 다 이 천도론 또는 우주론에 의존하는 까닭에, 새로운 유학이 출현함에 있어서 가장 먼저 모습을 갖추어야 하는 것도 마땅히 이 천도론 또는 우주론 부분이었던 것이다. 그러한 작업을 전개하는 인물이 바로 周濂溪와 邵康節이라는 말이다.

性理學은 행위와 삶도 도덕정신으로 특징 지워지는 유학 본래의 모습을 가다듬어서 철학화된 유학, 체계적으로 정리되고 논리적으로 전개되는 유학의 역사를 새롭게 연다. 그것은 바로 周濂溪·邵康節의 작업으로부터 본격적으로 개시된다. 특히 性理學의 역사에 있어서 周濂溪의 작업은 중요하다. 周濂溪의 ≪太極圖說≫은 사실상 宋明理學의 초석을 놓는 것이었기 때문이다.

이 中國性理學史의 제1기에서는 그러니까 도가사상에 대한 적의는 살펴지지 않는 것이다. 이 시기에 있어서의 性理學思想은 도가사상을 그대로 수용하여 구성된다는 말이다. 도가사상에 대한 性理學者들의 비판적 시각은 제2기의 性理學者들로부터 나타나기 시작한다. 제2기의 性理學者들은 張橫渠[12]

12) 張橫渠는 연령상으로는 周濂溪·邵康節과 同列에 서나 학문상으로는 이들보다 늦게 공부를 시작하므로 第二期의 性理學者群에 소속된다고 할

와 程子兄弟[13]들로 구성되는 데, 이들은 제1기의 性理學자들의 성과를 인습하여 발전시켜 나가는 역할을 담당한다. 이들에게 있어서는 老·莊에 대한 비판적 시각이 서서히 나타나기 시작한다. 물론 이들의 비판은 학문적인 차원에서 이루어진다. 老莊思想을 이해하는 시각이 그들의 비판의 근거가 된다는 말이다. 따라서 이들에게 있어서는 비판에 앞서서 道家思想에 대한 나름대로의 공부가 전제된다는 사실이 간과되어서는 안된다. 물론 그들의 도가사상 학습은 유학적인 시각으로부터 말미암는 것이다. 그러므로 그들의 도가관이 합당한 것이라고 볼 수는 없는 것이다.

張橫渠는 그의 老子 비판을 우주생성론적 차원에서 제기한다. 張橫渠는 다음과 같이 말한다.

> 만약 虛에서 능히 氣가 생산되어 나올 수 있다면 虛는 無窮한 것이 되고 氣는 한계를 가지게 되므로 體와 用이 서로 단절되는 결과로 이어져 老子의 有가 無에서 생겨난다고 하는 자연론에 떨어지니, 이른바 유와 무가 항상 한데 어우러져 있다는 것을 알지 못함이다.[14]

그러니까 老子가 無로부터 有가 나온다고 말하는 것은 잘못된 시각 이라는 것이다. 有와 無는 시간적으로 先後하는 두 영역일 수 없다는 것이다. 그 양자는 분리될 수 없는 일체로써 존재한다는 것이다. 그러니까 無로부터 有가 생겨날 수는 없는 것이라는 말이다. 그러므로 張橫渠는 생성의 시원의 자리를 太虛라고 하면서, 그 太虛가 곧 氣로 이루어져 있는 것

---

수있다.

13) 兄 程明道는 陸·王 心學의 源淵이 되고, 程伊川은 朱子의 직접적인 선구가 된다.

14) 張子全書 卷二, 正夢一, 太和篇 第一 p.2. 「若謂虛能生氣, 則虛無窮, 氣有限, 體用殊絶, 人老氏有生於無自然之論, 不識所謂有無混一之常」

이라고 말한다. 老子가 無로부터 有가 비롯된다고 말하였다는 것은 물론 老子 자신의 입장에서 말하여지는 것이 아니다. 그러니까 그것은 張橫渠의 잘못된 老子관이다. 老子가 有·無라는 말을 쓸 때 그 말들은 ≪道德經≫속에서 두 가지씩의 의미를 지닌다. '無分別'·'無差別'의 無와 '없음'의 無의 두 가지 無의 의미, '有實質'·有材料의 有와 '있음'의 有의 두 가지 有의 의미가 바로 그것이다.15) 張橫渠의 老子관은 이러한 有·無의 두 가지 의미를 혼동함으로써 나타난다. 老子에 있어서 '있음'·'없음'의 의미를 지니는 有·無는 사전적인 개념으로서의 有·無이고, 그 외의 또 다른 有·無는 철학적인 개념으로서의 有·無이다. 老子가 우주생성론을 말할 때의 有·無는 사전적인 개념만으로 이해되어서는 안 된다. 그것은 철학적인 개념을 포함해서 이해될 때 그 진실한 의미가 포착될 수 있을 것이다. 만약에 그 有·無를 '무분별'·'무차별'의 無, '유실질'·'유재료'의 有의 의미까지 포함시켜서 받아들인다면, 그것은 先後관계 속에 위치될 수 있는 것이 아니라 등식관계로 간주될 수 있게 된다. 그것이 등식관계로 간주된다면 老子의 생성론이 '없음'으로부터 '있음'에로 전개된다는 張橫渠의 말은 부정될 수 있을 것이다.

老子에 있어서의 생성의 시원은 '無'이면서 '有'인 자리, '무분별' 이면서 '유실질'인 자리이다. 그러니까 老子의 생성론도 진공으로부터 시작되는 것은 아니라고 하겠다.

張橫渠는 老子의 생성론 속에서의 有·無 개념을 사전적인 有·無로 받아들임으로써 老子의 진실한 의도를 읽는 데 실패

---

15) 「無名天地之始, 有名萬物之母」의 '有'·'無'는 哲學的 개념으로써 「有實質」의'有,'「無分別」의 '無'의 의미를 지닌다. 「天下萬物生於有有生於無」'有'·'無' 등은 辭典的인 概念으로서 '있음'·'없음'의 의미를 지닌다. 老子의 우주생성론은 이 兩 '有'·'無' 개념을 복합하여 이해할 때 그 진실한 모습이 드러날 수 있다.

하고 있다. 이와 같은 張橫渠의 老子관은 吳臨川에게서도 보인다.

老子는 천하만물은 有에서 생겨나고 有는 無에서 생겨난다고 하였다. 萬物이라는 것은 動植物 같은 것을 뜻하고, 有라는 것은 陰陽의 氣를 의미하고, 無라고 하는 것은 無形의 道體를 말한다. 이것이 老子의 본래 의미이다. 理는 氣중에 있는 것이므로 원래 이 둘은 서로 분리될 수 있는 것이 아니다. 老子는 먼저 理가 있고 뒤에 氣가 있게 된다고 한다. 張橫渠는 그 有가 無로부터 생겨난다는 주장을 비난하였다.[16]

吳臨川은 朱子보다도 뒤의 인물이므로 여기서 그가 老子를 비판할 때 朱子에 이르기까지의 모든 性理學的 발견의 결과가 다 동원되는 것을 우리는 본다. 이 吳臨川의 老子관은 진실로 정곡을 찌르는 것이다. 有가 음·양의 두 氣와 같은 형식적 존재의 최초의 형식이라면 無는 그러한 형식적 존재의 최초의 형식까지도 아직 드러나 있지 않은 생성의 근원인 것이다. 그러나 이 생성의 근원의 자리는 진실로 진공은 아니다. 그것은 洸忍[17]과 같아서 아무 것도 살펴볼 수는 없으나 거기로부터 만물을 구체적으로 구성하는 실제적인 두 요소로서의 음·양의 氣들이 비롯되어 나올 수 있는 어떤 나름대로의 實質을 간직하고 있는 것만은 분명한 것이다. 그러므로 臨川처럼 理先 氣

16) 性理大全 卷之五十七, 諸子一, 老子. 「老子云, '天下萬物生於有, 有生生於無'. 萬物者指動植物之類而言, 有字指陰陽之氣而言, 無字指無形之道體而言,. 此老子之本旨也. 理在氣中, 元不相離. 老子以爲 先有理而後有氣. 橫渠張子詆其有生於無之非.」

17) 老子道德經 四十章. 이 洸忍은 生成의 始源을 형용하는 말이다. 老子는 또 이 자리를 '混成(二十五章)' 이라고 말하기도 한다. 모두 生成의 始源이 眞空의 자리가 아니라 무엇인가 內在되어 있기는 하되 밖으로 구체적인 모습은 드러나지 않은 상태, '無差別'·'無分別'의 상태라는 것을 지적하여 주는 것들이라고 하겠다.

後의 차원에서 이것을 이해할 수 있는 것은 아니다. 진실로 그가 理·氣는 서로 분리될 수 없는 것이라고 말하였듯이, 만약에 우리가 理·氣를 가지고 말한다면, 萬物의 자리도 理·氣가 함께 하는 자리이고, 有의 자리도 理·氣가 함께 하는 자리이고, 無의 자리도 理·氣가 함께 하는 자리이고, 이러한 점에서는 吳臨川은 老子의 진실과는 거리가 먼 자리에 위치한다고 하겠다. 그도 역시 張橫渠와 똑같이 眞空에서 有가 비롯되는 형식으로 老子의 생성론의 질서를 파악하는 잘못을 범하고 있는 것이다.

程伊川의 老子 비판도 이러한 맥락 위에 위치한다. 伊川도 老子가 虛에서 氣가 생겨난다고 말한다고 보고 그러한 일은 있을 수 없다는데 비판을 집중시키는 것이다.[18] 그 밖에 伊川의 老子 비판의 주안점은 無爲에 대한 것, 道德에 대한 것, 愚民化에 대한 것 등등 여럿이 있다.

老子의 無爲에 대한 伊川의 비판은 이러하다.

老子는 無爲라 하였고, 또 無爲이나 無不爲라고 하였다. 마땅히 행위하되 無爲로써 행하여야 한다는 것인데, 이는 실은 有爲로써 행하는 것이다. 聖人이 ≪易≫을 지음에 있어서는 일찍이 無爲를 말한 적은 없다. 오직 無思하고, 無爲하라고 하였을 뿐인데, 이는 作爲를 경계하는 것에 지나지 않는다. 그것도 바로 아래 '寂然不動이나 천하의 모든 이에 感而遂通한다'는 말을 덧붙이는 것이다. 이는 動靜을 함께 갖추고 있는 이치이지 어느 한쪽에 치우쳐 있는 것이 아니다.[19]

---

18) 性理大全書 卷五十七, 諸子一, 老子. 「老氏言虛能生氣, 非也.」
19) 性理大全書 卷五十七, 諸子一, 老子. 「老子曰 : '無爲'. 又曰 : '無爲而無不爲.' 當有爲而以無爲爲之, 是乃有爲爲也. 聖人作易, 未嘗言無爲. 惟 '無思也無爲也'. 此戒夫作爲也. 然下卽曰 : '寂然不動, 感而遂通天下之故'. 是動靜之理, 未嘗爲一偏之設矣.」

程伊川의 입장은 老子가 無爲쪽에 치중하고 있는 것은 聖人의 말과 부합되지 않는 것이고, 無爲로써 행한다고 말하면 옳지 않다는 것이다. ≪易≫에서도 無爲라는 말이 나오기는 하지만 그 無爲는 老子의 그것과 같은 것이 아니라 作爲를 배제하는 정도의 의미만을 지니는 것이라는 말이다. 그러나 진실로 老子의 無爲는 바로 作爲를 배제하는 행위, 순수하고 자연스러운 행위인 것이다. 그러니까 無爲라는 말이 문자 그대로 '행하지 않음'의 의미를 갖는 것으로 이해함으로써 근본적인 시각의 차이가 비롯되는 것이다. 無爲를 보는 시각에서 뿐만 아니라 道德을 보는 시각에서도,[20] 愚民化의 측면에서도,[21] 이러한 시각의 차이는 동일하게 가로놓여 있는 것이다. 도덕과 지식을 보는 이러한 시각의 차이는 근본적으로 유학과 도가사상 사이의 차이이다.

기본적으로 程伊川의 老子에 대한 시각은 老子의 말들이 사람을 혼란시키는 것들에 불과하며, 설령 그렇지 않은 것들이 있다고 하더라도 그러한 것들은 진리의 궁극적 의미를 담고 있지 못하다는 입장에 의해 설명될 수 있다.[22] 그러니까 程伊川은 老子思想의 진실한 의미를 파악하지 못하고 있거나, 아니면 그 진실한 의미를 이해하기 보다는 유학과 다른 점, 유

---

20) 程伊川은 道·德·仁·義·禮가 층차적인 개념일 수 없다고 본다. 老子는 道의 진실성만을 승인하며 그 外의 나머지 넷은 인정하지 않는다. 그러나 程伊川은 이 다섯이 사실은 하나임을 말한다. 그것을 道德이라는 것이 규범의 체계로써도 유학에서는 긍정적으로 받아들여지는 의식의 반영이라 하겠다. (二程全書 卷二十五, p.216 참조)

21) 程伊川은 老子가 백성들의 지혜를 가로막고 있다고 본다. 분명히 老子는 지식을 부정한다. 그러나 老子가 부정하는 지식은 私知임을 간과하여서는 아니된다. 眞知는 老子 역시 승인하는 것이다. 程伊川은 그러한 老子思想의 本質을 도외시하는 태도를 보인다. (性理大全書 卷五十七, 諸子一, 老子 참조)

22) 二程全書 卷十五, p.104. 「老子言甚雜, 如陰符經却不雜. 然皆窺測天道之未盡者也.」

학과 달라야 하는 점을 억지로라도 찾아내고 싶어하는 것인지도 모를 일이다. 이와 같은 程伊川의 유학이념 고수 의지는 莊子를 보는 시각에서도 보인다. 程伊川의 莊子 이해의 정도와 그 의도로 알 수 있게 하는 것으로는 다음과 같은 일절이 있다.

莊子는 齊物을 말한다. 무릇 만물은 본래 동등한 가치를 지니는 것(齊)이지 그대(莊子)가 그것을 똑같게 한다고 하여서 똑같아지는 것이 아니다. 무릇 만물은 이렇게 무수하게 많이 펼쳐져 있는 것이기에 만약에 그것들을 서로 같게 만들려면 따로 깊이 만물의 내면으로 들어가 하나하나의 理가 서로 같다는 것을 찾아내는 길 뿐이다. 만물은 본래 理의 차원에서는 같지 않음이 없는 것이다. 다만 그대 스스로가 다른 것이라고 보고 그 같은 점을 구하려 하지 않은 까닭에 만물이 같지 않은 것으로 보이는 것 뿐이다.[23]

程伊川의 입장은 만물은 理의 차원에서는 서로 같다는 것이나. 그러나 程伊川도 만물이 어떤 면에서나 총체적으로, 전적으로 같다는 생각은 아닐 것이다. 程伊川도 그 내면적 본질로서의 理는 같으나, 외적면 개체성은 같지 않다는 점을 인정하지 않을 수는 없을 것이다. 그렇지 않다면 그것은 서로 다른 개체일 수가 없을 것이기 때문이다. 程伊川은 이러한 자신의 입장, 즉 만물은 외형상으로는 서로 다른 것 같으나 내적으로는 모두 같다는 생각 중 내적인 동일성에 입각하여 만물은 본래 같다고 말하는 것에 불과하다. 그런데 실은 莊子도 이것을 말하고자 하는 것이다. 莊子는 만물의 서로 다른 측면이 실체로서 받아들여져서는 안된다는 것을 齊物論에서 밝히고자 한다. 그래서 서로 다른 외형적 측면이 절대적인 의미로 받아들

23) 二程全書 卷十九, p.177. 「莊子齊物. 夫物本齊, 安俟汝齊. 凡物如此多般, 若要齊時, 別去甚處下脚手, 不過推得一個理一也. 物未嘗不齊, 只是休自家不齊, 不于物不齊也.」

여져서 가치생산에로 이끌어지는 것을 막고자 하는 것이다. 그 외형적 차별성을 동등성의 수준에로 이끌어 올려서 '비교적 가치'가 생산될 수 없게 하고자 함이다. 그것은 다른 말로 하면 외면적 차별성의 내면에서 동일성을 발견하는 것이 된다. 程伊川과 같은 발상인 것이다. 그러니까 程伊川이 莊子를 비판하는 것은 결국 자기 자신의 입장에 구속되어서 莊子의 진실한 의미를 파악하지 못한 때문인 것이다. 그것은 의도적인 것일 수도 있다. 程伊川이 莊子가 齊物論에서 형체상의 齊物, 외형상의 齊物, 개체의 외면적·외형적 차별성까지 동일화하고자 하는 것이냐고 반문하는 것은 억지에 불과한 것이라는 말이다.[24] 그것은 진실로 莊子의 의도가 아니기 때문이다.

이렇게 보면 老·莊에 대한 程伊川의 태도는 분명하여진다. 그러니까 程伊川은 억지로라도 유학과 도가 사이의 차이점을 발견하고자 하는 것이고, 무리를 해서라도 도가사상이 그릇된 체계라는 점을 부각시키려 하는 것이다. 그런데도 도가사상이 그릇된 체계라는 근거는 다만 '유학과 다르다'라는 것으로부터 기인하는 것일 뿐이다. 즉, 程伊川은 莊子에 대해서 한마디로 '성인의 말씀에서 離叛되어 있는 사람'이라고 평가하는데,[25] 이러한 입장이 그 비판의 근거가 되는 유일한 것이라는 말이다. 다분히 독선적인 것이 아닐 수 없다. 그러한 것이 꾀하는 의도는 너무나도 분명하다. 유학의 입지를 확보하고, 유학의 위치를 제고시키고자 하는 것, 그것이 그의 유일한 목표였던 것이다.

程明道에서도 도가사상에 대한 배척의 강도는 동일하게 나타난다. 그런데 程明道는 도가사상 등의 이단을 배척하는 것

24) 二程全書 卷二十二上, p.193. 「孟敦夫問 : 莊子齊物論如何? 曰 : 莊子之意, 欲齊物理耶. 物理從來齊, 何待莊子而後齊. 若齊物形, 物形從來不齊, 如何齊得此意.」

25) 二程全書 卷二十五, p.213. 「莊子叛聖人者也.」

을 孟子의 이른바 排斥楊墨과 같은 차원에서 바라본다. 程明道의 주장은 이러하다.

楊朱와 墨翟의 해는 申不害나 韓非子의 그것보다 더 크다. 佛敎와 老子(여기서 老子는 莊子까지를 그 안에 포함하는 의미임)의 해악은 楊朱·墨翟의 그것보다 크다. 楊氏는 爲我를 말함으로써 그것이 仁인 양 착각하게 만들었고, 墨氏는 兼愛를 말하며 그것을 義와 혼동시켰다. 申不害나 韓非子는 그 사상이 천박해서 그릇된 점을 쉽게 알 수 있다. 孟子는 楊朱·墨翟이 세상을 혼란시키는 죄가 너무 크다고 배척하였다. 불교와 老子는 그 주장이 이치에 보다 접근하여 있는 듯하여 楊朱·墨翟의 주장과는 비견될 수도 없으므로 그 해약의 강도가 더욱 큰 것이다. 楊朱·墨翟의 害惡은 孟子를 거치면서 배척되는데 이는 그것이 헛된 주장이기 때문이다.[26]

程明道가 老·莊을 보는 시각은 이상과 같이 申不害·韓非子·楊朱·墨翟·佛敎와 같은 차원에 놓여진다. 그는 이러한 모든 것들이 사람들을 현혹시키고 세상을 혼란시키는 죄를 범하고 있는 것들로 이해한다. 물론 그것들이 세상 사람들을 현혹시키는 정도는 다 각기 다르다. 申不害·韓非子가 세상을 현혹시키는 점에 있어서는 가장 설득력이 적다. 그것은 그 사상체계가 다른 것들보다는 아주 불합리한 것이기 때문이다. 楊朱·墨翟은 申不害·韓非子 보다는 조금 더 합리적인 모습을 갖추고 나타난다. 그러므로 그것이 세상에 끼치는 해독은 더욱 커진다. 그런데 老子와 佛敎가 세상에 끼치는 해독은 이런 것들에 비견될 수도 없다. 그것은 외견상 진리의 모습을 띠고 있는 까닭에 세상에 끼치는 해독이 그만큼 더 심각한 것이라는 것

26) 二程全書 卷十三, p.96. 「楊墨之害, 甚於申韓. 佛老之害, 甚於楊墨. 楊氏爲我疑於仁, 墨氏兼愛疑於義. 申韓則淺陋易見. 故孟子則闢楊墨其惑世之甚也. 佛老其言近理, 又非楊墨之比, 此所以害尤甚. 楊墨之害, 亦經孟子闢之, 所以廓如也.」

이다. 그러므로 그것은 더욱 강력하게 배척되지 않으면 안된다. 그것은 楊朱·墨翟보다 더 정밀한 체계를 갖추고 있고, 더 진리에 근사한 모습을 띄고 있으므로, 이른바 孟子의 排斥楊墨 보다 더 철저하고 더 강도 있게 배척이 행하여져야만 한다. 이러한 생각을 程明道는 하고 있는 것이다.

그러니까 張橫渠·程明道·程伊川 등 中國性理學史의 제2기의 인물들에게서는 동일하게 도가사상에 대한 비판적인 경향이 나타나는 것이다. 이것은 性理學의 기초를 갖추는 제1기의 인물들과는 다른 점이다. 제1기의 인물들은 직접적으로 道家思想을 因襲하므로 도가사상에 대한 비판적 시각을 표명할 여유를 갖지 못하였다. 제2기의 인물들은 일단 제1기의 인물들에게서 性理學의 기본구도의 일면을 상속받아서 그것을 전개시켜 나가는데, 그런 과정에서 제1기의 인물들이 도가사상과 가졌던 연결고리를 끊어버리는 작업도 병행하는 것이다. 따라서 그들은 도가사상을 유학적 시각을 동원해서 비판하고, 性理學이 그러한 이단적인 사상체계들과는 입지를 달리하는, 그야말로 정통 유학임을 천명하는 것이다. 물론 이들은 그러기 위해서 도가의 이론체계를 학습한다. 그들의 도가 이론체계 학습은 비판을 전제로 하는 것이다.

中國 性理學史의 제3기는 朱子에 의해 대표된다. 朱子는 程伊川을 직접적으로 계승한다. 도가사상에 대한 비판의 측면에 있어서도 역시 朱子는 程伊川의 입장을 계승하는 것이다. 제2기에 性理學者들 중에서 도가사상에 대하여 가장 비판적인 입장을 취하는 사람은 程伊川이다. 朱子는 그 이전의 모든 性理學者들의 사상체계를 다 인습하여 집대성한다. 그러나 그의 性理學的 입장을 결정하여 주는 것은 程伊川이다. 따라서 우리는 朱子와 程伊川을 하나로 묶어서 程朱學이라 하기도 하는 것이다. 도가사상에 대한 비판적 태도에 있어서도 程伊川이

가장 단호하고, 朱子도 그 입장을 계승하여 역시 단호한 입장을 취하는 것이다.

朱子의 老·莊 비판은 한결 체계적이고 한결 조직적이다. 朱子는 당대의 어떤 누구보다도 老·莊 思想에 해박하였던 듯하다. 우리는 ≪朱子語類≫를 잠시 훑어보는 것만으로도 능히 그 점을 확인할 수 있다. 朱子는 老子≪道德經≫1장, 6장, 36장, 38장, 41장, 42장, 44장, 46장, 59장 등에 대해서 門人들의 질문에 답변하고 있고, ≪莊子≫ 제3편 養生主, 12편 天地, 14편 天運 등에 대해서 나름대로 해박한 답변을 하고 있다. 이것은 그 이전의 다른 性理學者들에게서 보다 한결 세밀하고 양적으로도 많은 언급이라고 하겠다. 老·莊 사상에 대해서 朱子의 이해가 상당한 정도에 이르고 있었다는 것은 朱子의 말을 통해서도 확인될 수 있다.

≪莊子≫와 ≪老子≫ 두 책에 대한 주석서는 상당히 많다. 그러나 결국 그들의 본의를 끌어내서 말한 사람은 한 사람도 없다. 다만 그들 자신의 입장에 근거하여 억설들을 늘어놓았을 뿐이다. 나(某)는 하고자 한다면 그들과는 다른 해석을 해낼 수가 있다. 다만 그렇게 하고 싶지 않을 뿐이다.[27]

이것은 자신이 老·莊의 본의를 알고 있다는 확신을 표명하고 있는 것이라고 하겠다. 朱子가 얼마나 老·莊에 이해가 깊은지는 이 한마디가 증명을 하여 준다고 하겠다. 다만 朱子는 그렇게 하고자 하지는 않는다. 老·莊과는 세계와 인간을 보는 시각을 달리하기 때문이다. 그것은 결국 자신의 입장과는 같지 않다고 믿는 것이다.

朱子는 道家가 氣에 치중하고 있다고 본다. 그리고 虛靜과,

---

27) 性理大全書 卷五十七, 諸子一, 莊子. 「莊老二書, 解注者甚多. 竟無一人說得他本義出. 只據他臆說. 某若拈出便別. 只是不欲得.」

懦弱과 空虛와, 無爲를 중시한다고 한다.[28] 전적으로 정신의 적극적 활동은 중시하지 않는다는 것이다.[29] 이것은 다시 말하자면 朱子는 老子가 非人間化를 꾀하는 학문체계라고 이해하고 있음을 의미한다.

朱子는 橫渠가 주장한 이른바 老子의 우주생성론의 체계가 허무, 공허, 진공으로부터 有에로 전개되는 잘못을 범하고 있다는 논리를 그대로 이어받는다. 老子의 우주생성론을 비판하는 시각에 있어서 朱子는 張橫渠와 吳臨川 사이에 놓여진다. 朱子는 아래와 같이 말한다.

> 無라 하는 것은 어떤 사물(物)도 없다는 것이나 도리어 理가 있는 것이다. 이 理가 있다면 氣가 아니라 有이다. 老氏는 물은 有에서 생겨나고, 有는 無에서 생겨난다고 하였으니, 바로 理가 無인 것으로 착각한 것이다.[30]

앞에서도 말하였듯이 張橫渠는 無에서 有가 생겨날 수는 없다고 본다. 생성의 시원이 되는 자리를 張橫渠는 太虛라고 말한다. 그런데 張橫渠에 있어서는 이 太虛는 無의 자리가 아니라 氣의 자리이다. 張橫渠는 太虛의 내면에 氣가 존재한다고 함으로써 이 氣에 의해 운용되는 氣論的 宇宙論 체계를 건설하는 것이다. 朱子는 張橫渠와 같은 입장을 취하지는 않는다. 張橫渠가 氣에 우위를 주는 氣論的 입장의 性理學者라면 朱子는 理에 우위를 두는 理學의 대표자이다. 그러므로 朱子는 생성론의 시원의 자리에 老子의 이른바 無가 위치할 수 없다는

---

28) 性理大全書 卷五十七, 諸子一, 老子. 「老子之學, 大抵以虛靜爲沖退自守爲事. 故其爲說, 常以懦弱謙下爲素, 以空虛不毁萬物爲實.」
29) 性理大全書 卷五十七, 諸子一, 老子. 「老子之術, 謙沖儉嗇, 全不肯役精神.」
30) 性理大全書 卷五十七, 諸子一, 老子. 「無子無物, 却有此理. 有此理則有矣, 老氏乃云, 物生於有, 有生於無, 和理也無, 便錯了.」

張橫渠의 시각은 그대로 수용하지만, 張橫渠가 氣로 대체하여 놓은 것을 부인하면서 그 자리에 理를 놓아두는 것이다. 그리하여 朱子는 理에서 有에로의 우주생성론의 전개과정을 제시하는 것이다. 이러한 입장을 계승하여 앞에 말한 吳臨川의 주장이 나오는 것이다.

이러한 생성론적인 문제 외에 朱子는 또한 이른바 老子의 無爲政治라는 것의 불합리성을 주장하기도 한다. 앞에서도 말하였지만 無爲라는 개념은 원래 '꾀하지 않음'·'사사로이 행하지 않음'의 의미를 지니는 것으로 완전한 행위의 부정을 뜻하는 것은 아니다. 老子가 완전한 행위의 부정을 말하였다면 그의 사상은 일고의 가치도 없을 것이다. 진실로 인간이라고 하는 존재가 동물인 한에 있어서는 행위야말로 인간에게 있어서 끝까지 부인될 수 없는 영역이기 때문이다. 道家思想도 이러한 점까지 아예 배제하고자 하는 것은 아니다. 道家에 있어서 無爲가 말하여질 때 그것은 완전한 행위의 부정이 아니라 어떤 종류의 행위, '자연스러운 행위'·'순리에 따르는 행위'·'직위에 따라 동작되지 않는 행위'를 뜻하는 것이다. 道家가 이러한 행위를 '無爲'라는 개념으로 규정하였다고 할 때 우리가 왜 하필 서기에 無라는 말을 넣었는가에 대해서 시비를 걸 이유는 없다. 그러한 개념 규정의 문제는 우리가 어떻게 규정하느냐에 달려 있는 것으로 어떤 사람이 그것에 대해서 어떤 이유로든 시비를 건다면 그 시비의 상대가 된 사람도 똑같은 논리로 그 반대되는 공세를 취할 수 있는 것이기 때문이다. 그리고 儒家가 만약에 德治를 말하고, 그 덕치의 궁극적 완성의 자리에서 正名의 사회를 보고, 大同을 본다면, 그런 사회에서는 정치력이 무의미하여 진다는 것인데, 이것이 어떻게 백성들 각자의 自正[31]을 통하여 無爲政治의 이념이 실현된다고

31) 각자 스스로를 바르게 한다는 의미로써 이것을 근거로 하여 무위의 이념

보는 道家의 그것과 근원적으로 서로 다른 것이라고 할 수 있을 것인가? 다만 개념의 의미가 다르고, 서로 설명하는 방식이 다른 것일 뿐이다.

어쨌든 朱子는 老子의 제 개념들을 비판한다. 그의 老子관은 한마디로 老子가 人倫을 무시한다는 점에 귀착된다. 그는 아래와 같이 말한다.

> 老子는 인간의 이치의 영역 밖에 나가 있어서 소리(聲)도 좋아하지 않고 색깔(色)도 좋아하지 않고, 또 그런 것들을 보고 듣는 우리들의 感官에고 관심을 두지 않으나, 인간의 인륜에 심각한 타격을 준다.[32)]

그러니까 한마디로 이야기해서 비인간적인 학문이라는 것이다. 이러한 朱子의 의식 속에는 물론 인간적인 학문은 바로 유학이고, 유학은 우리들에게 倫理를 가져다준다는 생각이 깔려 있다고 하겠다.

朱子의 老子觀은 바로 이러한 시각에 의해서 결정된다. 물론 그는 어느 누구 보다도 老子의 글귀에 해박하였던 인물이다. 그러나 그는 종내 老子를 이해할 수는 없었다. 서로간에서 있는 입지가 다르고, 가고자 하는 방향이 다른 까닭에 항상 그에게는 비유학적인 老子가 썩 마음에 들지 않았던 것이다. 그가 老子는 인간적 이치를 떠난 자리에 서 있다고 보고, 또 인간의 윤리를 해친다고 보는 것은 사실이 아니다. 老子도 역시 인간을 위한 학문이고, 인간적 진리의 토대위에 서 있는 학문이고, 인간적 윤리성을 계발하고자 하는 학문인 점에서는 유학과 차이가 없기 때문이다. 朱子가 老子를 비인간적·비윤

---

이 설득력을 지닐 수 있게 된다.

32) 性理大全書 卷五十七, 諸子一, 老子. 「老子是出人理之外, 不好聲, 不好色, 又不做官, 然害倫理.」

리적이라고 매도하는 것은 솔직하게 이야기하자면 바로 비유학적이라는 말에 지나지 않는 것이다.

朱子에게서 老子가 비판의 대상이 된다면 莊子 역시도 그러한 비판의 테두리 속에 놓여진다는 것은 두 말할 나위도 없을 것이다. 그러나 朱子는 老子보다는 莊子에 대해서 덜 가혹하다. 朱子는 ≪莊子≫의 모든 구절들을 빠짐없이 알고 있었고, 어떤 측면에서는 우호적인 평가를 내리기까지 하였다.

> 莊子는 한 사람의 대수재(大秀才)이다. 그는 궁극적인 이치를 알고 있다. 다만 현실적인 實事를 인정하지 않는 것이 흠이라면 흠이다. 그 제4편인 人間世나 漁父篇 이후의 글들을 보면 孔子가 여러 사람들과 말하는 부분이 많이 나오는데, 이것은 孔子의 학문을 받아들이는 것은 아니니, 이른바 지식이 너무 넘치는 사람이다.[33]

이렇게 朱子는 莊子의 뛰어남과 동시에 그 부족함을 인정한다. 莊子가 뛰어난 것은 그가 대수재라는 점에서 인정되고, 莊子의 부족함은 孔子의 道를 배우지 않는나는 점에서 비롯된다. 그러니까 서로간에 道를 달리하기는 하지만 그 인물의 출중함을 인정할 수는 있다는 식의 말로 위의 인용구는 정리될 수 있을 것이다.

孟子 이래로 유학은 道家를 편향적인 시각에서 이해하여 내려왔다. 孟子가 도가를 보는 시각은 그의 楊朱觀 속에서 드러난다. 그것은 개인적인 면에만 치중한다는 점이다. 朱子도 역시 道家를 그러한 시각에서 바라본다. 朱子는 "老·莊은 다만 그들 자신의 평온만을 위하는 간교함 위에 놓여진다"는 식으로 이해한다.[34] 孟子의 楊朱觀과 동일 맥락 위에 서는 발상이

---

33) 性理大全書 卷五十七, 諸子一, 莊子. 「莊周是箇大秀才, 他都理會得, 只是不肯做事, 觀其第四篇 人間世及漁夫篇 以後, 多是說孔子與諸人語, 只是不肯學孔子, 所謂知者過之者也.」

34) 朱子語類 卷一二三, 訓門人. 「老莊 只是占姦要它自身平穩.」

라고 하겠다.

이러한 朱子를 中國性理學史의 제3기를 대표하는 인물이라고 본다면 제4기는 陸象山·王陽明으로 이루어진다고 하겠다. 그런데 이 제4기의 인물들은 그 학문형성의 입지를 朱子와는 달리한다. 그들은 제2기에서 제3기로 이행되면서 점점 견고하고 완고한 모습을 띄어왔던 老·莊에 대한 비판적 시각으로부터 일탈하여 老·莊에 접근하여 간다. 그들의 사상체계는 직접적으로 程明道와의 인간관계 하에 놓여있는 것이나, 道家·道敎에 대한 태도는 程明道보다 온화하다.

(2)退溪의 道家思想에 대한 태도

그러니까 도가사상에 대한 비판적 태도는 중국성리학의 2·3기에 걸쳐서 두드러지게 나타나는 것이다. 그 중에서도 程伊川과 朱子로 이어지는 흐름 속에서 그러한 비판적 태도는 가장 적극적이다. 退溪는 바로 이 흐름, 程朱學의 흐름을 이어받는다 退溪는 朱子 이후 朱子學 역사 속에서 가장 중요한 존재이다. 退溪는 朱子學의 전통을 계승하는 까닭에 이단에 대한 태도도 단호하다. 朝鮮性理學은 朱子學 일색으로 전개된다. 朱子보다도 더 朱子적인 학문체계가 朝鮮性理學인 것이며, 退溪 역시도 그러하다. 老·莊에 대한 비판에 있어서도 이 점은 옳다. 退溪는 老·莊의 체계가 허황한 것이라고 본다. 이른바 인간주의적인 면모, 사실적인 측면이 무시되고 있다고 보는 것이다.

退溪는 말한다.

> 저 莊子·列子의 무리는 다만 일(事)을 싫어하다 虛靜만을 구하며 坐忘을 道의 극치로 인정하여 특히 마음(心)이 動靜을 관통하고 사물을 두루 포함함을 알지 못한다.[35]

坐忘이란 喪我[36], 心齋[37]를 말한다. 그것은 일체의 가치로부터, 일체의 구속으로부터 자유로운 것을 의미한다. 退溪는 이것을 虛靜의 극, 모든 현실적 세계로부터 떠나있는 초월적 경지로 생각하는 것이다. 그러나 이것은 사실과는 다르다. 좌망이란 단지 모든 심리적 구속으로부터 떠나 있는 심성의 자유를 의미할 따름이지 그것이 인간세계와 인간적 의식과 인간적 행위의 영역으로부터 떠나있는 자리를 의미하는 것은 아닌 것이다. 莊子는 이 坐忘으로부터 행위의 자연적 근거를 마련하고, 그리하여 정신의 자유로움을 얻어, 大鵬이 蒼天을 날아오르는 것과 같은 逍遙의 경지를 여는 것이다.[38] 이 자리에서는 어느 하나 거칠 것이 없어진다. 이 자리에서 莊子는 靜쪽에만 치우쳐 있는 것이 아니라 動靜을 겸비하며, 일체를 두루 포섭한다.

退溪는 다만 莊子思想의 외적 차원만을 가지고 莊子의 좌망이라 하는 것이 靜의 측면에 치우쳐 있다고 말할 뿐이다. 그러나 動·靜의 문제를 가지고 말한다면 진실로 老·莊은 靜쪽에서 있으되 그 靜을 통하여 動을 구하고자 하는 의도를 갖는다. 그 靜은 다만 방법적인 것에 불과할 뿐이라는 말이다. 靜을 확보하면 動의 진실한 경지가 그대로 구현될 수 있다고 보는 것이다. 이것은 動쪽에서 靜을 포섭하는 유가와는 다른 시각이다. 유가는 動을 통하여 靜에로 나아가는 방법을 지니고, 老·莊은 靜을 통하여 動을 싸안는 방법을 택한다. 그 둘의 차이는 전적으로 방법적인 차이에 불과한 것이다. 궁극에 있어서는 양자가 다 動·靜의 양 영역을 통섭하는 일치점을 갖는

35) 退溪全書 卷二, p.71.「彼莊列之道, 知厭事求靜, 而欲以坐忘爲道之極致, 殊不知心貫動靜該事物.」
36) 莊子, 齊物論 참조
37) 莊子, 人間世 참조
38) 莊子, 逍遙遊 참조

것이다. 이러한 방법상의 차이를 극대화하여 道家를 비판한다는 것은 자기 입장의 일방적 우세를 무조건적으로 인정하는 이념화된 유학의 특수성으로부터 기인한다.

사실이야 어떠하든 어쨌든 退溪는 莊子를 비롯한 道家思想이 虛靜쪽에 치우쳐 있는 사상이라고 본다. 그러나 앞에서도 말하였듯이 이것은 어느 쪽에 중점을 두느냐의 문제에 불과함을 간과하여서는 안된다. 筆者도 가끔은 그런 말을 할 때도 있으나 그 양자가 그렇게 한쪽은 '動靜'을 겸비하고, 한쪽은 '靜'만을 간직하는 것으로 구분될 수 있는 것은 아니다. 다만 한쪽은 '動>靜'의 구조를 갖고, 한쪽은 '靜>動'의 구조를 갖는다고 말할 수 있을 뿐인 것이다. 전자는 儒學이고 후자는 道家이다.

性理學의 역사는 人性과 理·氣를 결부시켜 설명하는 측면을 갖는다. 이러한 차원에서 性理學者들은 어느쪽에 더 치중하느냐에 따라 主理와 主氣로 갈라진다. 主理派에 드는 사람으로는 程伊川·朱子가 있고, 主氣派에 드는 사람으로는 邵康節·張橫渠 등이 있다. 주기파는 張橫渠에 의해 대표되고, 주리파는 朱子에 의해 대표된다.

退溪는 朱子學者이므로 主理쪽에 속한다고 하겠다. 退溪는 이러한 '理·氣'의 문제를 누구보다도 더 철저하게 밀고 나가 그의 모든 사상체계를 설명하는 주된 형식으로 수용한다. 이 점에서 그는 朱子보다도 더 철저하다.

老·莊을 비판하는 그의 구도의 한 가닥도 바로 이러한 '理·氣'의 문제가 차지한다.

退溪는 이렇게 말한다.

사람의 몸은 理·氣를 겸비하고 있는 것인데, 理는 귀한 것이고, 氣는 천한 것이다. 그러나 理는 행위할 수 없고(無爲), 氣는 욕구하는 바가 있는(有欲) 것이다. 그러므로 理를 구현하고자 하는데 주력하는 사람은 養氣가 그 중에서 저절로 가능하여 지는 것이니, 聖賢의 도리가 바로 이것이다. 養氣의 측면에만 치우쳐 있는 사람은 반드시 性을 해치는데 이르게 되니, 老莊의 도리가 바로 이러한 것이다.[39]

그러니까 인간의 심성은 理·氣 양자를 포함하고 있고, 理는 도덕적 이치와 연결되나 스스로는 동작할 수 없고, 氣는 욕구의 주체가 되고 스스로 동작할 수 있다는 가설로부터 退溪의 老·莊 비판은 전개된다. 유학은 이런 인간 심성 중의 理를 구현하고자 하는데 주력한다. 그런데 理 스스로는 동작할 수 없으므로 理의 구현을 위해서는 氣를 양육할 수밖에 없다. 그리하여 理가 氣에 의해 구현될 수 있도록 꾀하여야 한다. 그러나 그것은 氣를 양육함으로써 가능하여질 수 있는 것은 아니다. 理를 구현하고자 할 때 氣의 양육이 가능하여지고, 理에 중점을 둘 때 氣가 理의 실현을 방해하지 않게 되는 것이라는 말이다. 그리하여 유학은 理에 중점을 둠으로써 氣를 양육하여 氣가 욕망의 성질을 버리고 理의 주도에 따라 스스로를 조절할 수 있게 되기를 꾀한다. 그리하여 理가 氣에 의해 구현될 수 있게 된다는 것이다. 물론 이러한 유학은 程伊川·朱子 등의 程朱學 계열에 의하여 대표되는 유학이다.

退溪는 老·莊으로 대표되는 이른바 道家思想은 理를 중시하는 것이 아니라 氣를 중시한다고 본다. 그점은 朱子에 의해서도 지적된 것이다. 그리고 이것은 사실이다. 老·莊의 체계 속에서는 理는 물론이고, 理의 성격을 띠는 것은 존재하지 않는다. 있다면 陰·陽의 두 氣가 있을 뿐이다. 老·莊의 체계 속에

39) 退溪全書 卷一, p.335.「人之一身, 理氣兼備, 理貴氣賤, 然理無爲而氣有欲, 故主於踐理者, 養氣在其中, 聖賢是也, 偏於養氣者, 必至於賊性, 老莊是也.」

서 우주의 생성변화를 주도하여 가는 주체는 오직 氣일 뿐이다. 老·莊의 우주론 체계에서는 氣 외에는 아무것도 존재하지 않는다. 혹여 理가 있다면 그것은 氣밖에 따로 존재할 수 있는 것이 아니라 氣가 움직이고 유행하는 질서로서 氣속에 놓여져 있을 뿐이다. 이 氣는 스스로의 운행 질서와 흐름을 갖는다. 그 운행질서와 흐름은 세계 내의 모든 氣들이 총체적으로 작용하여 결정된다. 그런데 개체를 구성한 氣는 구체적으로는 한 개체로서의 특수성과 연결되어 존재한다. 물론 그러한 개체로서의 특수성은 근원적으로는 전체로서의 총체적 氣의 질서 위에 위치한다. 따라서 氣는 일단 이러한 이중적 차원에서 그 성격이 규정되게 마련이다. 전체적인 측면과 부분적인 측면, 총체적인 질서와 개체적인 질서 등의 이중적 특징을 갖게 마련이라는 말이다. 그런데 일체는 총체적인 질서, 전체적인 측면에 의해서 결정된다. 개체는 다만 그러한 총체적·전체적 질서 위에서만 그 특수성이 보장되는 것이다. 물론 총체적인, 또는 전체적인 질서가 개체를 떠나서 어디 따로 존재하는 것은 아니다. 그것은 개체적인 것들의 총합으로서만 존재한다. 그러나 그 개체적인 것의 총합으로서의 전체적·총체적인 질서는 어떤 개체의 의지나 의욕에 의해서 좌우될 수 있는 것은 아니다. 그 총체적·전체적 질서에 이탈하고서는 그 생명력이 보존될 수 있는 개체란 어디에도 존재하지 않으므로, 오히려 일체는 총체적·전체적인 흐름에 의해 결정된다고 할 수 있는 것이다.

따라서 문제는 어떻게 그 총체적·전체적 질서 위에 위치하느냐 하는 것에 전적으로 놓여진다. 그것은 구체적 개체성에 좌우되는 개체를 구성한 氣가 얼마나 순수한 본래의 자기 모습을 지키느냐 하는 것에 의해 결정된다. 氣는 원래 어떤 무엇에 소속되어 있는 것이 아니다. 따라서 그것이 의지·의욕의 주체라 하더라도, 그러한 의지나 의욕이 어떤 무엇을 위하여 행사될 수는 없다. 본질적으로는 분명히 그러하다. 그러나 氣는 항상 어떤 흐름, 어떤 추세 속에 놓여 있으므로 궁극적으로는 그러한 흐름이나 추세의 결과로 어떤 개체인가를 구체적으로 구성하게 마련이다. 그리하여 어떤 개체를 구체적으로 구성한 氣는 자신의 욕구하여야 할 주체를 갖게 되므로 그 욕구하는 기능, 의지를 구성하는 기능이 그 구체적 존재를 대상으로 하여 표출될 수 있게 된다.

그런데 하나의 구체적인 개체가 전체서의 흐름 위에서 구체적 개체성을 형성한다고 한다면 하나의 존재의 본질은 무엇에 의하여 결정되는 것일까? 道家哲學者들은 하나의 존재의 본질은 그 전체성의 차원에서 결정되고, 그 구체적 개체성은 개체의 특수성을 결정한다고 본다. 그리고 하나의 존재의 본질성이 충족될 때, 그 존재 나름의 특수성이 발현될 수 있다고 말한다. 그러나 그 逆은 성립하지 않는다. 하나의 존재의 특수성이 충족될 때는 그 존재의 본질성은 발현되는 것이 아니나. 그것은 개체의 특수성이 장애요인으로 작용하여 총체적 흐름의 질서에 순응하여 가는 것을 방해하기 때문이다. 그러므로 문제는 개체를 구성한 氣가 그 주체의 특수성에 구속당하지 않게 하는 것이다. 그리하여 氣가 비록 형체상으로는 개체의 구체적 존재내면에 국한되어 있지만, 내용상으로는 그 총체적 질서를 구현할 수 있게 하여야만 한다. 그리할 때 개체의 개체성도 온전히 발현되고, 그 생명력도 잠식당하지 않게 된다고 道家는 말하는 것이다.

만약에 道家思想에서 養氣가 말하여진다면 그것은 이러한 차원에서 설명될 수 있을 것이다. 養氣는 氣가 개체적 특수성으로부터 자유롭게 하여 그 전체적 본질성을 발현할 수 있게 하는 목적을 지니는 것이라는 말이다. 이것은 退溪식으로 말하자면 理의 질서를 구현하는 것이 된다. 물론 退溪가 보는 理란 氣 밖에 실체성을 갖는 독립적 존재로서 놓여지는 것이고, 道家에서 理를 말할 때에 그것은 氣 속에 그 흐름의 질서로서 간직되는 것으로 이해하여야 한다는 점은 어떤 경우에도 망각하여서는 아니 된다.

退溪는 理와 氣를 보는 시각을 道家의 그것과는 달리한다. 退溪는 그 시각을 張横渠·程伊川·朱子에게서 이어받는 것이다. 張横渠가 性을 天地之性과 氣質之性으로 나누고, 程伊川·朱子가 그러한 구분을 수용하게 되면서 심성의 2원성은 理·氣의 문제로 설명될 수 있는 기틀이 마련된다. 즉, 理의 순수한 구현은 도덕적 결과에로 이끌어지고, 氣에 의해 理의 구현이 방해받았을 때 惡德이 연출된다는 사고방식이 유행하게 되는 것이다. 이것은 인간의 도덕적 부정을 온전하게 氣의 몫으로 돌리는 것으로, 전통적으로 모든 우주론 체계를 홀로 떠받들어 오던 氣에게 있어서는 상당한 충격이 아닐 수 없는 일이다.

氣가 이렇게 그 위치를 상실하고 有欲의 주체로서의 성질을 확보하게 되는 主理論者의 입장에서 보면 온전히 養氣만을 주장하는 道家思想이야말로 인간의 욕심을 조장하는 것에 지나지 않게 여겨질 수밖에 없을 것이다. 程伊川과 朱子의 체계를 그대로 이어받아 그 主理的 입장을 보다 강화하는 退溪에 있어서는 더 말할 나위도 없다. 그러므로 退溪는 이른바 養氣라 하는 것은 인성의 본질속의 理의 측면을 억제한다는 이야기인 것이다. 退溪는 이렇게 道家思想이야말로 人性에 해를 가져다주는 것이라고 이해한다. 朱子가 도가사상이 人倫을 해친다고 말하였던 것과 맥을 같이 하는 평가라고 하겠다.

## 2. 불교사상에 대한 退溪의 태도

隋·唐 時代는 누가 뭐라 해도 佛敎의 시대이다. 性理學은 이 불교의 시대를 극복하고 잉태되어 나오는 것이다. 물론 性理學의 역사를 여는 주요한 사람들 중에는 불문과 교통하고 있는 사람들이 많았다. 性理學의 역사는 직접적으로는 송대의 유학자들로부터 열린다. 그러나 그 씨앗은 그 이전부터 뿌려지는 셈이다. 불교는 중국에 後漢時代에 들어온다고 공인되어 있다. 후한 明帝 재위 중에 불교는 중국에 들어온다고 한다. 그러나 정확하게 어느 해에 수입되는지는 알려지고 있지 않다.[40] 佛敎는 魏·晉·南北朝 時代를 거치면서 道家와 심각한 투쟁을 겪고, 隋·唐 시대에 이르러서 중국 학술계의 정점을 장악한다. 수·당 시대는 중국불교사의 최정점을 이루는 것이다. 그리고 이 시기에 유학의 복고 운동의 씨앗이 뿌려진다. 韓愈의 작업이 바로 그것이다. 韓愈의 유학에로의 복고 운동은 그 道統論的 사고방식 때문에 필연적으로 불교 배척, 이단 배척의 측면에서 전개될 수밖에 없는 것이었다. 韓愈은 후한 때 불교가 중국에 들어오기 이전에 중국은 불교가 없었어도 이상적인 사회가 구현되었다고 하는 입장에서 불교 비판에의 시각을 확보한다. 그리고 불교가 이른바 중국과는 언어·풍속·윤리를 달리하는 정신문화의 소산이라는 점을 강조한다. 그러니까 韓愈의 불교비판은 이러한 두가지 시점에서 전개되는 셈이다.

韓愈은 이렇게 말한다.

佛은 夷狄의 법 중 하나이다. 그것은 後漢 때에 중국에 유입된다. 上古 시대에는 중국에 이것이 없었다. 옛날에 黃帝는 100년 동안

40) 湯錫予撰, 漢魏兩晉南北朝佛教史, p.16. 참조

재위하였는데 나이는 110살이었고, 少昊는 재위 80년에 나이는 100살이었고, 顓頊은 재위 79년에 나이는 98세였고, 帝嚳은 재위 70년에 나이는 105세였고, 帝堯는 재위 98년에 나이는 118세였고, 帝舜과 禹도 나이가 100살이나 되었다. 이때는 천하가 태평하고 백성은 안락하고 다들 오래 살았으나 중국에는 아직 불교가 들어오지 않았었다.41)

불교가 없었어도 사람들은 다들 오래 살고, 안락한 생활을 즐겼으며, 천하는 태평하였다는 것이다. 그러니까 굳이 불교를 가지고 천하를 태평하게 하고, 백성들에게 안락을 주려 할 필요는 없다는 이야기가 된다. 고래의 중국 전래의 정신을 가지고도 얼마든지 천하는 태평하여 질 수 있고, 백성들은 안락을 누릴 수가 있다는 이야기가 되는 것이다. 그러한 고래의 중국정신은 韓愈에 의하면 그대로 유학으로 이어지는 것이다. 따라서 저 상고시대의 천하의 태평, 백성들의 안락도 유학정신의 구현으로부터 기인되는 것이다. 그러므로 상고시대의 정신에로, 유학정신에로 복귀하여야 한다는 논리가 성립된다. 굳이 夷狄의 도리를 펴고자 노력할 필요가 없다는 것이다. 그리하여 韓愈는 <佛骨表>를 지어서 부처의 사리를 궁중에 반입하는 것을 극구 만류한다. 그는 부처의 사리를 '마르고 썩은 뼈'·'흉하고 더러운 찌꺼기'라고 표현한다.42) 불교시대의 정점에서, 궁중에 부처의 사리를 반입하여 친관하려는 군왕 앞에서 이러한 말을 한다는 것은 韓愈가 얼마나 불교에 대한

41) 昌黎先生集 三十九, 論佛骨表. 「……佛者夷狄之一法耳. 自後漢時流入中國. 上古未嘗有也. 昔者黃帝在位百年, 年百一十歲 : 少昊在位八十年, 年百歲 : 顓頊在位七十九年, 年九十八歲, : 帝嚳在位七十年, 年百五歲 : 帝堯在位九十八年, 年百二十八歲 : 帝舜及禹年皆百歲. 此時天下太平, 百姓安樂, 壽考, 然而中國未有佛也.」

42) <佛骨表> 中에서 韓愈는 부처의 사리를 「枯朽之骨」·「凶穢之餘」라고 表現한다.

철저한 혐오감을 갖고 있는지를 알 수 있게 하는 부분이다. 이 <佛骨表> 속에서 韓愈는 불교가 기본적으로 중국과는 다른 문화적·정신적 풍토 위에서 성립된 것임을 이러한 말로 밝혀 놓는다.

무릇 부처는 夷狄의 사람으로서 중국과는 언어도 서로 통하지 않고, 의복도 서로 다르다. 입으로는 先王의 法言을 말하지 못하고, 몸에는 先王의 法服을 입지 않는다. 君臣의 의리와 父子의 정리를 알지 못한다.43)

불교의 내적 구조가 어떠한 것이든 간에 그것은 중국정신과 중국의 풍속을 반영하지 않는 것이며, 따라서 중국에는 맞지 않는다는 식의 논리인 것이다. 그러니까 韓愈의 의식은 중국적인 것에 집중되어 있고, 그 중에서도 유학적인 것에 편중되어 있다고 하겠다. 그리고 또한 韓愈는 불교가 인간의 윤리를 반영하지 못한다고 보는 것이다. 이른바 도통론적 사고방식과 윤리의식을 가지고 韓愈는 불교를 비난하고 배척하는 셈이다.

이와 같은 韓愈의 불교배척은 송대 성리학자들의 불교 배척의 선구가 되고, 退溪의 불교배척의 원인이 된다. 물론 退溪에 있어서는 또 하나의 요인이 여기에 보태지기도 한다. 그것은 고려와 조선 사이의 관계이고, 고려의 불교숭상과 조선의 불교배척이라는 역사적 맥락으로부터 기인하는 보다 강도 높은 불교 배척의 흐름이다.

(1) 宋王朝 時代 性理學者들의 불교사상에 대한 태도

宋學의 시원을 여는 周濂溪의 ≪太極圖說≫이나 ≪通書≫ 속에는 불교에 대한 견해가 나타나지 않는다. 그러니까 周濂

43) 昌黎先生集 三十九, 論佛骨表. 「夫佛本夷狄之人, 與中國言語不通, 衣服殊製. 口不言先王之法言, 身不服先王之法服. 不知君臣之義, 父子之情.」

溪의 의식 속에는 구체적으로는 이단에 대한 의식이 없었고, 이단을 배척하여야 할 필요도 느끼지 못하였다고 할 수 있겠다. 그에게 있어서는 도가사상과 마찬가지로 불교사상도 그의 유학에 대한 나름대로의 시각을 확보하는데 자양분을 제공하여 주는 것이었다. 이러한 것들에 의해 영향을 받은 결과 그는 유학에 접근하여 가는 새로운 시각을 확보하는 것이다. 그러나 邵康節에 있어서는 또 이야기가 달라진다. 앞에서도 우리가 살펴보았지만 邵康節은 老·莊 사상에 대해서는 상당히 우호적인 평가를 한다. 老·莊의 인물과 학문적 성취를 상당히 높게 보는 것이다. 그러나 불교사상에 대해서는 邵康節은 그러한 입장을 표명하지는 않는다. 그는 불교가 인간의 윤리를 저버렸다는 점을 통박한다.

불씨(佛氏)는 군신·부자·부부의 도리를 저버렸으니 어찌 자연스러운 이치라고 말할 수 있겠는가?44)

邵康節의 말이다. 이러한 입장은 물론 邵康節의 이 말 속에서만 나타나는 것은 아니다. 이것은 불교를 비판하는 모든 사람에게서 다 살펴질 수 있는 말이다. 이른바 윤리의식의 결핍이라는 것을 통하여 불교는 가장 커다란 타격을 받는 것이다. 물론 이것은 불교의 전부는 아니다. 이것은 불교의 종교적 측면만을 비판의 대상으로 삼는 것이라는 말이다.

종교는 인간에 봉사하는 것이라는 궁극의 목표를 갖는 것이기는 하여도 직접적으로는 神에 봉사하는 것임을 부인할 수 없다. 神에 봉사하는 종교의 체계는 직접 그 종교를 이끌어가는 집단을 필요로 한다. 이른바 승려계층이 바로 그것이다. 그런데 이 승려계층들은 직접 神에 봉사하는 일을 주관하여

44) 邵康節, 皇極經世書六, 觀物外篇下. 「佛氏棄君臣·父子·夫婦之道, 豈自然之理哉?」

나가는 사람들이므로 일단 超人間的·出世間的 위치를 확보하는 것이 요청된다. 이것은 비단 불교에게서만 찾아질 수 있는 부분은 아니다. 이것은 사실 모든 종교 속에서 찾아질 수 있는 부분이다. 고급 종교 속에서는 더욱 그러하다. 그러나 종교는 이러한 측면만을 갖는 것은 아니다. 모든 종교는 모든 사람들을 다 승려로 만들기를 원하지는 않는다. 종교는 승려들에 의해 이끌어 지지만 완전히 승려들의 것만은 아닌 것이다. 종교는 세속의 신도들을 갖는 것이다. 종교는 이러한 이중적 체계에 의하여 움직여진다. 승려의 체계와 신도의 체계의 2원 체계를 우리는 어떤 종교에서나 확인할 수 있다. 승려의 체계와 신도의 체계 양자는 똑같이 다 중요한 것이다. 불교도 역시 그러하다. 불교가 出家를 말하며, 出家한 승려들은 군신·부자·부부의 인연을 끊어버리기를 요구한다고 하더라도, 그것은 승려들의 세계에 한한 것이지 신도들의 세계에까지 일원화 될 수 있는 것은 아니다. 신도들의 세계 속에서는 세속적 질서와 세속적 원리의 구현이 역시 중요시되는 것이다. 이러한 점은 서로 혼동되어서는 아니 된다.

이러한 邵康節의 비판은 외형상에서의 불교 비판에 지나지 않는 것으로 사실상 거의 모든 불교 비판이 이러한 점에 집중되어 있는 것을 우리는 볼 수 있다. 그런데 張橫渠의 ≪正蒙≫에 이르면 邵康節의 그것보다 한결 발전적인 불교 비판의 시각이 나타난다.

張橫渠의 비판은 원리적인 측면에서 행하여진다.

> 儒者는 이치를 궁구하여 率性을 道라 할 수 있다. 부처는 이치를 궁구하지 못하고 자기 멋대로 性이라 함으로써 그것을 이끌어서 행할 수 없는 說이 되었다.45)

---

45) 張橫渠, 正蒙一. 「儒者窮理, 故率性可以謂之道, 浮圖不知窮理, 而自謂之

유가는 窮理를 통하여 그 이론을 구축한 것이고, 불교는 窮理도 않고 멋대로 꾸며낸 이론이라는 이야기이다. 따라서 유자는 그 이치가 실제와 같으므로 실천궁행이 가능하여 지지만 불교는 그것이 실제와 같지 않으므로 실천궁행이 불가능하여 진다는 이야기이다.

張橫渠의 이러한 불교관은 다음의 일절 속에서 보다 분명하여진다.

釋氏는 天命을 제대로 알지 못하여 心法으로 천지가 생겨나고 사라지고 한다고 보았다. 작은 것으로부터 큰 것이 緣起한다 하고, 支末로부터 根本이 因緣한다고 하여 그 이치를 窮究하지 못하고 헛된 망상이라 하였으니 진실로 의심이 많다고 하겠다.46)

우리가 다 알고 있듯이 儒家는 天理를 객관적 실체로서 인정한다. 그것은 荀子계열을 제외한 대부분의 유학자들이 다 그대로 승인하는 점이다. 儒學이 天理를 객관적 실체로 승인한다는 것은 무슨 의미인가? 그것은 天理가 우리들 인간의 역사나 문화, 인간적 의식 속에서 창조된 것이 아니라, 인간의 의식과는 무관하게 거기 실체로서 놓여져 있는 것임을 의미한다. 그런데 張橫渠가 보기에 불교는 이 점에서 오류를 범하고 있는 것이다. 天理의 실체성을 보지 못하고 그것이 단지 마음이 만들어내는 환상이라고 말한다는 것이다. 그러니까 張橫渠는 儒學은 天理의 본질을 파악하고 있는 사상체계이지만 불교는 천리의 본질을 파악하지 못한 사상체계라고 말하는 것이다.

---

性, 故其說不可推而行.」

46) 張橫渠, 正蒙一. 「釋氏不知天命, 而以心法起滅天地, 以小緣大, 以末緣本, 其不能窮, 而謂之幻妄, 眞所謂疑冰者歟.」

程明道에 있어서도 불교는 진리를 말해 주는 것이 못된다. 張橫渠가 불교는 전적으로 진리를 보지 못한 것이라고 말하는 반면에 程明道는 그렇게 불교체계의 전체가 다 거짓이라고 말하지는 않고 다만 진리의 어떤 한 측면만을 보고 있다고 말하는 차이는 있지만, 기본적으로 이 양자가 불교를 보는 시각은 어느 정도 근사한 것이라고 하겠다.

程明道는 이렇게 말한다.

> 釋氏가 말하는 道는 대롱을 가지고 하늘을 보는 것과 같아서 다만 똑바로 위만을 볼 뿐이다. 오직 한쪽만을 볼 뿐 사방을 다 보지는 못하는 것이다. 그러므로 대개 事實에는 능할 수 없는 것이다. 聖人의 道는 평야 한가운데 서서 사방을 다 보지 못함이 없는 것과 같다.[47]

聖人의 道, 儒學은 총체적인 도리이고, 불교는 一偏的인 도리라는 이야기이다. 그러니까 程明道에 의하면 불교는 진리의 일변만을 보고 있는 협소한 체계일 따름이다. 진리의 형이상학적인 일면만을 본다는 것이다. 이 점은 다음의 구절 속에서 분명하여진다.

> 釋氏는 본래 인생(生死)을 좋게 보는 것(利)을 두려워한다. 이것이 어찌 公道이겠는가? 오직 上達에만 힘쓰고 下學의 측면은 없으니 그 上達의 측면이 어찌 옳을 리가 있겠는가?[48]

程明道는 불교를 上學, 즉 원리적인 측면에 있어서만 의미를 지니는 것으로 간주하는 것이다. 그러나 程明道도 말하고

---

47) 二程全書 卷十三, p.96. 「釋氏說道, 譬之以管窺天, 只務直上去, 惟見一偏, 不見四旁. 故皆不能處事. 聖人之道, 則如在平野之中, 四旁莫不見也.」

48) 二程全書 卷十三, p.96. 「釋氏本怖死生爲利, 豈是公道, 唯務上達而無下學, 然則其上達處豈有是也?」

있듯이 현실적인 의미를 갖지 못하는 원리적인 측면이란 실제에 있어서 아무 의미도 없는 것이다. 인간의 삶과 생활을 떠난 원리, 실제적인 의미가 단절된 형이상학이 어찌 존재할 수 있을 것인가? 특히 인간적인 삶과 생활의 의미를 강조하는 儒學者에게 있어서는 더 말할 나위가 없는 일이다. 만약 인간을 떠난 형이상학이 존재한다고 하면 그것은 물론 비판 받아 마땅할 것이다. 그러한 형이상학이라면 존재하지 않느니만 못할 것이기 때문이다. 그러나 결국 불교도 인간적인 삶을 거부하고, 생활의 실제적인 의미를 차단하고 있는 화석화된 형이상학 체계는 아니다. 불교도 우리 인생의 진실을 어떻게 하면 순수한 형태로 전적으로 그려낼 수 있을까 하는 목적을 지니는 것이고, 그런 까닭에 불교 사상도 진실로 인간에 봉사하고자 하는 것이라는 말이다. 다만 그러한 인간적 진실을 이해하는 시각이 다르고, 그러한 인간적 진실을 구현하여 내는 방법과 수단이 다를 뿐인 것이다.

佛敎에 대한 유학자의 반응은 程明道 쪽에서 보다는 程伊川 쪽에서 한결 풍부한 모습을 보인다. 程伊川에 의하면 우리는 이 시대가 얼마나 불교사상이 극성을 부렸던 시기인지를 확연히 알 수 있다.

문 : 세상의 학자들이 禪에 심취하는 사람이 많은 이유는 무엇입니까?

답 : 오늘날의 사람들은 학문을 하지 않는 사람이면 그만이지만, 학문을 하려는 사람이라면 禪에 귀일하지 않는 사람이 없다.49)

위에서 알 수 있듯이 불교, 특히 禪은 程伊川의 시대에 있어서 배움에 목적을 두는 사람들에게 상당히 매력이 있었던

---

49) 二程全書 卷十八, p.134. 「問 : 世之學者, 多入於禪, 何也? 曰 : 今人不學則已, 如學焉未有不歸於禪也.」

학문체계였던 것이다. 그리하여 禪學을 중심으로 하는 불교는 당대의 어떤 다른 사상 유파보다도 많은 고급인력을 확보한다. 그리하여 고도의 현학적인 지식의 체계로서의 불교가 말하여지곤 하였던 것이다. 伊川은 이 점을 '高明之人'에 의한 '知者過之'의 작업으로 이해한다.[50] 高明之人이란 ≪中庸≫의 이른바 高明과 의미의 연속을 갖는 것은 아니다.[51] 여기서의 高明이라 하는 것은 현학적이기만 한 사람을 의미한다. 인간의 실제적 삶의 영역과는 떨어져 있는 高明이고, 따라서 그러한 사람에 의하여 말하여지는 것 역시도 인간의 진실을 반영하지 못하는 지식의 체계에 지나지 않는 것이다. 程伊川은 당시 불교의 고도로 발전된 현학적인 논리체계를 이러한 시각에서 이해하는 것이다.

불교에 대한 程伊川의 반응은 두가지 방향에서 전개된다. 그 하나는 불교의 이론이 유학과 같은 점을 부각시킴으로써 불교의 의미를 약화시키고 그것을 유학으로 대체하고자 하는 것이다. 다른 하나는 직접적으로 불교 논리의 모순과 결함을 유학적 시각을 원용하여 통박하는 것이다.

먼저 전자에 대해서 알아보자.

> 불교사상의 중점은 한 마디로 萬理는 하나에로 귀일한다는 점이다.[52]

이것은 이른바 '理一分殊說'과 같은 맥락 위에서 불교사상

---

50) 二程全書 卷十八, p.134. 「今之學釋氏者, 往往皆高明之人, 所謂知者過之也.」

51) ≪中庸≫에서 '高明'은 '天'의 원리의하나로써 '最高性'·'明察性'을 의미한다. 즉, '가장 밝은 지혜'라 하겠다. 그것은 그러니까 「知者過之」와 연결될 수 있는 것은 아니다.

52) 二程全書 卷十八, p.133. 「只爲釋氏要周遮, 一言以蔽之, 不過曰萬里歸於一理也.」

에 접근하여 가는 것이라고 하겠다. 이러한 맥락 위에 서는 것으로는 불교의 '一宿覺'·'言下覺' 등의 개념을 孟子의 '先知覺後知'·'先覺覺後覺'과 일치시키는 것 등을 들 수 있다.[53]

그러면 직접적으로 불교 이론을 비판하고 있는 부분을 살펴보자.

먼저 외형상의 불교 비판을 보자. 이 점은 누구에게서 말하여 지든지 그 윤리적인 측면, 특히 가정 윤리적 측면에서 불교가 결핍요소를 갖는다는 점이 가장 먼저 지적되는데, 程伊川에게 있어서도 역시 마찬가지이다.

程伊川은 出家, 出世라는 것이 있을 수 없는 일이라고 말한다. 그에 의하면 가정은 버릴 수 있는 것이 아니다. 그는 어찌 부모를 버리고 도망할 수 있는 것인가고 반문한다.[54] 그는 또 佛徒는 부모를 버리고 입산하여 성불한다고 하지만 만약에 儒者가 그러하다면 부모를 버리는 순간에 죽임을 당하는데 어찌 성불할 수 있겠느냐고도 말한다.[55] 가정윤리를 최우선으로 하는 儒學者로서는 당연한 반문이라 하겠다. 이상이 出家에 대한 반론이라고 하면 出世에 대한 반론은 또 어떻게 제기될 수 있을까? 程伊川은 사람이 일단 태어나면 사회 속에서, 국가 속에서 살아갈 수밖에 없는 것이라고 믿는다. 그는 일단 우리가 皇天과 后土를 버릴 수는 있으나 끝까지 그것으로부터 떠나 살 수는 없는 것이라고 말한다. 끝내는 갈증에 목말라 하듯이 사회와 국가를 찾아 돌아오게 마련이라는 것이다.[56]

---

53) 二程全書 卷十八, p.134. 「問 : 釋氏有一宿覺, 言下覺之說如何? 曰 : 何必浮圖. 孟子嘗言覺者會; 曰 : '以先知覺後知, 以先覺覺後覺'·知是知此事, 覺是覺於理.」 이상에서 '一宿覺'·'言下覺'은 頓悟를 의미한다.

54) 二程全書 卷十八, p.133. 「家本不可出, 却爲他不父其父, 不母其母, 自逃去因可?」

55) 二程全書 卷二十一上, p.183. 「若儒者之道, 則當逃父時, 已誅之矣, 豈能俟其成佛也.」

56) 二程全書 卷十八, p.133. 「至於世則, 怎生出得旣道, 出世除是, 不載皇天,

가정윤리의 연장에서 사회윤리를 보고, 혈연집단의 확대판으로써 사회집단을 보는 유학자 程伊川의 생각의 일단을 우리는 여기에서 확인할 수 있을 것이다.

이 외의 程伊川의 불교 비판의 대강을 소략하게 더듬어보면 대강이러하다.

불교는 自私自利의 측면에 스스로를 국한시킨다.57)
불교는 是非를 망각한 자리에 위치한다.58)
불교는 인생 전체를 무의미한 것으로 간주한다.59)

이러한 등등의 것들이 伊川의 불교비판의 주조를 이루는 것들이다.

이 외에 우리가 또 하나 간과할 수 없는 것은 불교와 伊川 사이에 가로 놓여 있는 理라는 개념의 의미의 차이이다. 우선 伊川의 말을 살펴보자

문 : 釋氏에게는 理의 장애에 대한 설이 있는데 그것은 무슨 뜻입니까?

답 : 釋氏에게는 이러한 설이 있다. 이미 理를 밝게 안 다음에도 또 理에 대한 집착이 있으므로 理의 장애라 하는 것인데, 이는 理字를 잘못 본 것이다. 천하에는 다만 하나의 理만이 있을 뿐이다. 이미 이 理를 밝게 깨쳤다면 어찌 다시 장애가 있겠는가? 만약 理가 장애가 있다면 이 理는 이미 진짜 理와 다른 것이다.60)

위에서 알 수 있듯이 程伊川이 말하는 理의 개념과 불교의

---

不履后土, 始得然, 又却渴飮而飢食, 載天而履地.」

57) 二程全書 卷十五, p.104. 의 下面 참조
58) 二程全書 卷十九, p.177. 의 上面 참조
59) 二程全書 卷十八, p.134. 의 上面 참조
60) 二程全書 卷十八, p.134. 「問 : 釋氏理障之說. 曰 : 釋氏有此說. 謂旣明此理, 而又執持是理, 故爲障, 此錯看了理字也, 天下只有一箇理, 旣明此理, 夫復何障? 若以理爲障, 則是已與理爲二.」

理 개념은 서로 다르다. 程伊川이 말하는 理는 어떤 다른 개념과 대립되는 理가 아니라 인간적 삶의 본질로서의 의미를 지닐 수 있는 實理이다. 그러나 불교의 理는 事 개념과 대립되는 理이다. 그러니까 불교에서는 事法界가 부정된 다음에 理法界가 말하여지는 것이다. 事法界와 理法界는 상호 대립되는 개념인 것이다. 事法界는 눈앞에 펼쳐지는 모든 것, 존재세계의 모든 것이 그대로 實有라고 인정하는 것이다. 그러므로 그것은 일체에 대한 집착을 가능하게 한다. 불교는 이러한 집착으로부터 벗어나기 위해서 다음단계에 가서 그 일체의 실체성을 부정하는 논리를 전개시킨다. 그것이 바로 理法界이다. 理法界는 事法界의 부정의 형식으로 나타나는 것이기에 事의 영역을 포함하지 못한다. 그러니까 實有는 事외에 존재하게 되는 것이다. 그런데 理의 영역이 이렇게 事에 대립되는 實有로서 존재한다면 그것 또한 확실한 주체를 갖게 되므로 집착의 대상이 된다. 그리하여 현상의 의미를 전적으로 부정하게 되는 것이다. 이러한 상황에서 벗어나기 위해 불교는 제3의 단계를 제시한다. 理事無碍法界가 바로 그것이다. 현상계와 현상계를 초월한 본체계를 동시에 인정하는 것이다. 그러므로 현상세계의 진실성도 인정되고, 본체세계의 진실성도 인정되게 된다. 현상이 곧 본체요, 본체가 곧 현상이라는 주장인 것이다. 그러나 그럼에도 불구하고 현상계와 본체계는 서로 다른 두 영역이다. 그러니까 현상과 본체 사이에는 엄연한 간격이 존재하는 것이다. 여기서 한걸음 더 나아가면 그러한 구분조차 완전히 불식되는 事事無碍法界가 열린다. 이 세계에 이르면 현상과 본체는 구분되는 양 측면이 아니다. 현상 외에 또 다른 어떠한 것도 존재하지 않는 것이다. 현상이 본체의 어떤 모습을 반영하는 그러한 식의 융합이 아니라 현상 그 자체가 바로 본체이고, 현상 외에 또 다른 세계는 인정하지 않

는 것이다. 그러니까 결국에 있어서 事事無碍法界는 事法界로 복귀한 것이라 하겠다. 다만 事-理-理事無碍-事事無碍의 제 단계를 거치면서 모든 집착심이 제거되고, 모든 집착의 가능성이 제거된 空으로서 事事無碍法界가 존재한다면, 事法界는 집착의 대상이 되는 實有로서 존재하는 차이가 있다고 하겠다. 물론 이 모든 것들은 심리적인 차원의 것들임을 부정할 수는 없다.

그러니까 이러한 불교에 있어서의 理는 이른바 장애를 갖는 理이고 다음의 단계가 요구되는 理이다. 이러한 장애는 事事無碍法界에 가서야 제거된다. 불교의 理는 事와 대립되는 理이며, 심리적인 차원에서 만들어지는 理이다. 유학의 理, 程伊川의 理는 事속에 들어와 있는 理이며, 다음의 단계가 요청되는 것이 아니라 최종적인 것이며, 실체로서 존재하는 理이다. 이러한 점에서 양자는 서로 의미내용을 달리하는 것이다. 그러니까 程伊川이 불교의 理를 이해할 수 없었다는 것은 당연하다고 하겠다.

그러므로 만약에 우리가 儒學의 理와 佛敎의 어떤 개념을 비교하고자 한다면 그것은 理가 대상이 되는 것이 아니라 空이 대상이 되어야만 한다. 朱子가 그렇게 하듯이 말이다.

朱子는 이렇게 말한다.

> 儒와 釋은 性을 말함에 있어서 서로 의미를 달리한다. 釋家는 다만 空을 말할 뿐이고, 儒家는 實을 말한다. 釋은 無를 말하고, 儒는 有를 말한다.61)

이렇게 朱子에 있어서는 佛敎의 空과 儒學의 實이 대비되며, 불교의 無와 유학의 有가 대비되어 이해된다. 朱子에게

---

61) 朱子語類 卷一二六, 釋氏, p.770. 「儒釋言性異處, 只是釋言空, 儒言實, 釋言無, 儒言有.」

있어서 유학의 實은 理를 포함하는 것이다.

朱子가 이해하기에 불교나 유학이나 심성의 虛靈함을 꾀한다는 점에서는 차이가 없어서 마음을 비우는 것을 다 공통의 목표로 삼지만, 유학은 마음을 虛靈하게 함으로써 實理를 포착하고, 현실세계가 이치를 갖춘 세계로서 우리들 앞에 놓여지게 하는 반면, 불교는 심성의 空寂함에만 머무는 심성의 虛靈을 추구하여, 마음뿐만 아니라 대상까지도 비워버린다는 것이다.

朱子의 불교 이해는 상당히 포괄적이고 심도 깊다. 朱子의 글 속에서 우리는 소략학게나마 불경들에 대한 나름대로의 평가가 진행됨을 볼 수 있다. 朱子의 말에 의하면 중국에는 최초에 불교의 제 경전 중에서 ≪四十二章經≫밖에 없었는데 그 체계가 상당히 소략하였다.62)

그러한 것이 중국의 文士들에 의해 老·莊의 말과 사상이 부가되어 점점 체계도 풍부하여지고 의미도 심오하여졌다고 한다. 朱子는 중국에서 불교가 그 역사를 통하여 몇 번의 중요한 변모를 겪는다고 본다.

불교는 중국이 허약해진 틈을 타고 廣大自勝의 說과, 幻妄寂滅을 주장하는 論을 가지고 중국에 들어온다. 처음 그것은 스스로 齋戒하는 것을 중심으로 삼다가 義學쪽으로 변모한다. 저 옛날의 支道林의 불교 같은 것이 다 義學으로서의 불교이다. 그러나 그것은 단지 莊子의 說을 도용한 것일 뿐이다. 지금까지 전하여지고 있는 肇法師가 지었다는 ≪肇論≫중에는 <四不遷之說>이 있다. 日月은 하늘을 돌아다니지만 진실로 돌아다니는 것이 아니고(不周), 江河는 다투어 흐르나 진실로 흐르는 것이 아니고(不流), 野馬는 거칠게 뛰어오르나 움직이는 것이 아니고(不動), 山嶽은 드러누워서 항상 움직이지 않는다는(常靜) 것이 그것이다. 이 네 구절은 다 한 가지 뜻을 드

62) 朱子語類 卷一二六, 釋氏, p.767의 上面 참조.

러내 주는 것으로 그것은 動 중에 항상 靜이 있다는 것이다.…… 이는 齋戒를 중심으로 하는 불교의 學이 변해서 저 일반적 도리를 이끌어낸 것이다. 達磨가 중국에 들어오게 되면 또 이러한 불교의 모습이 변모되어 허다한 정형화된 설들이 새롭게 해석되어 禪의 시대가 도래한다.63)

이상의 불교의 역사를 보는 朱子의 시각이다. 그러니까 불교는 처음에는 齋戒學으로 중국에 들어오는데, 이 몸과 마음을 정제하는 것을 목적으로 하는 수양불교·실천불교·계율불교는 곧 원리불교·이론불교로 바뀐다. 그런데 이렇게 불교의 원리를 이론적으로 추구하여 가는 작업은 老·莊사상의 그늘 아래서 행하여진다는 것이다. 그러니까 朱子는 중국불교의 원리체계를 온전히 道家의 것으로 간주하는 셈이다. 이러한 도가화된 불교가 達磨의 시대를 맞아서 禪쪽으로 전개되어 나간다는 것이다. 그러니까 朱子의 시각에 비친 불교역사는 齋戒學-義學-禪學의 체계를 갖춘다고 하겠다.

전에 程伊川을 말할 때에도 언급하였지만 이 시대는 禪佛敎의 시대이다. 구체적으로 가시화된 가장 강력한 유학의 적이 바로 禪이었다는 말이다. 그러므로 朱子는 禪이 인간적 도리를 완전히 말살시킨 원흉으로 간주한다. 그러한 인간적 도리 말살의 철저성에 있어서 禪은 그전의 불교를 능가하고, 老·莊은 여기에 비견될 수도 없다는 것이다.

莊子와 老子는 인간적 의미를 절멸시키려 하였으나 그렇게 하지

63) 朱子語類 卷一二六, 釋氏, p.766. 「佛氏乘處入中國, 廣大自勝之說, 幻妄寂滅之論, 自齋戒變爲義學. 如遠法師支道林, 皆義學, 然又只是盜襲莊子之說, 今世所傳肇論云出於肇法師, 有四不遷之說. 日月歷天而不周, 江河競注而不流, 野馬飄鼓而不動, 山嶽偃仆而常靜. 此四句只是一義, 只是動中有靜之意. ……此是齋戒之學, 一變遂又說出這一般道理來. 及達磨入來, 又翻了許多窠臼說出禪來.」

못하였다. 불교의 시대에 이르러서는 人倫이 절멸된다. 禪의 시대에 와서는 義理까지 절멸된다.64)

그러니까 禪의 폐해는 삼강오륜 등의 인륜을 절멸시킨 불교에 댈 것도 아니라는 이야기이다. 인륜뿐 아니라 모든 인간적 도리가 禪의 시대에 와서 깡그리 말살된다는 것이다.

이렇게 朱子의 불교관, 특히 선불교관은 가혹하다.

두 말할 나위 없이 朱子는 기왕의 어떤 性理學者들보다 더 가혹한 시선으로 불교를 본다. 그러나 동시에 우리는 朱子가 어떤 다른 유학자 보다 더 불교에 해박하였으며, 당대 어떤 유학자에게서 보다도 더 풍부한 불교에 관한 지식이 그 불교 비판에 동원된다는 사실을 말할 수 있다. 그러니까 朱子는 철저한 불교 비판자이면서 동시에 철저한 불교 이해자였다는 이야기이다. 이러한 특징은 물론 송왕조 시대의 性理學者들에게서 동일하게 나타나는 것이기도 하다. 周濂溪·邵康節·張橫渠·程明道·程伊川·朱子, 어느 하나 예외 없이 다 마찬가지이다. 이 점에서 우리는 불교와 송학 사이의 인과관계를 말할 수도 있을 것이다. 사실 비판은 거기서만 그치는 것이 아니라 영향받음을 동반하는 것이다.

### (2) 退溪의 불교사상에 대한 태도

退溪는 도가사상에 대해서 보다 더욱 강한 어조로 불교를 비판한다. 물론 그것은 조선조의 배불정책과도 상호 연관되는 것일 것이다. 조선조의 배불정책은 물론 유학이념으로부터 기인하는 것이지만, 그러나 그것만으로 전부 다 설명될 수 있는 것은 아니다. 거기에는 고려가 불교를 국교로 하는 국가였다

64) 朱子語類 卷一二六, 釋氏, p.769. 「老莊絶滅義理未盡. 至佛則人倫滅盡. 至禪則義理滅盡.」

는 것도 포함되는 것이다.

退溪는 이렇게 말한다.

> 東方에서의 異端의 폐해는 佛氏가 가장 심하였다. 高麗氏는 그것 때문에 나라가 망하기까지 하는 것이다.[65]

이것은 물론 전적으로 옳은 평가라고 할 수는 없을 것이다. 고려의 멸망은 여러 복합적인 요인에 의하여 설명될 수 있는 것이지, 일방적으로 불교에 그 죄를 뒤집어씌울 수는 없는 노릇이다.

그러나 어찌됐든 유학자들의 시각은 이러한 맥락 위에 놓여져 있는 것은 사실이다. 그러한 시각은 고려 말에는 鄭夢周에 의해 대변되고, 조선 초에는 鄭道傳 등에 의해 대변된다. 그러니까 절의파에 속하든 개국공신에 속하든 東方의 性理學者들은 모두가 다 불교배척의 선두에 있었다는 이야기이다. 그러한 시각의 연장선상에 退溪는 위치한다.

退溪의 불교배척은 그 윤회설적인 사고방식의 그릇됨과 수양론적인 차원의 그릇됨을 통박하는 선에서 전개된다. 그리고 거기에 하나 더 부가하자면 禪家에서의 터무니없는 祖師찬양의 습관 또한 退溪의 눈에는 그리 아름답게 비치지는 않았던 것 같다.

먼저 불교의 윤회설에 대한 退溪의 견해를 살펴보자.

> 氣에는 生死가 있으나 理에는 生死가 없다는 것은 햇살이 사물들을 비추는 것과 비교해 보더라도 옳다. 그러나 햇살은 오히려 어떤 때는 없을 때도 있으니 形相을 갖는 것이기 때문이다. 理에 이르면 소리도 냄새도 없고, 모양도 없고, 끝내 사라짐도 없으니, 어찌 없어질 때가 있겠는가? 釋氏는 性이 理임을 알지 못하고 이른바 精靈·

65) 退溪全書 卷五, p.437.「東方異端之害, 佛氏爲甚. 而高麗氏以至於亡國.」

神識이라 하는 것들은 죽어도 사라지지 않고, 갔다가는 다시 되돌아 온다고 하는데, 어찌 이러한 이치가 있을 수 있겠는가?66)

理論者들은 理의 氣에 대한 우월성을 인정하고, 理를 不生不滅의 실체로서 간주한다. 氣論者들은 理의 氣에 대한 우월성을 인정하고, 이 氣야말로 不生不滅 하는 實體라고 말한다. 불교에서는 인간은 因緣의 결과로 생겨나며, 業報에 의하여 輪廻한다고 한다. 인간의 정신은 불멸하는 것인데, 그 정신이 해탈에 도달하지 못하면 번뇌의 미망에서 벗어나지 못하고, 그리하여 生·死의 거듭되는 고리 속에서 괴로움을 당하게 마련이라는 것이다. 그러므로 불교에 있어서는 거듭 태어난다는 것, 생명의 수레바퀴 속에서 계속 전전해 나간다는 것은 고통으로 받아들여진다. 존재한다는 것은 번뇌에 의한 구속이고, 삶은 괴로운 것이라는 이야기이다. 退溪는 이와같은 불교의 生死觀을 받아들일 수 없었다. 그에 의하면 인간은 理·氣의 묘합으로 존재하게 된 것이며, 죽는다는 것은 다만 氣의 응집능력이 상실된 것, 氣의 해체일 뿐이며, 理란 태어남도 죽음도 없이 영속하는 것이기 때문이다. 세계는 오직 하나, 現世가 있을 뿐이고 죽는다는 것도 이 現世에서 이루어지는 현상이며, 理는 이 현세 속에 영속적으로 존재하는 것이지 氣의 해체 뒤에 또 다른 영역으로 나갔다가 되돌아오는 것이 아니기 때문이다. 그리고 이 理는 개인의 생전의 업보에 의하여 그 운명이 결정되는 것이 아니다. 이 理는 그 자체 진리의 當體로서 존재하는 것이며, 도덕성의 근거인 까닭에 無明이나 번뇌에 의하여 괴롭힘을 당하는 것일 수 없다. 우리가 단지

66) 退溪全書 卷一, p.579.「氣有生死, 理無生死之說, 得之以日光照物比之, 亦善. 然日光猶有時而無者, 以有形故也. 至於理, 則無聲臭·無方體·無窮盡, 何時而無耶. 釋氏不知性之爲理, 而以所謂精靈·神識者當之謂死而不亡, 去而復來, 則安有是理耶?」

理만을 가지고 말한다면 거기에는 인간적 악덕이란 존재하지 않는다. 인간적 악덕, 도덕적 부정 등은 氣의 소산이라는 것이다. 그러니까 죽음 저쪽에서도 남는 理라는 것은 業報와 연결될 수 있는 것이 아니다. 그리고 그것 자체로서는 형체를 갖출 수가 없기 때문에 輪廻의 수레바퀴 속에서 다시 태어날 수 있는 것도 아니다. 이렇게 理論者 退溪와 佛敎 사이에는 인간과 죽음을 보는 시각이 서로 다르다.

인간과 죽음을 보는 시각에 있어서의 이러한 차이뿐만이 아니라 수양을 보는 시각에 있어서도 이 양자 사이에는 동일한 차이가 발견된다. 불교는 수양의 본질이 마음의 문제임을 인정한다. 이 점은 물론 유학에서도 인정하는 것이다. 그러나 불교는 마음 하나의 자각으로 일체의 수양은 완결된다고 본다. 이 점은 유학이 인정하지 않는 부분이다. 유학은 마음을 다스리는 것이 물론 수양의 근본이기는 하지만 그것으로 전부라고 말하지는 않는다. 몸과 행동을 다스리는 수양의 영역이 동반되어야 한다고 보는 것이다. 退溪가 불교와 유학 사이에 가로놓여 있는 수양에 대한 시각의 차이를 보고자 하였을 때 退溪의 의식 속에는 이러한 발상이 깔려 있었음을 우리는 어렵지 않게 확인할 수 있다.

退溪는 先儒들이 학문함을 이야기할 때에는 반드시 '收放心·養德性'을 가장 먼저 언급하였다고 말한다. 이것은 心이야말로 萬事의 근본이고, 萬善의 근원이며, 이 心을 다스리는 '收放心'이나, 心의 德性을 키워주는 '養德性'이야말로 모든 도덕적 성취, 수양론적 결과를 보장하여 주는 첩경이 되는 것이기 때문이다. 불교는 이러한 心의 영역에서 일체의 수양론적 문제를 해결한다. 물론 우리가 그렇게 말할 때 여기서의 불교라고 하는 것은, 禪宗, 특히 慧能 이래의 南宗禪이 대표하는 불교의 한 흐름이라고 구체적으로 적시할 수 있을 것이다. 이

南宗禪이야말로 일체의 수양을 마음 하나의 깨달음의 차원에서 이해하는 불교의 한 유파이기 때문이다. 그러니까 退溪가 이해하기에 마음 하나만을 다스리는 데 치중하는 불교의 수양법과 유학의 수양법은 같으면서도 다르다는 것이다. 그 둘이 같은 점은 心을 다스리는 것을 수양의 본질로 인정한다는 점이다. 그것이 바로 불교(禪)의 수양론의 특질이며, 이것은 유학에서 '收放心'·'養德性'으로 나타난다는 것이다. 그러나 유학의 수양론은 그것에서 그치는 것이 아니다. '收放心'·'養德性'의 하수공부로서 유학은 '主一無適'과 '戒愼恐懼'의 공부를 또한 동반한다는 것이다. 退溪에 의하면 '主一無適'은 행위의 영역과 행위 이전의 영역에서 동일하게 행하여지는 수양방법이고, '戒愼恐懼'는 전적으로 행위 이전의 영역에서 행하여지는 수양방법이다. 이 양자 중 어떤 한 가지라도 결핍되어서는 수양의 성과가 기약될 수 없다는 것이다. 그러니까 退溪는 이러한 두 가지 수양법, 즉 '主一無敵'·'戒愼恐懼'를 바탕으로 해서 '收放心'·'養德性'의 수양법이 행하여져야지 그 결과가 보장될 수 있다고 보는 것이다. 그런데 退溪가 보기에 불교는 '主一無適'·'戒愼恐懼' 같은 하수공부는 제쳐 놓고 오직 '收放心'·'養德性'만을 꾀하는 형국이라는 것이다. 그러니까 退溪는 불교의 이러한 수양법은 잘못된 것이고, 소기의 성과가 기약될 수 없는 종류의 것이라고 보는 것이다.67)

이렇게 수양을 말함에 있어서 退溪는 유학이 불교와는 서로 다르다고 본다. 이러한 입장은 불교의 '頓悟'를 보는 시각에도

67) 이러한 의미는 退溪의 「聞之心爲萬事之本性, 是萬善之原. 故先儒論學, 必以收放心, 養德性爲最初下手處, 乃所以成就本原之也, 以爲凝道廣業之基. 而其下功之要, 何 於他求哉? 亦曰 : 主一無敵也. 曰 : 戒愼恐懼也. 主一之功, 通乎動靜. 戒愼之境, 專在未發. 二者不可闕一. 而制於外以養其中, 尤爲緊切.……苟不如是, 而一以心地功夫爲主, 則鮮不墮於釋氏之見矣.」(退溪全書 卷一, pp.404~405)라는 句節 속에서 확인될 수 있을 것이다.

그대로 나타난다. 어떻게 보면 수양법에 대한 退溪의 입장과 '頓悟'에 대한 退溪의 입장은 둘로 갈라서 설명할 수 없는 것이라 할 수 있을 것이다. 그것은 사실 같은 문제인 것이다. 心 자체만을 수양의 대상으로 하고 그 외의 다른 하수공부를 요청하지 않는 것이 바로 '頓悟'의 수양법이기 때문이다.

'頓悟'의 의미를 이해하기 위해서는 慧能의 저 유명한 시를 인용하여 보는 것이 가장 빠른 길일 것이다. 여기에서는 '頓悟'의 의미가 가장 분명하게 나타나기 때문이다.

慧能의 이 시는 그를 중국 선종의 6대 조사로 등장하게 하는 출세작이다. 그리고 그 깨달음의 측면을 배제하고 단순히 하나의 시로만 본다고 하더라도 상당히 뛰어난 작품이다.

菩提는 본래 나무가 아니고
맑은 거울도 본래 臺가 아니다.
본래 菩提의 나무도 맑은 거울의 대(臺)도 없는 것인데
어디에 티끌이 앉겠는가?
(菩提本無樹 明鏡亦非臺 本來無一物 何處惹塵)

이상이 慧能의 悟道頌이다. 이것은 神秀의 오도송에 대한 對句의 형식을 띤다. 神秀의 오도송을 들어보자.

우리의 몸은 菩提의 나무와 같고
마음은 맑은 거울의 臺와 같다.
이 몸과 마음을 끊임없이 열심히 갈고 닦아서
티끌 한점 앉지 못하게 하라.
(身是菩堤樹 心如明鏡臺 時時勤拂拭 勿使惹塵埃)

神秀의 그것과 慧能의 그것이 진실로 어떠한 정신적 경지를 의미하여 주는 것인지는 문외한인 필자가 아무리 애써 본다 해도 낱낱이 확연하게는 설명될 수 없을 것이다. 더구나 禪의

경지란 원래 문자로 표시될 수 있고, 언어로 설명될 수 있는 것이 아니라고 하지 않던가? 그러나 설령 그렇다고 하더라도 조금만 사족을 붙여보기로 한다면, 이 양자 사이에는 근원적인 차이점이 존재한다. 그것은 후자는 끊임없는 수양을 통하여 어떤 정신적 단계로 지향하여 가고자하는 것인데 반해서 전자는 그러한 것들을 초월하고 있다는 점이다. 전자에 있어서 그러한 끊임없는 자기 수양이란 불필요하다. 순간에 마음의 진실을 깨닫기만 하면, 다시 말해서 '내 마음이 곧 부처의 마음이다'라는 진실을 깨닫기만 하면 그 자리에서 지순한 정신의 경지가 열린다고 보는 것이다. 이 양자의 수양 방법론을 한마디로 규정한다면 전자는 頓悟의 방법이고, 후자는 漸修의 방법이라고 하겠다.

退溪는 수양이란 일조일석에 끝날 수 있는 것이라고 보지 않는다. 수양이란 종신토록 계속되는 것이라고 보는 것이다. 그리하여 순간에 成佛에 이르고, 모든 수양의 과정이 끝난다고 보는 頓悟의 측면을 비판한다.[68]

이상에서 우리는 退溪의 불교관의 대강을 알 수 있다. 그에게 있어서 불교란 특히 禪에 의해 대표되는 것이었다.

## 3. 陸·王 心學에 대한 退溪의 태도

陸象山·王陽明의 학문세계는 心學으로 지칭된다. 이 心學은 그 연원을 程明道에 둔다. 그러니까 陸·王 心學은 程·朱 性理

68) 이러한 퇴계의 입장은 「……當著力虛心觀理, 勿先執定於已見, 積漸純熟, 未可責效於時月, 弗得弗措直以無終身事業, 其理至於融會, 敬至於專一, 皆深造之餘自得之耳, 豈若一超頓悟立地, 成佛者之略見影象於恍惚冥昧之際, 而便謂一大事已了耶.」(退溪全書 卷一, p.370)라는 句節 속에서 확인될 수 있을 것이다.

學에 대한 한 반동적 흐름이라고 하겠다. 송·명 시대의 新儒學은 세 가지 중요한 흐름에 의해 설명될 수 있다. 氣 중심의 체계, 理 중심의 체계, 心 중심의 체계의 셋이 그것이다. 氣 중심의 체계는 張橫渠와 그 이전의 유학자들에 의해 대표되고, 理 중심의 체계는 程伊川·朱子에 의해 대표되고, 心 중심의 체계는 陸象山·王陽明에 의해 대표된다. 그러니까 송·명 시대 儒學은 氣에서 理로, 理에서 心으로 그 중심이 옮겨간다고 하겠다.

陸·王 心學은 그러니까 송대 후기에 가서 비로소 모습을 드러내는 것으로, 앞에 들었던 신유학의 세 가지 흐름 중에서 가장 늦게 나타나는 것이라고 하겠다. 그리고 이것은 이단에 대한 부정적 태도가 가장 극명하게 드러나 보이는 程·朱 性理學과는 대조적으로 불교사상이나 도가사상에 대한 비판적 견해를 표명하지 않는다. 그들은 자신들의 도가, 또는 불교사상과의 인연관계를 부정하지 않는 것이다. 이 점에서 우리는 그들의 사상이 이 시대의 유학 중에서는 가상 도가적이며, 가장 불교적인 것이라고 말할 수 있을 것이다. 따라서 이들은 스스로가 이단에 대한 태도를 갖지 않는 것과 대조적으로 朱子에 의해 이단시되며, 비판의 한 표적으로 등장하게 된다. 朱子는 陸象山과 생존년대가 겹치고 활동시기를 같이 하므로 능히 陸象山의 학문을 접할 수 있었고, 또 그에 대한 비판적 견해를 제시하여 놓을 수 있었다. 이것이 退溪의 陸·王 비판의 선구가 되므로, 우리는 우선 朱子의 陸象山 비판에 대해서 그 대강을 알아 둘 필요가 있을 것이다.

### (1) 朱子의 陸象山에 대한 태도

朱子와 陸象山은 당시 가장 뛰어난 두 명의 학자였고, 서로 입장과 시각을 달리하는 경쟁자였다. 그러므로 朱子學에 대한 편향된 시각을 가지고 있는 우리들로서는 陸象山에 대해서 말함에 있어서 조심스러운 태도를 취하지 않으면 안된다. 陸象山의 학문은 과거에도 그러하지만 현재에 있어서도 국내에 거의 소개되어 있지 않은 것이기 때문이다. 筆者에게 있어서도 陸象山은 물론 생소한 사상가이다. 그러므로 필자는 여기서 간단하게 朱子의 시각의 일단을 밝히고자 할 뿐이라는 것을 다시 분명히 하여 놓고자 한다.

陸象山의 학문은 흔히들 心學이라고 지칭하여 왔다. 이 점에 관해서는 朱子의 생각도 역시 마찬가지이다. 朱子는 이렇게 말한다.

> 陸子靜의 학설은 다만 一心을 말할 뿐인데, 그 一心은 한편으로는 人心을 포함하고, 다른 한편으로는 道心을 포함한다.[69]

子靜은 象山의 字이다. 象山은 본명이 陸九淵이며, 象山은 그의 호이다. 그러니까 이 陸象山의 입장은 心 한자로 요약될 수 있다고 朱子는 보는 것이다. 그 心은 人心의 心도 아니고, 道心의 心도 아니며 그 양자를 싸안는 하나의 心이라는 것이다. 그러니까 이 陸象山의 心이란 어찌 보면 이른바 '인심은 위태롭기만 하고 도심은 은미하기만 하니 진실로 精察하고 窮一해서 그 中을 잡으라'고 할 때의 바로 그 中으로서의 心을 뜻한다고 할 수 있겠다. 그러나 이것은 朱子의 본의가 아니다. 朱子가 陸象山의 학문의 대요를 心 한자로 몰아붙였을 때는 그 心은 朱子에 의해 긍정되는 心이 아니다. 그것은 모든 것을 마음의 문제로만 풀어버린다는 식으로 이해될 수 있는 것이며, 이른바 마음이 짓는 心象과 같은 것으로 모든 것을 설명한다는 식으로 이해될 수 있는 것이다. 그러므로 이 心은

69) 朱子語類 卷一二四, 陸氏, p.743. 「陸子靜說只是一心, 一邊屬人心, 一邊屬道心.」

실제적 영역을 배제하여 주는 부정적인 것일 수밖에 없다.

陸象山의 학문이 이러한 心學인 까닭에 朱子는 陸象山이 禪과 밀접한 심리적 교섭을 하고 있다고 본다. 즉, 陸象山이 禪과 결탁하고 있다고 말하는 것이다.

子靜은 항상 우리들과 말할 때에는 禪이라고 하는 말조차 쓰지 않으려고 애를 쓰지만, 그러나 자신의 무리들과 같이 말할 때에는 단지 禪만을 말할 뿐이다.70)

이 말은 아마도 朱子의 陸象山觀을 가장 극적으로 드러내 보여주는 것이라고 받아들여도 좋을 것이다. 이 구절에 의하면 陸象山은 이중적 경향을 띄고 있었다고 할 수 있을 듯하다. 즉, 유학적인 것과 禪學的인 측면의 양자를 갖추고 있었다고 할 수 있을 것이라는 말이다. 유학적인 측면은 아마도 외적인 것일 것이고, 선학적인 것은 내적인 것일 터이다. 그러니까 朱子는 陸象山 학문의 본질은 禪學인데 다만 유학의 껍질을 뒤집어썼을 뿐이라고 보는 것이라고 하겠다.

朱子의 이러한 시각은 다음의 글귀 속에서도 분명하게 드러난다.

陸子靜의 학문은 마음으로부터 더없이 많은 禪의 요소를 받아들이고 있는 것인데, 어찌 이렇게 심하게 禪의 입장에서 일체를 보는지 모를 일이다. 문자는 그 마음속의 견해를 설명하기 위해 빌려온 것에 불과하다.71)

朱子가 보기에 陸象山의 학문은 다만 문자의 차원에서만 유

---

70) 朱子語類 卷一二四, 陸氏, p.747. 「子靜尋常與吾人說話會避得箇禪字, 及與其徒 却只說禪.」

71) 朱子語類 卷一二四, 陸氏, p.747. 「陸子靜之學, 自是胸中無奈許多禪, 何看是甚. 文字不過假借以說其胸中所見者耳.」

학적이라는 것이다. 유학의 개념 술어와 중요문제들을 거론하는 것만은 사실인데, 다만 그것들을 설명함에 있어서는 전적으로 禪적인 입장에 선다는 것이다.

朱子의 陸象山 비판은 바로 이러한 측면에 집중된다. 즉 유학적 본질을 버리고 禪에서 이야기 하는 心쪽으로 나간 병폐가 陸象山의 학문 속에서는 발견된다는 것이다.

(2) 退溪의 陸·王 心學에 대한 태도

退溪의 陸·王 心學에 대한 태도는 그의 불교사상에 대한 태도에 못지않게 아주 단호하다. 그는 오로지 朱子學 한 계통만을 학문의 정통으로 승인하는 정통 朱子學者였던 때문에 자연히 陸·王 心學에 대해서도 부정적 시각을 갖출 수밖에 없었다. 더욱이 陸象山에 대해서는 朱子가 배척의 입장을 분명히 하고 있음에야 退溪가 그것을 뒤집을 수 있으리라고 기대하기는 어려운 일이 아닐 수 없을 것이다. 이러한 退溪의 朱子學者的 입장은 그에 대한 이러한 평가 속에서 분명하게 살펴질 수 있다.

> 선생의 학문은 朱子學만을 사람들이 존숭할 만한 것으로 간주하여 陸學이라는 것을 극력 배척하였다.72)

그러니까 朱子學 외적인 모든 학문 유형에 대한 退溪의 비판은 그야말로 신랄한 것이었고, 이러한 비판의 칼날이 한편으로는 陸·王 心學을 향해서도 예외 없이 휘둘러졌음을 우리는 위의 글귀를 통하여 확연하게 알 수 있는 것이다.

그러면 退溪는 어떠한 측면에서 陸王學이 이단이라고 보는 것인가? 그 점에 있어서 退溪는 朱子의 시각을 그대로 수용한

---

72) 退溪全書 卷四, p.42.「先生之學, 一以朱學爲的見人之尊, 陸學者必深排, 而痛絶之.」

다. 朱子는 陸象山을 비판함에 있어서 陸象山이 겉으로는 유학을 말하면서 안으로는 禪쪽으로 나아갔다고 말하였다. 退溪의 陸象山에 대한 견해도 이러한 朱子의 입장과 전적으로 동일하다. 陸象山의 학문은 진실로 유학이 아니라 불교라는 것이다.

退溪의 말을 들어 보자.

> 불교를 믿는 사람은 天理를 끊고 머리칼과 터럭을 잘라낸다. 象山은 이렇게는 하지 않으나 다만 한 가지 頓悟의 學에로 초월해서 窮理하는 것은 정신을 피로하게 만드는 것으로 간주하고 問學 공부를 게을리 하니, 진실로 釋氏의 不立文字(진리는 문자로 전해질 수 없다는 것) 見性成佛(자신의 본성을 알게 되면 그대로 성불할 수 있다는 것)이라는 주장과 어찌 차이가 있다 하겠는가? 이것이 象山이 우리의 道와 다른 까닭이다.[73]

그러니까 退溪가 보기에 象山은 出家하라거나, 인륜을 끊기를 요구하지 않는다는 점에서는 불교와 다르지만, 그 학문하는 방법에 있어서는 불교, 특히 선불교와 같다는 것이다. 유학은 진리에 도달하는 수양방법, 지식방법에 있어서 두 가지를 병행한다. 그것은 '尊德性'과 '道問學'이다. 尊德性의 방법은 심성의 본질을 파악하고 유지하는 것을 의미한다. 道問學의 방법은 배우고, 학습하고, 익힘으로써 진리 또는 지고의 정신경지에로 나아가는 것을 의미한다. 유학은 이러한 두 가지 방법 중 어느 하나라도 배제되어서는 안된다고 본다. 尊德性의 방법이 배제된다면 진실을 보기 어렵다고 하고, 道問學의 방법이 배제된다면 實事에서 벗어난 허황한 논리를 따르기

---

73) 退溪全書 卷五, pp.440~441.「爲佛者滅絶天理, 斷毁髮膚. 今象山非有此事, 只是爲一超頓悟之學, 以窮理爲疲精神, 不做問學工夫, 正如釋氏不立文字見性成佛, 何異? 此象山所以爲異於吾道也.」

쉽다고 하는 것이다. 尊德性·道問學의 양자가 상호 보완적으로 작용할 때 진리의 존재도 놓치지 않으면서 동시에 실제적인 인간생활의 의미도 상실하지 않을 수 있게 된다는 것이다. 이러한 두 가지는 ≪中庸≫이래로 유학의 흐름 속에서 주요하게 간주되어 왔던 것들이다. 그런데 退溪는 陸·王 心學이 이와 같은 두 가지 측면을 동시에 만족시켜 주지 못한다고 보는 것이다. 그것은 陸·王 心學을 진실로 유학의 한 갈래로써 인정할 수 없다는 이야기이기도 하다.

退溪는 陸·王 心學에서 유학의 내면에서 항상 발견되어야만 하는 이러한 두자지 공부방법 중 하나의 결핍을 본다. 尊德性의 측면만 살아있고, 道問學의 측면이 무의미한 것으로 받아들여진다는 점이다. 따라서 마음공부에만 치중하는 선불교적인 공부방법에로 빠져버린다는 것이다.

위에서 陸·王 心學에 대한 退溪의 비판을 말하면서 필자는 전적으로 陸象山에 대한 退溪의 입장을 가지고 陸·王 心學을 말하였다. 이것은 물론 어느 정도 합당치 못한 부분이 있을런지도 모른다. 그러나 退溪가 陸·王을 같은 테두리 속에 위치시켜 본다는 것이 사실이므로 이러한 필자의 설명형식이 전적으로 그릇된 것이라고 만은 할 수 없을 것이다. 退溪는 陸象山에게서 禪에 접근하여 있는 일면을 발견한다. 그것은 앞에서도 말하였듯이 朱子로부터 인습하는 시각이다. 退溪는 또한 王陽明에게서도 禪쪽으로 치중하여 있는 측면을 발견한다.

王陽明에 이르게 되면 禪과 흡사하나 완전히 禪과 같지는 않으므로 전적으로 靜의 측면만을 중시하지는 않지만 그 해는 진실로 심각하다.74)

74) 退溪全書 卷五, p.447.「至於陽明, 似禪非禪, 亦不尊主於靜, 而其害正歸於釋矣.」

이것은 退溪의 王陽明에 대한 평가인데, 이러한 평가는 정도는 덜 하지만 陸象山에 대한 평가와 마찬가지인 것이다. 그러니까 退溪에 있어서 陸王學은 불교쪽으로 한걸음 나아가서 유학의 본질적 토양을 벗어난 체계이고, 따라서 불교와 마찬가지로 實事를 등한시한다는 비난을 면할 수 없는 것이라고 말하여질 수 있는 것이다.

## 4. 退溪에 있어서 유학과 이단의 차이

위의 도가사상, 불교사상, 陸·王 心學 등에 대한 비판적 시각을 통해서 우리는 退溪가 유학을 어떤 것으로 보며, 이단을 어떤 시각에서 바라보는가에 대한 대강의 테두리를 발견할 수 있을 것이다. 退溪에 의하면 이러한 諸 思想 유형들 사이에는 완전히 서로 연결될 수 없는 단층이 놓여지는 것은 아니다. 그것들은 서로 얼마쯤 접근하여 있는 것이다.

退溪는 이렇게 말한다.

> 그러나 유학과 불교 사이의 차이는 아주 작은 것이어서 유학의 성과가 비천한 데에 머물게 되면 반드시 불교에로 돌아가게 마련이다.[75]

유학의 타락된 형태에서 불교적 측면을 발견하는 것이다. 이 점은 물론 陸·王 心學이 대변하여 주는 것이다. 陸王學은 원래 유학에서 출발하고, 유학을 천명한다. 그러나 陸王學은 적어도 退溪를 비롯한 程·朱 계통의 性理學者들에게 있어서는 유학이 아니다. 유학의 타락된 형태이며, 불교에 접근하여 있

75) 退溪全書 卷五, p.441.「然儒學之問, 判於毫釐, 吾道之功淺, 則定歸於釋氏.」

는 부정적 학문체계인 것이다. 이렇게 退溪는 유학의 타락은 불교라는 식으로 이해한다. 이 점은 도가사상과 유학 사이에서도 그대로 적용되는 것이다.

그러면 유학과 이러한 이단적 사상 체계들 사이에는 기본적으로 어떠한 차이가 있는 것인가? 한마디로 이야기해서 退溪는 이렇게 생각한다. 유학은 實學이고, 이러한 제 학문유파들은 實學이 아니라고 말이다. 유학은 實事에 치중한다. 유학은 허황한 논리의 세계에 머물러 있는 것도 아니고, 초월적인 원리의 세계에 떠올라 있는 것도 아니고, 심리적인 幻影의 세계에 붙잡혀 있는 것도 아니다. 유학은 현실적·인간적·실제적인 세계에 뿌리박고 있는 학문체계인 것이다. 退溪에 의하면 유학 외의 이러한 이단적 학문체계들은 虛無에 치중하거나, 心에 치중하거나, 虛靜에 매달린다. 물론 退溪도 이러한 세계가 완전히 부정적인 것일 뿐이라고 매도하는 것은 아니다. 이러한 세계들도 나름대로의 의미를 지니기는 한다. 그러나 그러한 것들이 전부일 수는 없고, 또 그러한 것들이 근본적인 것일 수는 없다는 것이다. 그러한 것들은 형이상학적이고, 원리적이고, 이상적인 것일 수는 있다. 그러나 그것도 實事에 뒷받침될 때에나 그런 것이지 그것들만으로 독자적으로는 아무런 의미도 지니지 못하는 것이다. 그것만으로는 다만 인간을 미혹하고, 인간적인 삶, 생활의 진실한 의미를 파괴할 따름인 것이다. 그러므로 진실로 그것들이 의미를 지니기 위해서는 인간적인 實事, 인간적인 삶과 행위의 영역을 바탕으로 하지 않으면 아니된다. 下學이 있는 다음에야 上達이 있는 것이지, 그 逆은 성립될 수 없는 것이며, 上達의 측면만 가지고서는 아무 의미도 없는 것이라는 것이다. 그리고 이 上達이라 하는 것도 어느 순간에 단숨에 도달될 수 있는 것이 아니라, 점진적인 수양과 끊임없는 학습의 과정을 거치고 난 다음에야 비로소 우리의 수중에 놓여질 수 있는 종류의 것이라고 退溪는 본다.

> 이른바 높고(高) 먼(遐) 경지가 낮고(卑) 가까운 경지(邇)로부터 주어진 다는 것이 유학이 불교나 老·莊과 다른 이유이다.76)

그러니까 退溪는 유학이야말로 그들이 표방하는 이른바 '下學而上達'의 전형이며, 實事의 영역에서 그대로 원리적인 세계를 구현하고 있는 학문체계라고 보는 것이다.

## 5. 退溪의 이단에 대한 태도

이단에 대한 태도는 궁극적으로는 孟子로부터 기인하는 것이다. 그리고 그것은 韓愈에 의해 다시 제기되고, 宋代 性理學者들에게 받아들어지며, 그 중 특히 程·朱에 의해 가장 적극적인 모습을 띄게 된다. 이러한 이단에 대한 비판적 태도는 유학이 위기에 처하였을 때 유학의 자기방어 수단의 하나로 나타난다는 특징이 동일하게 언급될 수 있다. 孟子에게 있어서 그것은 楊朱·墨翟에 대한 유학의 위기의식의 발로이며, 韓愈에게 있어서나 송대 性理學者들에게 있어서는 老·莊이나 불교사상에 대한 위기의식의 발로였다. 이러한 유학의 자구노력은 송대 性理學者들에 있어서는 하나의 유학체계의 내적인 내용으로 정착된다. 특히 程伊川, 朱子의 계열에서 유학은 이단에 대한 비판적 태도를 그 체계의 중요한 내용의 하나로 받아들이게 되는 것이다.

고려말기에 우리나라에 수입되는 性理學은 바로 이 程·朱

76) 退溪全書 卷一, p.479.「所謂高且遐者, 不離於卑且邇者而得之, 所以異於釋老之學也.」

계통의 性理學이었고, 따라서 이단에 대한 부정적 태도도 고려말기에서 조선시대에 이르기까지의 儒學史의 한 중요한 특징을 이루게 된다. 그러한 측면은 조선왕조를 건립한 사람들이 정책적으로 儒學立國의 기치아래 朱子學을 일방적으로 장려하는 것에  의해서, 그리고 조선왕조 창업에 반대하여 의리정신을 드높인 鄭夢周·吉再 등에 대한 숭모감이 선비계층의 귀감으로 받아들여짐에 의해서 보다 강화된다. 그리하여 조선왕조는 세계사상 유례가 없는 순수한 학문에 의한 통치의 형식을 띠게 되는 것이다. 이러한 조선왕조의 특수성은 그 도통론적 사고방식을 극대화하여 유학을 독존적 위치에 종교적 절대성을 갖는 것으로서 상정하기에 이르고, 그리하여 학문의 획일화 현상이 다른 어떤 곳 어느 시대 속에서 보다 두드러지게 나타나게 되는 것이다.

退溪의 이단에 대한 태도도 이러한 맥락 속에서 이해되지 않으면 안된다. 그러므로 退溪의 이단에 대한 태도는 程伊川이나 朱子에게서 보다 더욱 이념화된 형식으로, 더욱 무조건적인 것으로, 더욱 적극적인 사상체계들이 왜 이단적이냐 하는 점에 대한 설명이 적극적으로 시도되고, 따라서 그들의 이단에 대한 식견은 상당한 정도에 이르며, 그러한 것들을 이단시하는 것 못지않게 그것들로부터 많은 영향을 받음을 부정할 수 없다. 그들은 도가사상가들의 체계나 불교사상가들의 체계를 적극적으로 배우고 익히며, 그것들에 대한 나름대로의 식견을 기초로 해서 그것에 대한 비난을 제기하고, 그러는 과정에서 암암리에 그것들로부터 영향을 받기도 한다는 말이다.

그러나 退溪는 그렇지 않다. 退溪는 그저 유학의 우월성을 무조건 적으로 인정하며, 그러한 이단적인 것들의 체계가 어떻든 문제시 하지 않는 것이다. 그러니까 그에게 있어서는 도가사상이나 불교사상, 陸·王 心學 같은 것들이 그 체계 자체에 잘못이 있어서라기보다는 유학이 아닌 것만으로도 이단시될 수 있다는 말이다. 그리고 유학이야 말로 모든 진리를 다 그 체계 속에 간직하고 있는 것이기에 설혹 도가사상·불교사상·陸·王 心學 등이 진리의 어떤 일면을 지니고 있더라도 유학만 있으면 그만인 것이다. 그러므로 그는 이렇게 말한다.

유학만 있으면 족한데 하필 異學으로 들어가서 그것을 끌어들여 유학과 합하려 할 필요가 있겠는가?77)

위에서 알 수 있듯이 退溪는 도가사상이나 불교사상, 陸·王 心學 또는 그 외의 어떤 사상 유파라도 朱子學으로 대표되는 유학이 있는 한 불필요하다고 보는 것이다. 그러한 것이 아무리 진리의 모습을 갖추고 있더라도 말이다. 그러므로 退溪는 程伊川이나 朱子 등과 같이 이러한 이단적인 학문체계를 학습할 필요를 느끼지 않는다. 유학의 시각을 동원해서 그러한 불경이나 도가의 서적들을 설명하고, 그들 체계 속의 개념들을 나름대로 비판할 필요조차 느끼지 않는 것이다. 退溪는 스스로도 그렇지만 남들에게도 그러한 유학 외적인 전적들을 단순히 한번 훑어보는 것조차 용인하지 않는다. 유학만 있으면 그걸로 족하고, 유학경전들만 읽고 이해하기만 하면 된다는 것이다. 그 외의 것은 필요하지도 않으며, 만약 그 외의 것에 시선을 돌린다면 유학정신에 손상이 가해진다고 보는 것이다. 이러한 退溪의 입장은 다음의 인용 속에서 분명하게 드러난다.

나는 불경을 보고 그 사악함을 들추어내고 싶어도 물을 건너는 자가 처음에는 그 깊고 낮은 곳을 점검하려 하다가 마침내는 거기 빠져 죽는 것 같이 되는 것이 두려워 그리하지 않는다. 學者는 다만

77) 退溪全書 卷五, p.440.「吾道自足, 何必匍匐於異端, 而授引求合乎?」

마땅히 聖賢의 책만을 읽어서 그 지식의 지극함에 이르러 信心을 얻게 된다면 異端의 문자를 전혀 모른다고 하더라도 무방하다.[78]

이것이 바로 退溪의 입장인 것이다. 退溪는 유학의 진수만을 안다면 그것으로 일체의 진리는 완비되는 것이라고 생각하였다. 그러한 의식을 그는 의심 없이 상속하며, 누구보다도 그러한 스스로의 입장에 철저하였다. 가히 유학을 종교와 같이 신앙하는 철저한 신념이라 하겠다. 그러한 신념은 적어도 그에게 있어서는 검증이 불필요한 것이고, 다른 것에 의하여 위협을 받아서도 안되는 것이다. 韓愈-程伊川-朱子를 거치면서 이념화된 도통론은 조선유학에 이르러 교조화된 이념으로 정착하게 되는 것인데, 退溪는 바로 그 흐름속의 한 굽이에 위치해서 그러한 도통론적인 관념을 보다 공고히 하는 역할을 담당하는 것이다.

78) 退溪全書 卷四, p.42.「我欲看佛經, 以覈其邪遁, 而恐如涉水者, 初欲試其淺深, 而竟有沒溺之虞耳, 學者但當讀聖賢書, 知得盡信得, 及如異端文字全然不知, 亦不妨.」

# 제 6 장 退溪의 敬

우리는 退溪의 사상적 핵심을 한마디로 敬學이라고 말한다. 그것은 退溪哲學의 전체계가 바로 이 한자로 요약될 수 있음을 의미한다. 그만큼 敬이라고 하는 것은 退溪에 있어서는 중요한 개념인 것이다.

이 장에서는 退溪에 있어서의 敬이라는 개념의 의미와, 敬 개념의 내용과, 그 효과 등에 대해서 계략적으로 살펴보기로 하겠다.

## 1. 退溪에 있어서 敬이라는 개념이 지니는 의미

退溪는 어떤 무엇보다도 학문의 의미를 높게 평가하였던 사람이다. 그는 벼슬자리에도 연연하지 않았으며, 부귀영화에도 관심이 없었다. 그에게 있어서 유일한 가치는 다만 유학 이념을 드높이고, 유학정신을 구현하는 것이었다.

그는 유학정신을 性理學的 입장에서 본다. 그는 朱子를 직접적으로 인습하며, 朱子보다도 더 朱子다운 朱子주의자, 朱子學의 사도였다. 이 말은 그가 朱子學의 역사 속에서 朱子學의 완결자로서의 위치를 차지하고 있음을 의미한다.

그는 이러한 그의 유학을 聲學이라고 불렀다. 聲學은 敬을 내용으로 한다. 그런 까닭에 그는 스스로 자신의 朱子學 중심의 유학체계를 敬學이라고 부르기도 한다. 이렇게 그의 학문체계는 敬 하나로 요약될 수 있는 聲學인 것이다. 따라서 우리가 退溪야 말로 학문에 유일한 가치를 두고 있었던 사람이라고 말한다면 그 말은 바로 退溪는 敬을 유일무이의 가치로 승인하고 있었던 사람이라는 말로 변용시켜 이해할 수도 있는 것이다. 그러므로 그는 이렇게 평가되기도 하였었다.

> 선생은 誠敬을 받들 뿐 물질적 풍요를 귀하게 여기지는 않았으며, 평생의 일을 그 誠敬을 계속 구현하는 것으로 간주하여 매양 끝내 誠敬을 받들기를 태만히 하게 되지나 않을까 두려워하였다.[1)]

이러한 退溪에 대한 평가에서 볼 수 있듯이 退溪에게 있어서는 敬 이야말로 평생을 두고 추구하여 나가야 할 대상으로 받아들여지는 것이다. 무론 여기서는 誠과 敬이 복합되어 하나의 개념으로 나타나고 있으므로, 이 구절만을 가지고 敬만을 말하기에는 어려움이 있을 것이다. 그러나 退溪에 있어서는 敬이 誠보다 상위개념이며, 誠은 敬개념의 학 측면과 상관관계를 지니고 놓여져 있을 따름이다. 그러므로 이 誠敬을 敬 하나로 대표시킨다 하여도 큰 무리는 없으리라고 여겨진다. 다시 말하지만 이것은 退溪의 체계 속에서 그러하다는 말이다. 이러한 측면을 일원적으로 받아들여서는 안된다는 것이다. 이를테면 ≪中庸≫ 같은 곳에서는 상황은 역전된다. ≪中庸≫의 체계 속에서는 誠이야말로 어떤 다른 개념보다도 중시되는 상위개념인 것이다. 그러나 退溪에 이르면 敬이 誠을 제치고 그 체계 속에서 가장 중요한 역할을 하게 되며, 어떤 다른 것보다도 우선하는 위치를 확보하게 되는 것이다.

---

1) 退溪全書 卷五, p.327.「奉先生於誠敬, 而不貴於物侈, 守業在於繼述, 而每患於終怠.」

## 2. 退溪에 있어서 敬의 연원

退溪는 이 敬을 어떠한 맥락 위에 위치시켜 보는가? 退溪는 이 敬을 유학의 핵심개념으로 간주한다. 유학이란 물론 그가 직접적으로 인습하는 朱子學만을 놓고 하는 말은 아니다. 이 경우에 있어서의 유학이란 선진유학으로부터 朱子學까지를 총칭하는 것이다. 그런데 유학은 孔子에 의해서 체계가 잡히는 것만은 사실이지만, 孔子가 그 흐름의 상한선으로 설정되는 것은 아니다. 유학은 孔子 이전의 중국정신의 총체를 계승한다고 말하는 것이다. 그러므로 그들은 그들이 이상적으로 받드는 인물들을 堯·舜·禹·湯·文·武·周公으로 열거하며, 그들을 聖人으로 추앙하는 것이다. 孔子는 바로 그들, 성인들의 정신을 인습하여 유학으로 체계화한다는 것이다. 그러므로 유학학파를 말할 때에는 그 흐름의 상한선이 孔子일 수 있으나, 유학정신을 말한다면 그 흐름의 상한선은 중국정신의 개시의 순간에 놓여지는 것이라고 하겠다. 이렇게 본다면 退溪가 敬 관념을 유학정신의 본질로 간주한다고 할 때 자연히 敬 관념의 흐름도 중국정신의 개시의 시점부터 시작된다고 할 수 있을 것이다. 사실 退溪는 그러한 입장을 표명하여 놓고 있는 것이다.

> 敬은 옛날부터 서로 전하여져 왔다. 堯의 欽明, 舜의 競業, 湯의 聖敬, 武의 敬勝, 孔子의 行篤敬·修己以敬 등이 이것이다.[2)]

여기서 볼 수 있듯이 敬은 堯·舜·湯·武·孔子 등에로 이어지는 흐름을 갖는다는 것이다. 그것은 물론 이 다섯 사람에게만 국한되는 것은 아니다. 한마디로 그들이 대표하는 것은 중국

---

2) 退溪全書 卷二, pp.259~260.「且以敬相傳, 自古而然. 如堯之欽明, 舜之競業, 湯之聖敬, 武之敬勝, 孔子之行篤敬·修己以敬, 是也.」

의 고대 역사고, 고대정신이기 때문이다. 그러므로 敬은 중국 고대정신의 근간이며, 그것이 유학의 흐름을 통하여 退溪에게서 나타난다고 이해할 수 있을 것이다. 이러한 입장을 통하여 우리는 退溪가 敬을 어떻게 생각하는지 알 수 있을 것이다.

## 3. 敬이란 무엇인가

敬은 退溪에 있어서 학문의 궁극처에서 획득되는 것이다. 敬을 통해서 학문하는 역정이 시작되고, 敬의 확보와 구현을 통해서 학문의 목적이 이루어지는 것이라는 말이다.

인간은 理氣의 묘합으로 이루어지는 존재이다. 인간을 구성하는 理는 천지의 理와 같다. 인간 속에는 천지의 이치가 들어와 박혀 있는 것이다. 그러한 천지의 이치는 구체적으로 인간의 心性 속에 내재되어 있다. 인간 심성 속에 내재되어 있는 천지의 이치는 ≪中庸≫에서는 총체로서의 性이라는 개념으로 불리워졌고, 孟子에서는 四端으로서의 性으로 말하여졌으며, 程伊川·朱子에 있어서는 理라고 불리워졌다. 退溪는 程·朱의 입장을 따르는 性理學者이므로 당연히 그것을 理라고 부른다.

유학의 목적은 天理를 窮究하고, 그것을 심성화 또는 실체화해서 실제의 삶 속에서 구현하여 내는 데에 있다. 유학에 있어서 天理는 객관적으로 존재하는 원리이다. 그것은 도덕의 객관적 근거이며, 인간이 마침내 그것과 원리상 하나가 되지 않으면 안되는 그 무엇이다. 孔子는 그것을 지식의 영역에서 추구해 가서 학습을 통하여 내면화시킴으로써 그것의 원리와 하나가 되었다. ≪中庸≫·孟子·程伊川·朱子·退溪 등에서는 인간은 원래 본구적으로 天理와 하나이다. 그러한 객관적 원리,

궁극적 이치를 본구적으로 내재하고 인간은 태어난다는 말이다.

退溪에 있어서의 心은 그러니까 天理를 내재하고 있는 心이다. 그러나 天理가 심성 속에 내재한다고 해서 그것이 그대로 구현된다는 이야기는 아니다. 그러한 천리가 구현될 수 있도록 하여 주는 공부가 필요한 것이다. 退溪는 그러한 공부를 敬이라고 말한다. 내적으로, 그리고 외적으로, 敬을 갖추고, 또 敬에 의거하여 행함으로써만이 내적인 천리를 실체화할 수 있고, 내적인 천리를 실제적으로 구현할 수 있다는 것이다.

退溪는 이렇게 말한다.

> 그러나 이 心의 理는 너무나도 크고 넓어서 손에 잡을 수 없고, 흐릿하고 아득해서 그 경계를 확인할 수 없으니, 진실로 敬으로써 純一하게 하지 않는다면 어떻게 그 性을 보존하고 그 體를 세울 수 있겠는가? 이 心이 아주 미세하게라도 작용을 시작했다면 손톱만큼이라도 그것을 살핌에 있어서 소홀한 점이 있다면 위험에 빠져버리고 바로 설 수 없게 되는 것이니, 진실로 敬에 의거하여 純一하게 하지 않는다면 또 어찌 그 작용의 幾를 바르게 하고 그 운용의 결과를 얻을 수 있겠는가?[3)]

이 구절의 전반부는 본체상태에서의 敬의 작용에 대한 언급이고, 후반부는 운용상태에서의 敬의 작용에 대한 언급이다. 전반부를 통해서 우리는 敬과 性, 敬과 心과의 상호관계를 알 수 있고, 후반부를 통해서 우리는 敬과 心作用, 敬과 행위 사이의 상호관계를 알 수 있다.

敬은 그 자체 목적으로서의 덕목이 아니다. 그것은 ≪中庸≫에서 誠이 그 자체 목적으로서의 덕목일 수 없는 것과 같

---

3) 退溪全書 卷三, p1.44.「然此心之理, 浩浩然不可模捉, 渾渾然不可涯涘, 苟非敬以一之, 安能保其性, 而立其體哉? 此心之發微而爲毫釐之難察, 危而爲抗, 塹之難蹈, 苟非敬以一之, 又安能正其幾, 而達其用哉?」

다. ≪中庸≫에서 誠은 심성 내면의 원리에 의미를 부여하여 주는 개념이고, 심성의 활동의 근거가 되는 개념이고, 심성활동이 道에로 귀결될 수 있게 하여 주는 개념이다. 그것은 仁·義·勇 등의 덕목들과는 서로 차원을 달리하는 것이다. 誠에 뒷받침 될 때 仁·義·勇 등의 덕목들의 주체는 물론 性이다. 性의 내면에 내재되어 있는 천리의 구체화가 바로 이러한 덕목들인 것이다. 그러나 性이 비록 천리를 내재하고 있다고 하더라도 그 천리는 그대로 자연적으로 구현되는 것은 아니다. 그것은 誠에 의해 지지될 때에만 자연적으로 구현되는 것이다. 그러니까 ≪中庸≫에서 誠은 性내면의 천리에 실천력을 확보하여 주는 기능을 담당한다고 하겠다. 退溪에 있어서는 敬이 바로 ≪中庸≫의 誠과 같은 기능을 담당한다.

退溪에 있어서는 인간의 심성 속에는 理가 내재되어 있는 것으로 간주된다. 性의 理는 실제에 있어서 天理에 다름 아니다. 그 심성 속의 理는 총체적인 이치이기 때문에 사실에 있어서는 실제적인 어떤 하나의 경향성을 갖고 구체적으로 어떤한 경우에 있어 그것이 이루어지도록 작용하는 능력, 즉 구체적인 실천력을 갖추고 있지 못한 것이다. 그것은 敬에 의해서 지지될 때 구체적인 실천력을 갖추고 모든 작용의 주체가 된다. 그러니까 어떤 한 순간에 있어서 어떤 일에 대하여 지향성을 갖게 된다는 말이다. 그러니까 敬에 의해 지지될 때 상황에 마땅한 이치가 구체적 작용력을 갖추게 된다는 말이다. 그리하여 이 理는 작용을 시작하는 것이다. 그러므로 우리는 心이 비록 理를 갖추고 있더라도 敬에 의해 지지되지 않으면 그것은 실제적으로 기능할 수 없으므로 갖추어져 있지 않은 것이나 마찬가지라고 말할 수 있을 것이다. 이것이 위에 인용한 退溪의 말 중 그 전반부의 의미이다.

그런데 어떠한 이치가 구체적인 사실에 대하여 작용을 시작했다고 해서 그것으로 그 이치가 완전히 구현되었다고 말할 수는 없는 것이다. 행위의 동기가 제공된다는 것과 그 결과가 주어진다는 것 사이에는 분명히 엄청난 차이가 있기 때문이다. 그러므로 우리는 그 이치가 궁극적으로 구체적인 결과를 만들어내기까지 다른 어떤 사사로운 욕구가 개입하여 그것의 작용을 방해하지 않도록 지속적인 노력을 계속하지 않으면 안된다. 행위의 시점에서 뿐만 아니라 그 행위의 결과의 측면에서도 敬을 통한 지지력을 계속 행사하여야 한다는 말이다. 이것이 앞에 인용한 退溪의 말 중의 뒷부분의 의미이다.

그렇다면 실제적으로 敬으로써 어떻게 하여야 한다는 것인가? 敬으로써 性을 보존하여 그 體를 세운다는 것은 무엇이고, 敬으로써 幾를 바르게 하고 그 결과를 얻는다는 것은 무엇인가? 敬이 무엇인데 그러한 기능을 갖는다는 것인가? 이 점에 대해서 답변하기 위해서는 우리는 退溪의 다음 말을 유심히 살펴 볼 필요가 있다.

> 사람이 학문을 함에 있어서는 有事·無事·有意·無意를 막론하고 오로지 敬을 위주로 하여 움직일 때나 움직이지 않을 때나 그것을 상실하지 않는다면, 생각이 아직 생겨나기 전에는 心體를 虛明하고 그 본질이 아주 純一하여지며, 생각이 이미 생겨난 다음에는 義理가 밝게 드러나고 物欲이 멀어져 분란을 일으킬 위험성이 점차 감소되고, 그러한 순간들이 축적되어서 학문의 목적을 이루게 된다.4)

여기서도 알 수 있듯이 敬은 학문의 완성된 형태가 아니라 학문의 완성을 가능하게 하여 주는 바탕이다. 敬이 뒷받침됨으로써 학문은 궁극적으로 완성될 수 있는 것이다. 그러나 학

4) 退溪全書 卷五, p.285.「人之爲學, 勿論有事·無事·有意·無意, 惟當敬以爲主, 而動靜不失, 則當其思慮未萌也, 心體虛明, 本領深純, 及其思慮已發也, 義理昭著, 物欲退廳, 粉擾之患漸減, 分數積而至於有成.」

문의 완성이 敬을 바탕으로 할 때 가능하여지는 것인 까닭에 敬은 학문하는 사람에게 있어서 어떤 무엇보다도 가치 있는 것이며, 학문함의 목적이 敬의 심성을 유지 보전하는데 있다고 말해도 크게 그릇된 말이라고 할 수도 없는 것이다.

그러면 敬은 구체적으로 어떠한 기능을 담당하는가? 우선 敬은 두 가지 차원에서 살펴보지 않으면 안 될 것이다. 하나는 심성의 본체면에서이고, 다른 하나는 심성의 작용면에서이다.

심성의 본체면에서 敬은 어떠한 기능을 담당하는가? 심성의 본체면이라 하는 것은 심성이 움직이기 전의 상태를 뜻한다. 그러한 상태에서 敬은 위에서 볼 수 있듯이 '心體의 虛明'과 '心性의 純一'을 보장하여 주는 기능을 담당한다. 즉, 심성의 순수성을 유지하여 주고, 그 내면적 天理의 명철성을 보장하여 주며, 그 내면적 天理가 心작용의 주체로서의 자리를 확보하게 하여 주는 기능을 심성의 본체면에서 敬을 수행한다는 말이다.

심성의 작용면에서 敬은 어떠한 기능을 담당하는가? 심성의 작용면이라 하는 것은 심성이 움직이는 동안의 상태를 뜻한다. 그러한 상태에서 敬은 위에서 볼 수 있듯이 '義理를 밝히고', 物欲을 멀리하게 하는 일을 담당한다. '義理를 밝힌다'는 것은 그 내면적 이치가 밝게 드러나게 하는 것이다. '物欲을 멀리 한다'는 것은 그 이치의 구현이 욕심에 의해 영향 받지 않게 하는 것이다. 그리하여 敬은 心작용의 순수성과, 心작용의 명철성을 유지하여 주어서 마침내 그 내면적 이치가 실제적으로 현실 속에서 구현될 수 있도록 하여 주는 것이다.

敬은 이렇게 심성의 발현 이전과 발현 이후의 양 측면에서 心의 본체와 그 작용을 주관하는 심리적 상태를 의미한다. '敬으로써 性을 보존하여 그 體를 세운다'는 것은 바로 심성의 발현 이전에서 敬이 수행하는 기능을 뜻하는 것이고, '敬으로써 幾를 바르게 하여 그 결과를 얻는다'는 것은 바로 심성이 발현한 이후에 敬이 수행하는 기능을 뜻한다.

그러면, 이러한 敬의 기능은 어떻게 하여 얻어질 수 있는 것인가? 그것은 진실로 '敬으로써 순일하게 하지 않으면 어떻게 그 性을 보존하고 그 體를 세울 수 있겠는가?'라는 구절이나, '진실로 敬에 의거하여 순일하게 하지 않는다면 또 어찌 그 작용의 幾를 바르게 하고 그 운용의 결과를 얻겠는가?'라는 구절로부터 해답이 주어질 수 있는 문제일 것이다. 敬은 심성을 순일하게 하는 것이며, 그것이 심성의 발현 이전에서 행하여졌을 때에는 전자의 기능이 주어지고, 그것이 심성의 발현 이후에서 행하여졌을 때에는 후자의 기능이 주어지는 것이라는 말이다. 그러니까 '심성을 순일하게 한다'는 것은 敬의 1차적인 기능이고, 性을 보존하여 그 體를 세우거나 幾를 바르게 하여 그 결과를 얻는다는 것은 敬의 2차적인 기능이라고 할 수 있겠다. '심성을 순일하게 한다'는 것이 이러한 것들의 원인이 되는 것이기 때문이다. 그러니까 직접적으로 敬이 연출하여 내는 기능은 심성을 순일하게 하여준다는 것이고, 性을 보존하여 그 體를 세우거나 幾를 바르게 하여 그 결과를 얻는다는 것은 그러한 敬의 직접적 1차적 기능이 心작용 이전이나 이후에서 행사되었을 때 저절로 얻어질 수 있는 부수적·2차적 기능이라는 이야기이다.

심성의 순일함이란 어떤 것인가? 退溪는 이렇게 말한다.

> 경을 갖추면 마음이 곧 순일하여지고, 마음이 순일하여지면 생각이 저절로 청정하여진다.5)

5) 退溪全書 卷四, p.30.「敬則心便一, 一則思慮自靜矣.」

심성의 순일함이란 곧 생각의 청정함을 뜻한다. 그러니까 욕심이라던가, 사악한 의지라던가 하는 것들의 영향으로부터 자유로운 깨끗하고 순수한 마음의 상태가 敬을 갖춤으로부터 가능하여진다고 退溪는 보는 것이다.

이러한 敬의 기능은 중국 역사의 고대에 있어서는 '中'이 담당하였던 것이고, ≪中庸≫이래로는 '誠'이 담당하였던 것이다. '中'은 형식적 개념이고, '誠'과 '敬'은 내용적 개념이다.

中이 형식적 개념이라는 것은 무슨 의미인가? 그것은 마음의 순수한 상태가 어떤 생각으로부터도 떠나있는 형식적 측면을 취해서 이 개념이 조형된다는 것을 의미한다. 마음이 어떤 생각으로부터도 떠나 있다는 것은 무론 아무런 생각도 없는 심성의 공동상태를 뜻하는 것은 아니다. 마음의 중립성이라는 이 형식적 측면에서의 개념은 바로 심성의 순일함·순수함을 가능하게 하여 주는 개념인 것이다.

誠이 내용적 개념이라는 것은 무엇인가? 그것은 誠이 심성의 어떤 구체적·실질적 태도를 뜻하는 것이라는 것을 의미한다. 그것은 中처럼 어떤 무엇으로부터도 떠나 있는 것이라는 식으로 그 내용을 비워 버리는 방식으로 어떤 무엇인가를 드러내는 것이 아니라, 직접 구체적인 내용을 채워 넣음으로써 그것을 통하여 어떤 목적을 성취하고자 하는 방식을 취한 결과로써 주어지는 개념이다. 즉, 고대적인 개념인 中에 誠이라는 내용을 집어넣으면서 그 실질적인 의미를 변모시키지 않는 것이다. 그러니까 中과 誠은 동일하게 다 같이 심성의 순일함·순수함을 목적으로 한다는 말이다. 다만 中은 그 내용을 비워버림으로써 목적을 드러내는데, 誠은 그 내용을 채워 넣으므로써 목적을 성취하는 차이가 이들 양자 사이에는 있을 뿐이다. 誠은 성실성이다. 이 성실성은 어떤 사사로운 생각이 숨어들 여지도 남겨놓지 않는다. 그리하여 심성을 성실성으로 충만되게 할 때 그 순일성은 극도로 발견될 수 있는 것이다.

退溪의 敬은 바로 이 내용적 개념으로서의 誠과 같은 차원의 것이다. 敬은 경건성을 뜻한다. 敬은 실제에 있어서 誠과 어느 정도 그 개념의 울타리를 같이 하기도 하고 달리하기도 한다. 그것이 심성의 순일함을 가능하게 하여 주는 개념이라는 점에서는 그 양자는 의미를 같이 한다. 誠을 내면에 간직할 때 그 내면적 천리가 손실되지 않고 총체로 발현될 수 있다는 ≪中庸≫의 입장이나, 敬을 내면에 간직할 때 내면적 이치가 하나 빠짐없이 구체적으로 나타날 수 있다는 退溪의 주장은 서로 맥락을 같이 하는 것이다. 誠을 내면에 간직하게 되면 사사로운 욕심이나 개별적인 의지가 생겨날 수 없고, 그렇다고 할 때 내면적 천리의 요구가 그대로 동작하고, 그대로 소기의 목적을 달성할 수 있다는 것이 ≪中庸≫의 입장이다. 敬을 내면에 간직하게 되면 내면적 이치가 그대로 동작할 수 있으며, 그대로 마땅한 결과를 생산하여 낼 수 있으리라는 것이 退溪의 입장이다. 그러므로 실제에 있어서 이 양자, 그러니까 誠과 敬은 그 의미와 기능을 같이 하는 것이라고 하겠다. 그런데 왜 退溪는 굳이 敬이라는 개념을 고집하고, 誠개념을 그 敬개념의 전제로 삼는 것인가? 그것은 退溪에 있어서 誠과 敬이 어느 정도 의미의 차이를 갖기 때문이라고 말할 수 밖에 없다.

誠과 敬은 어떠한 차이가 있다고 할 수 있겠는가? 誠보다는 敬이 의미상 보다 철저하고 보다 엄격하다는 것이 아마도 이들 양자 사이에서 나타나는 차이라면 차이라 할 수 있을 것이다.

敬은 誠보다 엄숙주의적이고, 경건주의적인 개념이다. 誠은 그저 순수하게 발현될 수 있는 심리적 상태라고 한다면, 敬은 자기 속에 어떤 권위 있는 감독자를 두고 그것의 명령에 좇듯이 함으로써 발현될 수 있는 심리적 상태이기 때문이다. 이 점에서 우리는 敬이 誠보다 훨씬 더 철저하고, 훨씬 더 진지한 의미를 갖는 것이라고 할 수 있을 터이다.

이러한 측면은 <敬齋箴> 속에서도 확인될 수 있다.

그 衣冠을 바르게 하고, 그 시선을 공손하게 하라. 마음을 고요하게 하고 조용히 저 위대하신 上帝를 대하듯이 행동하여야 한다. 발은 반드시 신중히 움직여야 하고, 손은 반드시 공손히 움직여야 한다. 길을 걸을 때는 마치 개미집 하나라도 밟지 않으려는 사람처럼 조심스럽게 발을 내디뎌야 한다. 집 밖에 나서면 손님처럼 조심스럽게 행동하고, 일을 할 때면 제사를 받들 듯이 하여, 조심하고 또 조심해서 행할 것이지 혹시라도 쉽게 하려 하여서는 안된다. 병을 마개로 막듯이 입조심을 하고, 성처럼 견고하게 헛된 생각이 일어나는 것을 막고, 경계하고 조심하여 혹시라도 경솔히 하여서는 안된다. 서쪽으로 가면서 동쪽으로 가는 생각을 하지 말고, 북쪽으로 가면서 남쪽으로 가는 생각을 하지 말아라. 딱 마땅한 자리에 있어야지 있어야 할 자리를 버리고 다른 곳으로 가려 해서는 안된다. 두 가지 일에 마음을 두어 두 마음을 만들지 말고, 세 가지 일에 마음을 두어 세 마음을 만들지 마라. 오로지 마음을 한가지로 가져서 만 가지 변화를 다 이것으로 감독하여야 한다. 이것에 좇아 모든 일을 행하면 이것을 持敬이라 하는 것으로, 움직일 때나 조용히 있을 때나 진실에서 벗어나지 않게 되고, 안과 밖이 다 바르게 된다. 잠시라도 이 敬을 상실하게 되면 私欲이 만 가지로 일어나서 불이 없는 곳에서도 더워 어찌할 줄을 모르게 되고 얼음도 안 어는 곳에서 추워 어쩔 줄을 모르게 된다. 조금이라도 敬을 지킴에 있어서 차질이 있다면 하늘과 땅이 서로 자리를 바꾸어 서게 되고, 三綱의 질서가 파괴되게 되며, 구법 또한 혼란되게 된다. 아! 어리석은 사람이여! 이것을 염두에 두고 공경하는 마음으로 행할 지어다. 이를 글로 적어 경계를 삼고, 감히 마음 속 깊이 새겨 두는 바이다.6)

6) 退溪全書 卷一, p.209의 <敬齋箴> 참조.

# 第九 敬齋箴圖

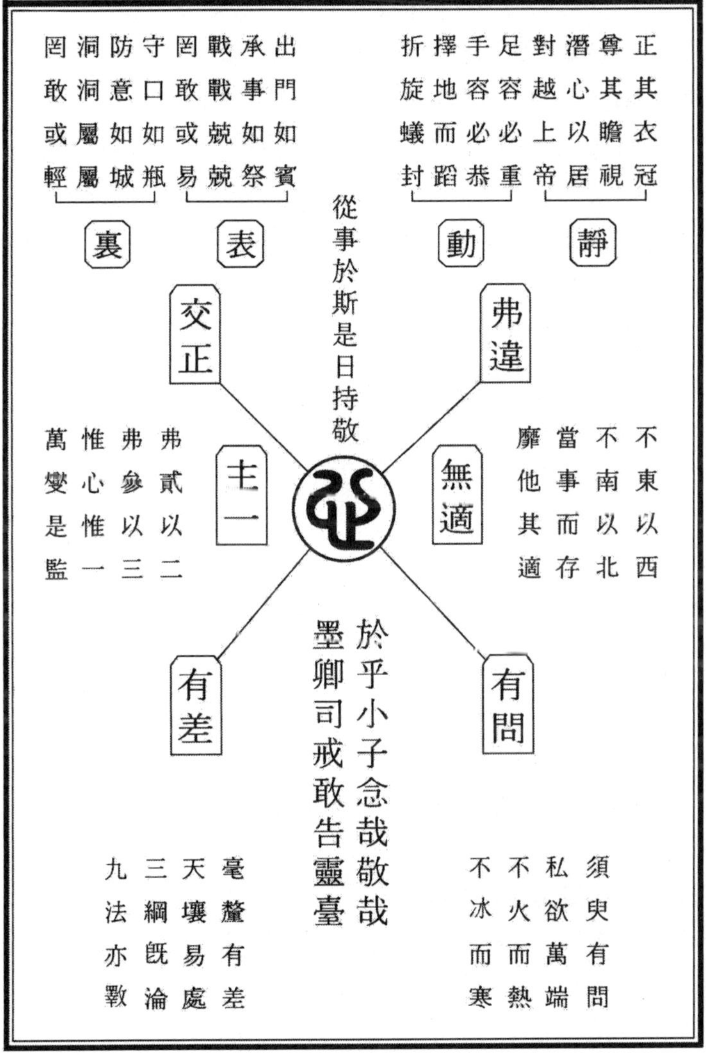
正其衣冠 尊其瞻視 潛心以居 對越上帝
靜
足容必重 手容必恭 擇地而蹈 折旋蟻封
動
出門如賓 承事如祭 戰戰兢兢 罔敢或易
表
守口如瓶 防意如城 洞洞屬屬 罔敢或輕
裏
從事於斯是日持敬
弗違
交正
無適
主一
敬
不東以西 不南以北 當事而存 靡他其適
弗貳以二 弗參以三 惟心惟一 萬變是監
有問
有差
於乎小子念哉敬哉
墨卿司戒敢告靈臺
須臾有問 私欲萬端 不火而熱 不冰而寒
毫釐有差 天壤易處 三綱既淪 九法亦斁

이상의 〈敬齋箴〉을 통하여 우리는 退溪의 敬이 어떤 의미를 지니는 것인지를 분명히 확인할 수 있다. 이 〈敬齋箴〉은 朱子가 張敬夫의 〈主一箴〉을 읽고 나서 쓴 것이다. 아마도 이것이 退溪의 敬개념의 핵심 부분이라고 할 수 있을 것이다. 그것을 바탕으로 하여 송대의 王魯齋는 〈敬齋箴圖〉를 그린다. 退溪는 이것을 그의 ≪聖學十圖≫의 第九圖에 위치시킨다.

이 〈敬齋箴〉에 나타나 있는 바와 같이 敬은 '上帝를 섬기듯이', '제사를 모시듯이', '손님처럼' 언제 어디에서나 조심하고 경계하고 공손하게 하는 것을 의미한다. 이러한 敬의 의미를 보다 분명히 알 수 있기 위해서는 이른바≪聖學十圖≫의 第九圖인 〈敬齋箴圖〉를 볼 필요가 있다.

〈敬齋箴圖〉에서 볼 수 있듯이 持敬은 심성 내적인 평정의 체가 되며, 행동거지의 경계가 되며, 主一無適의 주체가 된다. 일체가 다 持敬의 차원에서 설명되는 것이다. 이렇게 退溪는 敬의 의미를 중시한다. 그것은 비단 〈敬齋箴圖〉에서만 살펴질 수 있는 것은 아니다. 退溪가 이른바 聖學, 즉 유학을 보는 시각을 집약적으로 드러내 보여주는 것이 있다면 그것은 ≪聖學十圖≫일 것이다. 이 ≪聖學十圖≫는 사실 敬 한자로 관통될 수 있다고 하여도 과언은 아니다. 도해 중에 구체적으로 敬의 역할과 의미가 나타나 있는 것만을 말한다 하더라도 앞에 든 〈敬齋箴圖〉와 〈小學圖〉·〈心學圖〉·〈夙興夜寐箴圖〉등이 있다. 그 각각의 도해 속에서 敬은 어떠한 역할을 담당하는가?

먼저 〈小學圖〉[7]를 보자.

이 〈小學圖〉 속에서 敬은 세 축중의 하나로써 나타난다.

---

7) 〈小學圖〉는 退溪가 ≪小學≫에 의거하여 도해한 것이다. 퇴계는 이것을 〈大學圖〉와 대비해서 그렸다고 밝혀두고 있다. 退溪는 이것을 ≪聖學十圖≫中 第三圖에 위치시킨다.

# 第三小學圖

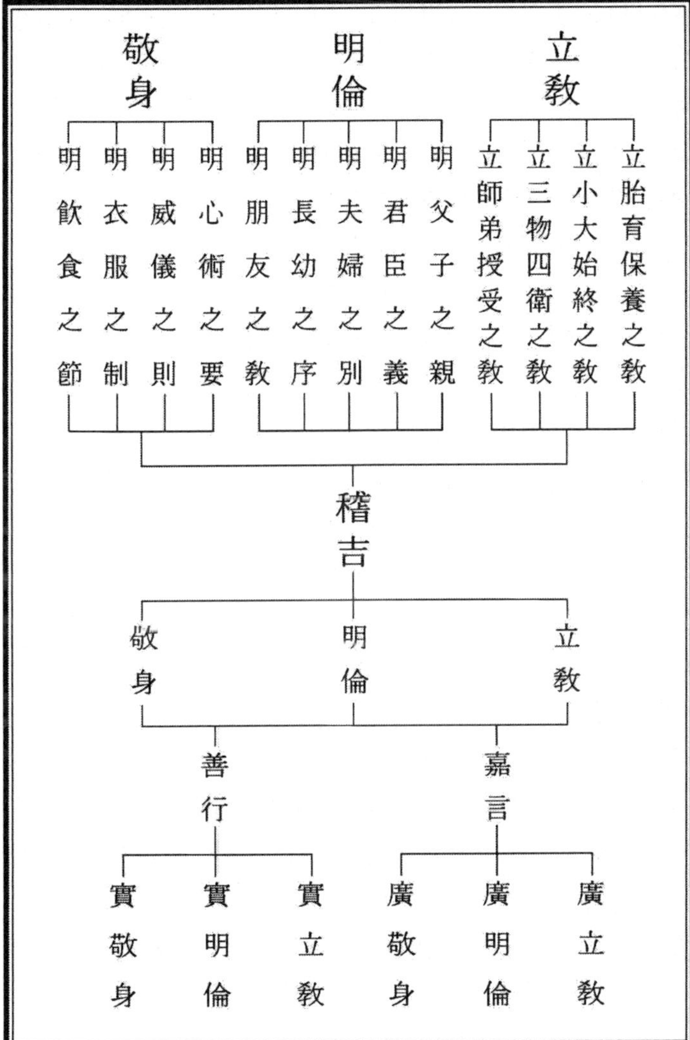

敬身
明倫
立敎
明飮食之節
明衣服之制
明威儀之則
明心術之要
明朋友之敎
明長幼之序
明夫婦之別
明君臣之義
明父子之親
立師弟授受之敎
立三物四衛之敎
立小大始終之敎
立胎育保養之敎
稽吉
敬身
明倫
立敎
善行
嘉言
實敬身
實明倫
實立敎
廣敬身
廣明倫
廣立敎

<小學圖>의 세 축은 立敎·明倫·敬身이다. 敬은 바로 敬身으로 나타나는 것이다.

敬身은 무엇인가? <小學圖> 속에서 그것은 心작용의 요체를 밝혀 주는 기능(明心術之要), 행동의 법칙을 밝혀주는 기능(明威儀之則), 옷차림의 법도를 밝혀주는 기능(明衣服之制) 먹고 마시는 것의 절도를 밝혀주는 기능(明飮食之節)등의 제기능을 행사하는 모습으로 나타난다. 이러한 제기능들이 敬身으로 설명되는 것이다. 이 敬身은 立敎의 결과로 주어지는 것으로서 明倫의 본질이 된다고 할 수 있을 것이다.

<心學圖>[8]에서는 心이 身을 주재하는 성격을 지니는 것이라면, 敬은 心을 주재하는 것으로 간주된다.

그러니까 <心學圖>에서 보면 擇善하고, 그 善을 행할 수 있는 심리적 근거를 확보 하였을 때 心은 敬을 내용으로 삼는 心이라고 할 수 있게 된다. 즉, 완성된 心은 敬에 의해 주도되는 것으로 설명된다는 것이다. 心이 敬에 의하여 주도될 때 愼獨·克己復禮·心在·求放心·正心·四十不動心·七十而從心·盡心·養心·心思·操在·戒愼恐懼 등이 가능하여 진다고 보는 것이 바로 <心學圖>의 체계이다. 그러니까 유학의 모든 완성된 심성의 양태, 도덕적으로 완성된 심성의 모든 기능들이 心이 敬에 의해 주도됨으로써 가능할 수 있는 것으로 <心學圖>는 설명하여 주고 있는 것이라고 하겠다.

<夙興夜寐箴圖>[9]에서는 敬을 심성의 중심에 놓고 모든 것이 그 敬을 축으로 삼아 말하여진다. <夙興夜寐箴圖>는 아침

---

8) 心學圖는 林隱 程氏가 聖賢들이 心學을 論한 것들 중에서 중요한 것을 선별해서 도해한 것이다. 退溪는 이것을 ≪聖學十圖≫중 제팔도에 위치시킨다.

9) <夙興夜寐箴圖>는 退溪가 南塘 陳茂卿의 <夙興夜寐箴>을 <敬齋箴圖>를 모방하여 도해한 것이다. 退溪는 이것을 ≪聖學十圖≫中 第十圖에 위치시킨다.

# 第八心學圖

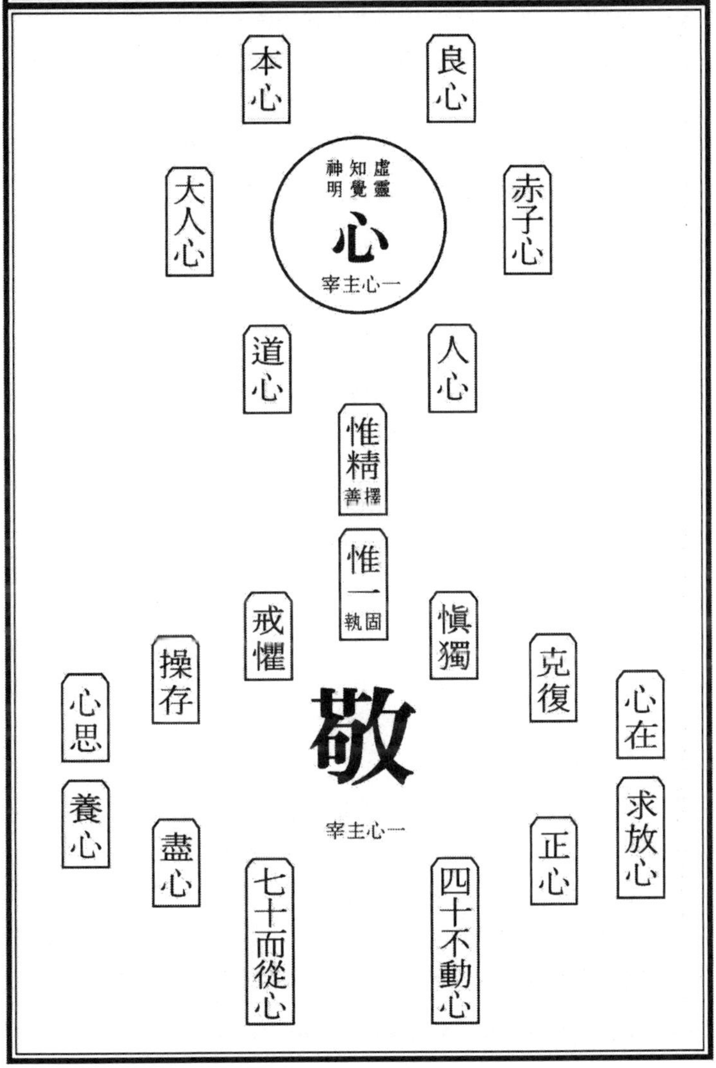
本心
良心
大人心
虛靈
知覺
神明
心
一心主宰
赤子心
道心
人心
惟精
擇善
惟一
固執
戒懼
愼獨
操存
克復
心思
心在
敬
一心主宰
養心
求放心
盡心
正心
七十而從心
四十不動心

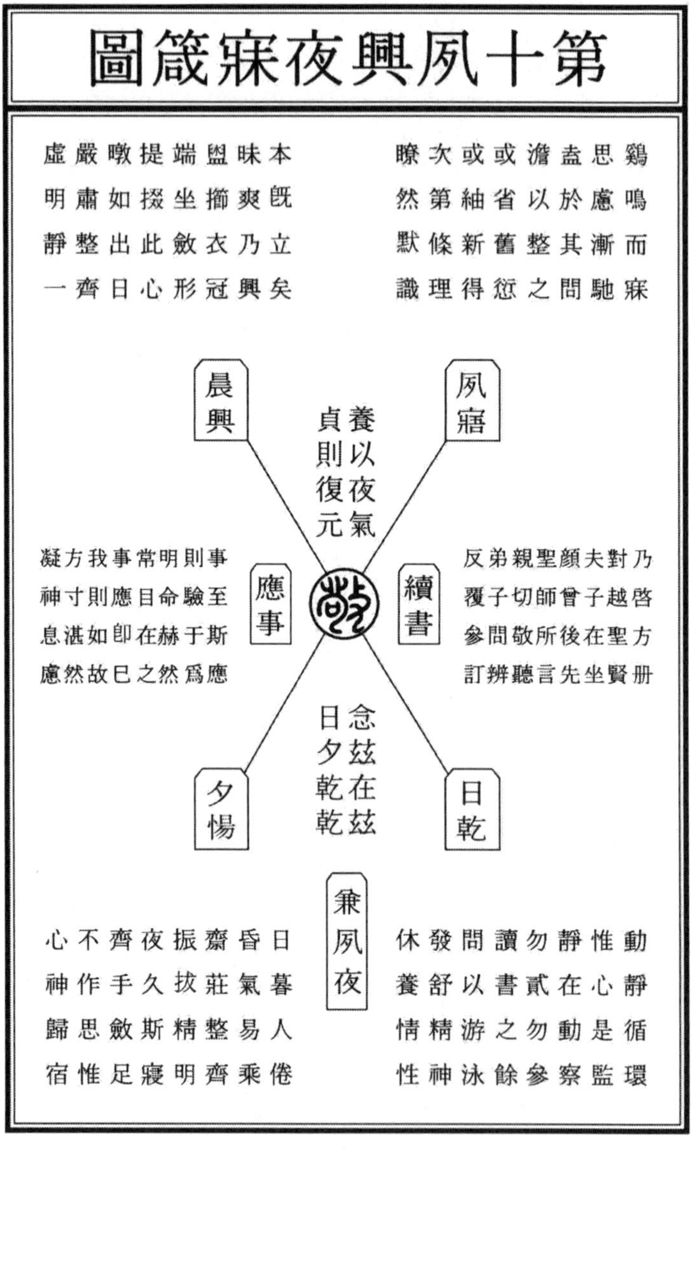
第十夙興夜寐箴圖
夙寤
鷄鳴而寤 思慮漸馳 盍於其間 澹以整之 或省舊愆 或紬新得 次第條理 瞭然默識
晨興
本既立矣 昧爽乃興 盥櫛衣冠 端坐斂形 提掇此心 暾如出日 嚴肅整齊 虛明靜一
養以夜氣 貞則復元
讀書
乃啓方冊 對越聖賢 夫子在坐 顔曾後先 聖師所言 親切敬聽 弟子問辨 反覆參訂
應事
事至斯應 則驗于爲 明命赫然 常目在之 事應卽已 我則如故 方寸湛然 凝神息慮
敬
念兹在兹 日夕乾乾
日乾
夕惕
兼夙夜
動靜循環 惟心是監 靜存動察 勿貳勿參 讀書之餘 間以游泳 發舒精神 休養情性
日暮人倦 昏氣易乘 齋莊整齊 振拔精明 夜久斯寢 齊手斂足 不作思惟 心神歸宿

에 잠자리에서 깨어날 때부터 밤에 잠자리에 들 때까지 讀書와 應事, 책 읽고 일하고 하는 모든 경우에 있어서, 어느 때나 어디에서나 敬을 상실하여서는 아니된다는 것을 도해로 표현하여 놓은 것이다. 이렇게 한 순간도 敬을 상실하지 않고 敬으로 임할 때에 생활의 전 영역에 있어서 천리가 구현될 수 있다고 하는 것이다.

退溪는 우리가 ≪聖學十圖≫의 거의 반이나 되는 도해 속에서 敬을 중심으로 하는 것을 볼 수 있듯이 그 학문체계의 핵심 부분에 敬 개념을 위치시킨다. 비단 그러할 뿐만 아니라 그 나머지 도해들도 분명히 敬이라는 개념이 밖으로 드러나 있지는 않지만 실제에 있어서 그것들의 배면에서 敬이라는 개념이 발견될 수 있는 것임을 우리는 부인하지 못한다.

敬이라는 개념은 위에서 우리가 살펴보았듯이 생각이 일어나기 이전이나 생각이 일어난 뒤에나 우리들 심성의 바탕이 되는 자리에 놓여져 있어야 하는 것이다. 그렇게 함으로써 말하고 행동하고 일하고 공부하고 먹고 마시고 입고 생활하고 하는 행위세계의 모든 영역들과 생각하고 계획하고 꾀하는 심리세계의 모든 영역들이 그대로 법도를 구현하고 있는 것으로 나타날 수가 있다고 退溪는 보고 있는 것이다. 그만큼 退溪哲學의 체계 속에서 敬이 지니는 의미는 중요한 것이다.

敬은 이렇게 誠과 같은 기능을 지닌다. 誠도 역시 그것을 통하여 모든 이치가 생활의 전 영역에서 구현될 수 있게 하는 것이다. 그러나 비록 이 양자가 서로 기능과 효과를 같이 하기는 하여도 그 양자의 의미가 완전히 부합될 수 있는 것은 아니다. 敬은 誠과 어떻게 다른 개념이기에 退溪는 굳이 誠을 제쳐놓고 敬을 가지고 말하는 것인지 알아보도록 하자.

## 4. 誠과 敬

誠과 敬은 같으면서도 다르다. 그 기능의 측면에서는 이 양자는 서로 의미를 같이 하지만, 그 내용은 서로 다르다.

退溪는 誠에 대해서 이렇게 말한다.

> 誠이라고 하는 글자는 단지 眞實無妄을 일컫는 것으로써 造化의 차원에서는 實理라 할 수 있고, 사람에게 있어서는 實心이라고 할 수 있는 것이다.[10]

誠은 '성실함', '진실함', 거짓되지 않음'의 의미를 지니는 것이라는 말이다. 이것은 우주론적인 차원에서는 實理를 의미하고, 인성론적인 차원에서는 實心과 연결된다는 것이다. 물론 이 말은 誠이 곧 實理이고, 實心이라는 것은 아니다. 이 말은 다만 實理는 誠을 통해서만 드러나고, 實心은 誠을 통해서만 구현될 수 있다. 또는 實理나 實心의 본질은 誠이다. 라는 말에 다름 아니다.

誠은 모든 심성의 본질이다. 모든 존재는 誠을 포함하여 구성된다. 誠은 두 가지 차원에서 설명될 수 있다. 하나는 본체론적인 차원에서의 誠이고, 다른 하나는 수양론적인 차원에서의 誠이다. 본체론적인 차원에서의 誠은 사물의 본질이며, 따라서 후천적인 노력의 결과로써가 아니라 본구적으로 존재 내면에 갖추어져 있는 것이다. 이러한 誠은 이른바 ≪中庸≫에서 '誠이라는 것은 하늘의 道이다. ……誠을 갖추고 있는 사람은 힘쓰지 않고도 中을 유지할 수 있으며 꾀하지 않더라는 바람직한 결과를 얻으며, 행위함에 있어서 언제나 中道를 벗어나지 않으니……'라 할 때의 바로 그 誠이다. 수양론적 차

---

10) 退溪全書 卷三, p.93.「誠字當訓眞實無妄之謂, 而在造化則爲實理, 在人則爲實心.」

원에서의 誠은 이것과는 다르다. 그것은 의지의 誠으로, 후천적으로 획득하는 것이며, 그것을 가지고 행위와 생각을 조종하고 감독하는 誠이다. 退溪가 實理 또는 實心으로서의 誠을 말할 때 그 誠은 본체론적 차원에서의 誠이다. 그런데 이 본체론적 차원에서의 誠은 존재의 본질이며, 性의 본질이고, 또 모든 도덕과 원리의 본질인 것만은 사실이지만, 그러나 언제나 그대로 기능할 수 있는 것은 아니다. 대부분의 경우에 그것은 제대로 기능하여 내면적 원리로서의 性을 그대로 구현하여 내지 못하는 것이 사실이다. 그러므로 수양론적 차원에서의 誠이 또 요구되는 것이다. 그것은 의지를 誠으로 충만되게 하는 것을 의미한다. 그리하여 私欲과 악덕, 사사로운 감정 등을 배제하는 역할을 그 의지로서의 誠이 수행하게 되는 것이다.

그런데 誠은 순수한 것이다. 순수하고, 진실하고, 거짓되지 않은 그 무엇이 바로 誠인 것이다. 그러므로 그것은 비록 의지의 誠으로서 주어진다고 하더라도 개인적인 것이 아니라 객관적이고, 도덕적인 것일 수밖에 없다.

退溪가 敬을 말할 때 그 敬은 바로 수양론적 차원의 誠과 같은 位相을 갖는 것이다. 退溪는 敬은 의지로서의 敬이라는 말이다. 이 의지로서의 退溪의 敬은 수양론적인 誠, 의지로서의 誠이 담당하는 역할과 같은 역할을 수행한다. 그것은 개인적인 욕심, 기호, 개별적인 의지 같은 부정적인 상황들로부터 자유롭게 하는 기능을 담당하는 객관적이고, 도덕적인 의지인 것이다.

그런데 앞에서도 말하였듯이 誠은 순수한 개념이다. 그것은 그 순수함, 진실함을 드러내기 위해서 다른 어떠한 것도 필요로 하지 않는다. 그 자체로서 스스로를 드러낼 수 있는 개념인 것이다. 그리고 이 誠은 다분히 심성론적인 차원에 그 의미의 초점이 놓여진다. 그것이 본체론적인 誠이든 수양론적인 誠이든 그것은 다만 마음의 어떤 상태를 지시하여 주는 개념일 따름이라는 것이다. 誠은 이러한 차원에서 그 의미가 국한된다. 즉, 誠은 행동의 어떤 구체적인 양태까지를 규정하여 주는 것이 아니란 말이다.

敬은 이것과는 다르다. 敬은 본체론적인 자리, 사물과 性의 본질이며, 그 존재성의 실질이라는 자리에서까지 의미를 지니지는 못한다. 敬은 수양론적인 차원에서의 의지의 敬일 따름이다. 그리고 그 敬은 자기 스스로 자신을 드러낼 수 있는 개념이 아니다. 敬은 대상적인 의미, 상대적인 관계를 포함하여 하나의 개념으로 드러날 수 있는 것이다. 敬이 '경건성'·'공경함'·'敬慕感' 등의 의미로 규정될 수 있는 조심스러운 태도, 경계하는 태도를 의미하여 주는 것인 까닭에, 그것은 어떤 종교적 엄숙성과 그대로 연결될 수 있는 것이다. 神을 섬기듯, 조상을 공경하듯, 어떤 신성한 권위를 받아들이고, 그 권위에 의존해서, 스스로의 욕구라든지, 사악한 의지라든지 하는 것의 침입을 경계하는 것이 敬이라는 말이다. 따라서 敬은 스스로가 스스로의 의미를 전적으로 드러내 줄 수 있는 것이 아니라 어떤 절대적인 권위와의 관계 속에서 스스로의 의미를 드러내 줄 수 있는 종류의 개념이라는 이야기이다. 그리고 이 敬은 물론 기본적으로는 수양론의 결과로서 심성 내면에 자리 잡은, 어떤 도덕을 가능하게 하고, 내면적 이치의 구현을 가능하게 하는 의지이지만, 그러한 심성론적인 敬의 자리에만 촛점을 두는 것은 아니다. 그것은 행위의 실제적인 영역에도 동등한 의미를 부여하는 개념인 것이다. 따라서 그것은 옷을 입고, 말하고, 먹고, 마시고 하는 생활의 실제적인 부분 속에까지 펼쳐져 있는 개념이라고 할 수 있다. 생활의 전 영역에서, 언제 어디서나, 한 순간의 방심도 용인하지 않는 경건주의, 그것이 비단 도덕적인 측면과 직접 연결되어 있지 않은 경우에 있어서도, 아주 사소한 생활의 문제에 있어서까지도 구체적으로 감독하고 경계하고 하는 주체, 退溪는 그러한 주체로서, 자신의 생활의 구석구석을 감독하는 감독자로서 敬의 개념을 받아들이는 것이다. 그만큼 敬의 기능은 誠보다 철저하고, 誠보다 더 적극적이고, 誠보다 더 외면적이라고 할 수 있겠다. 사실 敬은 誠에 비해 보면 한결 외형적이고, 형식주의적인 개념인 것이다. 敬은 일상의 제 영역에 있어서 그 형식주의를 완성시킴으로써 내면적 敬을 확보하는 것을 목적으로 하고, 그리하여 모든 이치를 구현할 수 있기를 희망하는 개념인 것이다. 그러므로 退溪는 이 敬을 道에로 들어가는 관문이라고 이해한다. 이 경우에 있어서의 敬은 바로 외형적·형식주의적인 敬이라고 하겠다. 그러나 이러한 형식주의로서의 敬은 무조건적으로 받아들여지는 것은 아니다. 생활의 구석구석을 경계하고 감독하는 경건주의가 다 '道에로 들어갈 수 있는 관문'으로서의 敬이라 하거나, 그러한 것을 내면화함으로써 모든 도리가 구현될 수 있는 敬일 수는 없다. 退溪는 그러므로 '道에로 들어가는 관문'으로서의 敬은 誠을 바탕으로 하는 것이라고 말한다. 誠을 바탕으로 할 때 그 경건주의가 진실성을 확보할 수 있으며, 간단없는 지속성을 확보할 수 있다고 보는 것이다. 退溪는 이렇게 말한다.

> 敬은 道에로 들어가는 관문인데, 반드시 誠을 토대로 한 다음에야 그 지속력을 발휘할 수 있다.11)

그러니까 退溪에 있어서 敬은 誠을 토대로 해서 존재하고, 誠을 토대로 해서 전개되는 개념이라고 하겠다. 내면적 誠은

---

11) 退溪全書 卷五, p.287.「敬是入道之門, 必以誠然後不至於問斷.」

진리를 표현할 수 있게 하여 주는 것이고, 진리가 그 나름의 형식을 갖추고 존재할 수 있게 하는 것이다. 敬은 바로 이러한 내면적 誠, 심성론적·본체론적 誠에 입각하여 의지의 영역에서 모습을 드러내는 것으로서 수양론적·행위론적 측면이 부각되는 개념인 것이다. 그것이 誠에 바탕 하지 않을 때는 그것은 왜곡된 경건주의, 잘못된 행위에로 이끄는 감독자일 수 밖에 없을 것이다. 그리고 설령 그것이 진실의 어떤 모습을 띠고 있는 것이라고 하더라도 誠에 바탕한 것이 아니라면 진실한 경건주의, 언제 어디에서나 눈을 감아 버리지 않고 새벽에 눈을 떴을 때부터 밤에 잠자리에 들 때까지, 목숨이 목전에 걸려있는 순간에까지도 물러서지 않고 끝까지 유지될 수 있는 敬이 될 수 없는 것이다. 이것은 물론 외형적 경건주의로서의 敬에만 적용될 수 있는 말은 아니다. 내면적 敬, 의지의 敬에 있어서도 똑같이 의미를 지닐 수 있는 말이라는 것이다. 어쨌든 退溪가 誠에 바탕할 때 敬은 마음속에서든 생활의 구체적인 태도에 있어서든 그 지속적 의미를 간직할 수 있다고 보고 있다는 점만은 누구도 부인할 수 없는 일이라 하겠다. 退溪에 있어서 誠은 敬의 하부구조로 편입된다는 말이다. 退溪는 誠에 바탕한 敬을 통하여 내면을 純一하게 유지하고, 외면적 태도를 공손하고 경건하게 유지하여, 생활의 전 영역에 있어서 한 순간도 법도에서 벗어나는 일이 없도록 철저하게 자신을 감독하고 다스리기를 소원하는 것이다. 이 점에서 우리는 退溪를 엄숙주이자·경건주이자 라고 말할 수 있을 것이다.

## 5. 聖學과 敬

聖學이란 退溪가 유학을 지칭할 때 쓰는 개념이다. 그러니까 우리는 이러한 단순한 호칭만 가지고서도 이 시대 조선의 유학자들에게 있어서 유학이 어떠한 의미를 지니는 것이었는지를 알 수 있을 것이다.

退溪는 말한다.

> 聖學은 敬에서 시작되어서 敬에서 끝난다.[12)]

우리는 이점을 이제까지 누누이 말해 왔었다. 退溪에 있어서 유학이 敬 하나로 요약될 수 있으며, 특히 敬으로부터 유학공부가 시작되고 敬에서 유학공부가 끝난다는 것은 退溪의 유명한 ≪聖學十圖≫를 통해서 그대로 증명될 수 있다. ≪聖學十圖≫의 제1도 <太極圖>[13)]와 제2도 <西銘圖>[14)]는 성학의 근거를 밝힌 것이고, 성학공부는 제3도인 <小學圖>로부터 시작된다고 할 수 있다. 이 <小學圖>는 敬身을 핵심으로 한다. 이 <小學圖>에서의 敬은 외형적이고, 형식적 차원의 敬이라고 할 수 있다. 이 경우에 있어서의 敬은 誠에 바탕하는 敬이 아니고, 誠에 바탕하여 내면화된 敬이 아니므로 한결 조심스럽고 한결 주의 깊은 행위와 의식의 감독자로서 나타난다. 생활의 자질구레한 일들, 입고 먹고 마시는 일들로부터 생각하고 계획하는 일에 이르기까지의 전 영역을 敬을 가지고 감독하고 경계하고 하는 일에서 성학공부는 시작되는 것이다. 그리하여 그 성학공부는 의지의 敬을 확보함으로써 끝이 난

---

12) 退溪全書 卷一, p.210.「敬爲誠學之始終.」

13) 이것은 周濂溪의 圖로써 宋明理學의 선구로써의 역할을 담당하는 것이다.

14) 이것은 林隱 程氏가 張橫渠의 ≪西銘≫을 도해한 것이다.

다. 의지의 敬을 확보하였다는 것은 심성을 主一無適의 體로 완성시켜 심성내적 차원에 있어서나 외적 차원에 있어서나, 가만히 있을 때에나 움직일 때에나 敬을 상실하지 않음을 의미한다. 의지의 敬을 확보하였다는 것은 잠자리에서 깨어날 때부터 잠자리에 들 때까지 한 순간도 멈춤이 없이 인간의 의식과 생활의 전영역이 敬에 의해 통제되고 감독됨을 의미한다. 전자의 측면은 <敬齋箴圖>에서 구체적으로 제시되고, 후자의 측면은 <夙興夜寐箴圖>에서 분명하게 살펴진다. 성학공부의 결과는 ≪聖學十圖≫ 중 제9도 <敬齋箴圖>와 제10도 <夙興夜寐箴圖>를 통하여 설명될 수 있다는 말이다. 이러한 성학공부의 결과는 우주론적 차원에서는 <太極圖>가 제시하여 주는 천지원리와의 합일을 뜻하고, 도덕론적 차원에서는 <西銘圖>가 제시하여 주는 仁의 구현을 의미한다. 그리고 심성론적 차원에서는 그것의 ≪聖學十圖≫중 제8도인 <心學圖>가 제시하여 주듯이 이른바 孔子의 70세의 정신경계인 '從心所欲不踰距'의 구현으로 설명될 수 있다. 이 모든 성학공부의 결과를 退溪는 敬의 확보의 차원에서 설명하는 것이다. 그러니까 성학공부는 ≪聖學十圖≫중 제3도 <小學圖>로부터 시작되어 제8도 <心學圖>·제9도 <敬齋箴圖>·제10도 <夙興夜寐箴圖>에서 끝이 나는데, 이 8·9·10도의 정신경계는 제1도와 제2도의 그것을 구현하는 것으로 설명될 수 있다는 말이다. 이 일체가 다 敬을 내용으로 하여 전개되는 체계라는 것이다. 이러한 점에서 退溪는 敬을 성학의 출발점이며 종착점으로 인정하는 것이다. 이러한 입장은 退溪가 朱子로부터 인습하는 종류의 것이다.

朱子도 역시 退溪와 똑같은 주장을 하고 있는 것이다.

나는 敬이라는 글자가 성학이 시작되고 완성되는 원인이라고 들

었다.[15)]

朱子의 이 말은 退溪가 ≪全書≫속에서 인용하고 있는 부분이다.

앞에서도 말하였듯이 敬은 목적으로서의 덕목은 아니다. 그것은 성학의 최종적 목적일 수 없다는 것이다. 성학의 최종적 목적은 도덕적 완성의 자리에 놓여지는 것이며, 천리를 구현하는 자리에 놓여지는 것이다. ≪聖學十圖≫를 가지고 이야기하자면 성학의 최종적 목표가 되는 것은 제1도와 제2도에서 제시되는 우주론적인 원리, 도덕론적인 원리의 구현에 있는 것이라고 할 수 있다. 敬은 그러한 원리 세계를 구현하기 위해 마땅히 요구되는 바탕인 것이다. 그러므로 ≪聖學十圖≫의 제8도·9도·10도에서 敬을 내면화 하고, 실체화하는 것으로 끝나는 것은 그것 자체가 최종적인 목적이라 할 수는 없다고 하겠다. 그것을 바탕으로 하여 제1도·제2도의 경지가 언제 어디에서나 구현 가능하다는 것에 불과한 것이다. 우리가 敬을 성학의 처음이면서 끝이라고 간주하고, 언제 어디에서나 기능이 가능한 敬을 확보하는 것이 성학의 목표라고 말 할 때에는 항상 이점을 염누에 두고 이해하지 않으면 아니된다.

敬은 수단으로서의 덕목이지 목적으로서의 덕목은 아닌 것이다. 敬이 확보될 때 그 목적은 저절로 구현될 수 있을 따름인 것이다. 어째서 그러한가? 누누이 말하지만 敬의 확보로 말미암아 스스로의 욕구의 발동이나 사사로운 의지의 침입이 경계되고 배제되기 때문이다.

退溪는 이렇게 말한다.

다스려지느냐 다스려지지 않느냐 하는 것은 敬이 습득되느냐의

---

15) 退溪全書 卷一, p.202에서 退溪는 朱子의「吾聞, 敬之一字, 聖學之所以成始成終者也.」라는 말을 引用하고 있다.

여부에 달려 있다. 敬이 습득되면 욕심이 줄어들고 이치가 드러난다. 욕심이 줄어들고 또 줄어들어서 아주 없어지기에 이르면 가만히 있을 때는 마음이 허허롭고, 움직일 때는 곧고 바르게 행동하여 성인의 경지가 학습될 수 있게 되는 것이다.16)

위의 인용에서 알 수 있듯이 敬은 경계하고 주의하는 마음이며, 그 경계하고 주의함을 통해서 욕심이나 욕구의 발동, 사사로움에 따르는 의지의 발현을 배제하여 주는 기능을 담당하는 것이다. 유학은 인간의 도덕적 자기완성을 희구한다. 退溪에 있어서도 역시 마찬가지이다. 退溪가 유학을 보는 시각에 있어서도 이점에 궁극적 의미가 부여되는 것이다. 도덕적 자기완성이라고 하는 것은 일단 개별적 욕심, 사사로운 욕구 등의 배제를 통하여 드러날 수 있는 경지이다. 退溪는 바로 이러한 도덕적 자기완성이라는 聖學의 궁극적 경지가 敬을 바탕으로 할 때만 가능하여 진다고 보는 것이다. 어째서 그러한가? 敬을 통해서 생각하고 행위할 때 개별적 욕심이나 사사로운 욕구가 침입할 수 없기 때문이다. 그리하여 개별적인 이해관계에 따라 어떤 것에는 특별한 애착을 보이고, 어떤 것에서는 아예 눈을 돌리는 등의 작용을 하지 않게 하는 기능을 담당하는 것이 바로 退溪에 있어서 敬이라는 말이다. 이러한 것들 자체가 바로 敬이라 하는 것이 아니라 敬을 간직함으로써 이러한 기능들이 저절로 행사될 수 있다는 것이다. 退溪는 이러한 敬의 기능들이 그대로 敬으로 오인되는 것을 두려워하여 이와같이 못을 박아 두는 것이다.

어리석은 생각에 망령되이 말하는 것이지만 억지로 잊어버리지도 않고(勿妄) 억지로 꾀하려 하지도 않는 것(勿助)이 바로 敬을 간직한

---

16) 退溪全書 卷一, p.199.「修之悖之, 亦在乎敬肆之問而已矣. 敬則欲寡而理明. 寡之又寡, 以至於無, 則靜虛動直, 而聖可學矣.」

자의 행위의 절도하고 말한다면 옳지만, 그것들을 곧바로 敬이라고 한다면 옳지 않다.17)

敬의 확보는 개별성으로부터 자유롭게 한다. 이것은 앞에서도 말하였듯이 誠이 담당하였던 기능이고, 中이 담당하였던 기능이다. 이들 세 개념들이 유학사의 흐름 속에서 담당하는 역할은 사실 동일하다고 볼 수 있는 것이다. 그러나 中보다는 誠이 더 적극적인 개념이고 誠보다는 敬이 더 적극적인 개념임을 우리는 부인할 수 없다. 誠은 中 개념에 내용을 확충하여 줌으로써 제시된다. 이 誠은 본체론적인 것이면서 동시에 수양론적인 것이다. 본체론적인 것이라는 것은 존재와 원리의 본질에 속한다는 것을 의미한다. 수양론인 것이라는 것은 인간의 의지와 학습의 결과에서 드러날 수 있는 것임을 의미한다. 誠은 이 양 의미영역 중에서 기본적으로는 전자의 측면이 강조되고 실제적으로는 후자의 측면이 강조되는 구조를 띤다. 敬은 이것과는 다르다. 敬은 전적으로 수양론적 차원에 놓여지는 것이다. 그러므로 敬은 심성론적 차원에서 말하더라도 의지의 敬, 후천적으로 습득된 敬으로서 말하여 질 수 밖에 없는 것이다. 이 의지의 敬을 가지고 마음속에서 사시로운 생각이 생겨나지 않도록 언제 어디에서나 경계하고 주의하는 것이 바로 敬이며, 그것을 비단 도덕적인 영역에서 뿐만이 아니라 먹고 마시고 입고 말하고 행동하고 하는 온갖 사소한 일상사에 있어서까지도 확장하여 경계하고 주의하고 하는 것이 敬인 것이다. 退溪의 성학은 이렇게 철저하고 적극적인 敬의 자기통제 하에 놓여지는 것이다. 이 점에서도 우리는 학자로서의 退溪의 엄격성을 확인할 수 있을 것이다.

---

17) 退溪全書 卷一, p.442.「愚意妄謂, 以勿忘勿助爲持敬之節度則可, 直指四字爲敬則非矣.」

# 제 7 장 退溪의 理와 氣

性理學은 理·氣의 문제를 핵심으로 한다. 理와 氣라는 개념은 물론 性理學의 시대에 이르러서야 비로소 그 모습을 드러내는 것은 아니다. 性理學의 시대 이전에도 理라거나 氣라거나 하는 개념은 존재하고 있었다. 이 말은 다만 性理學의 시대에 와서 理·氣 개념이 그들의 유학체계 속에서 상당히 중요한 위치를 차지하게 된다는 것을 의미한다. 다시 말해서 이 시대에 와서 理·氣 개념에 대해서 나름대로의 새로운 입장을 표명하지는 않는다. 退溪는 다만 송대 性理學者들의 理·氣 개념을 인습하여 그것을 보다 철저하게 운용할 따름이다. 退溪는 송명 시대 性理學자들 보다 더 철저하게 理·氣 개념을 원용하여 일체를 理·氣의 문제로 풀어내고, 일체를 理·氣를 가지고 설명한다는 말이다.

그러므로 우리가 退溪 속에서 理·氣 개념의 새로운 의미 부여의 측면을 찾아내기는 어려운 일이다. 따라서 여기에서 우리가 退溪의 理·氣에 대해서 문제를 삼는다면 그것은 退溪가 송대 性理學者들의 理·氣 개념을 어떠한 차원에서 인습하며, 어떠한 모습으로 이해하느냐 하는 것에 논의가 국한될 수밖에 없을 것이다. 다시 말해서 이 장에 있어서는 退溪가 理·氣 개념을 어떠한 내용을 갖는 것으로 수용 하는가, 어떠한 입장에서 이해하는가 하는 것을 다루고자 하는 것이라는 말이다. 우선 그러한 입장을 전제하고 필자는 여러 방향에서 退溪가 가지고 있는 理·氣 관념의 실체에 접근해 가 볼 생각이다.

## 1. 理에 대한 소박한 정의

理란 무엇인가? 이것은 사실 한마디로 대답하기 곤란한 문제가 아닐 수 없다. 理란 난해한 개념 중의 하나이기 때문이다. 理는 그 어의만을 놓고 말한다면 도리·진리·이치 등의 함의를 지니는 것이라고 할 수 있다. 그런데 사실 도리란 무엇인가, 진리란 무엇인가, 이치란 무엇인가 하는 질문을 우리가 누군가에게 던진다면 모든 기본적인 문제에 대한 답변에 있어서와 마찬가지로 이 문제에 있어서도 우리는 각각 다른 답변을 듣는 것으로 만족하지 않을 수 없을 터이다.

인간의 지식탐구의 역사는 궁극적으로 가치지향적인 성격을 지닌다. 그것은 단지 지식의 습득에서 그치는 것이 아니라 궁극적 이치, 진리의 탐구에도 지향된다는 말이다. 그러므로 모든 지식의 역사는 바로 이 理 개념과 무관하다고 할 수 없을 것이다. 退溪는 인간의 모든 지식체계의 차이가 근본적으로 이 理, 궁극적 이치를 잘못 이해한 것에서 원인한다고 본다. 退溪는 이렇게 말한다.

> 깊이 생각하여 보면 옛날이나 오늘날의 학문과 道術이 차이가 나는 까닭은 단지 理라는 글자가 알기 어려운 탓이라고 할 수 있을 것 같다.1)

이것은 理라는 글자가 알기 어렵다는 것이 아니라 그것을

1) 退溪全書 卷一, p.424.「蓋嘗深思, 古今人學問道術之差者, 只爲理字難知故耳.」

완전하게 알고 그 오묘한 이치를 완벽하게 이해하기가 어렵다는 것을 의미한다.

이 말은 학술상의 이론의 차이가 다른데 원인이 있는 것이 아니라 理 이해의 정도의 차이에서 오는 것이라는 이야기가 되며, 동시에 우리가 理를 진실로 이해하고 진실로 알게 된다면 바로 退溪가 신봉하는 朱子學에로 귀일하지 않을 수 없을 것이라는 이야기도 된다고 하겠다.

이렇게 退溪는 인간의 지식사의 총체가 옛날부터 지금에 이르기까지 理의 이해의 역사라고 본다. 진실로 理에 접근하여 그 전체 의리를 파악하여 내는 것만이 지식의 목적이라고 보는 것이다. 理라는 개념이 退溪에서 얼마나 중시되는 것인지는 이러한 退溪의 입장을 통해서 분명하게 확인될 수 있을 것이다.

理는 敬과는 다른 개념이다. 退溪의 학문이 敬에서 시작되어 敬에서 끝난다는 것과, 退溪의 학문이 理의 이해와 파악을 목적으로 한다는 거 사이에는 일견 상호 모순되는 점이 있는 것처럼 여겨질 수도 있을 것이다. 그러나 사실은 그런 것이 아니다. 敬과 理는 서로 차원을 달리하는 개념이기 때문이다.

敬은 앞에서도 말하였듯이 수양론적인 개념이고, 의지의 형식으로 존재하는 것이다. 理는 본체적으로 개념으로, 원리의 모습을 띠고 존재하는 것이다. 敬은 理를 드러내기 위해서 요구되는 방법적인 것이고, 理는 敬에 의해서 구현될 수 있는 목적적인 것이다. 이렇게 본다면 理와 敬이 동시에 한자리에 존재하면서 똑같이 중시될 수도 있는 것임을 알 수 있을 것이다.

그렇다면 理란 무엇인가? 理는 원래 알기 어려운 개념임에는 분명하다. 그러나 그것은 완전히 그것에 접근하여 갈 수 있는 모든 통로를 막아놓고 있는 개념은 아니다. 그것을 올바른 방식으로 접근하여 가기만 하면 그것은 의외로 쉽게 그 모습을 드러내 주는 개념이기도 하다. 그러므로 退溪는 '그것을 파악하는 것은 어려운 일 같으나 실제로는 쉬운 일이다.'[2] 라고 하고 있는 것이다. 退溪는 理에 접근해 갈 수 있는 매체를 先儒들의 비유로부터 발견한다. 그 비유를 매체로 삼아 유추하여 간다면 의외로 쉽게 理의 본질에로 접근하여 갈 수도 있다고 退溪는 보는 것이다.

무릇 선유들의, 배를 만들어 물을 건너고 수레를 만들어 땅을 횡단한다는 설을 가지고 자세하게 생각하여 본다면 그 나머지는 다 추측할 수 있을 것이다.[3]

退溪는 이상과 같이 말하는 것이다. 이것은 무슨 의미인가? 우리는 이 말이 어떤 고차원적인 의미를 감추고 있는 것으로 이해하여서는 아니 된다. 退溪는 어떤 오묘한 진리를 설파하기 위해서 이 비유를 거론하는 것이 아니고, 선유들도 어떤 고상한 이치를 포함해서 이런 말을 해 놓고 있는 것은 아니기 때문이다. 이것은 아주 상식적인 사실을 우리에게 알려줄 뿐이고, 아주 상식적인 의미를 우리에게 전하여 주려할 뿐인 것이다. 그것은 무엇인가? 退溪는 그러한 우리의 의문에 대하여 다음과 같은 스스로의 답변을 마련한다.

무릇 배는 마땅히 물 위를 움직여 가야하고, 수레는 마땅히 땅 위를 움직여 가야 한다는 것이 바로 理이다. 배가 땅 위를 움직여 가고, 수레가 물위를 움직여간다면 理일 수 없다. 임금이 仁을 행하고, 신하가 敬을 행하고 어버이가 慈을 행하고, 자식이 孝를 행한다면 이는 理이다. 임금이 仁을 행하지 못하고(不仁), 신하가 敬을 행하지

---

2) 退溪全書 卷四, p.82.「知之似難而實易.」
3) 退溪全書 卷四, p.82.「若從先儒, 造舟行水, 造車行陸之說, 仔細思量, 則餘皆可推也.」

못하고(不敬), 어버이가 慈를 행하지 못하고(不慈), 자식이 孝를 행하지 못한다면(不孝) 이는 理가 아니다. 무릇 천하의 마땅히 그렇게 행하여야만 하는 바(所)는 理이고, 마땅히 그렇게 행하여서는 안되는 바(所)는 理가 아니다.[4]

이상에서 우리는 理에 대한 退溪의 소박한 정의의 일면을 확인할 수 있을 것이다. 이상에서 退溪가 말하는 理는 '所當行'의 理이다. 즉, 當爲의 개념으로서의 理란 말이다. 물론 이것은 理개념의 전부일 수는 없다. 다만 理개념의 행위론적 측면에 불과한 것이다. 退溪의 理에 대한 이와 같은 소박한 정의는 그가 12세 때 처음 理라는 글자를 대하고 숙부인 宋齋에게 '일을 함에 있어서 그 마땅한 도리를 일러 理라하는 것입니까?[5] 하고 물었던 것과 맥락을 같이 하는 것이라 할 수 있다. 이것들은 다 당위의 법칙으로서의 理를 말해주고 있다는 동일성을 갖는 것이다.

그러면 소박하게는 이렇게 '당위의 법칙'으로 정의될 수 있는 理개념은 어떠한 개념적 내용을 갖추고 있는 철학 술어인지에 대해 간단하게 살펴보기로 하자.

## 2. 형상 없는 이치로서의 理

理는 물질개념이 아니다. 따라서 그것은 형체도 갖지 않고, 혼자만으로는 형적을 드러낼 수 없다. 그러므로 대개 이 理는 虛라는 말로 형용되기도 하였다. 退溪는 이렇게 말한다.

---

4) 退溪全書 卷四, p.82. 「夫舟當行水, 車當行陸, 此理也, 舟而行陸, 車而行水, 則非理也. 君當仁, 臣當敬, 父當慈, 子當孝, 君而不仁, 臣而不敬, 父而不慈, 子而不孝, 則非其理也, 凡天下所當行者理也, 所不當行者非理也.」

5) 退溪全書 卷四, p.114. 「凡事之是者是理乎?」

程伊川·張橫渠 이래로 虛로써 理를 설명한 사람은 적지 않았다. 程伊川이 '道는 大虛로서 形而上을 말한다.'할 때, 張橫渠가 '虛와 氣가 합해서 性이라는 것이 있게 된다.'고 할 때, '朱子가 形而上의 자리는 텅 비고(虛) 흐미하니(渾) 이것이 道理이다.'라 하고, 또 '太虛는 <太極圖> 맨 위의 하나의 둥그런 원이다.'라 할 때 등이 다 이런 것으로서, 이러한 것들은 일일이 셀 수 없이 많다.[6)]

이상에서 볼 때 우리는 退溪가 '形而上'과 '太虛'·'虛'·'無極' 등을 동일 맥락 위에 위치시켜 理로서 이해함을 알 수 있다. 그러니까 '텅 비어 있다.'는 것, '아무것도 밖으로 드러나지 않는다.'는 것, 이러한 것들이 理의 특징으로 받아들여지며, 그것은 생성론의 첫머리에 위치하는 것으로 설정된다고 말할 수 있다는 것이다. 그러나 이것은 무극 그 자체가 곧 理라는 말은 아니다. 무극 역시도 정태로서의 氣를 포함하고 있는 것이다. 이 자리가 理의 자리라는 것은 바로 그것이 理로 대표될 수 있다는 것에 불과할 것이다. 氣 없는 理만이 존재하는 지리라는 것은 아니다. 이 점을 간과하여서는 아니 된다.

性理學者들은 이론상 생성론의 첫 자리가 理의 자리라고 설명한다. 이러한 性理學者들의 입장은 周濂溪의 ≪太極圖設≫로부터 나타나기 시작한다. 논의를 분명히 하기 위해서 周濂溪의 ≪太極圖說≫을 먼저 보고 시작하여 보자. ≪太極圖說≫은 退溪의 ≪聖學十圖≫의 제1도로 주어지는 만큼, 여기서는 ≪聖學十圖≫ 첫머리에 놓여진 바로 그 ≪太極圖說≫을 살펴보도록 하겠다.

<太極圖>를 보면 우리는 위에 두 개의 원이 놓여지는 것을

6) 退溪全書 卷一, p.421.「程張以來以虛言理者, 故自不少. 如程子曰, '道大虛也, 形而上也', 張子曰, '合虛與氣, 有性之名', 朱子曰, '形而下底虛渾是道理, 又曰太極便是太虛圖上面一圖圈', 如此之類不能枚擧.」

# 第一太極圖

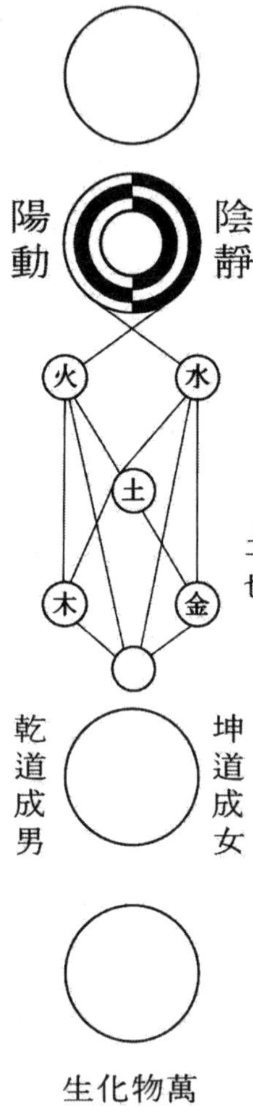


○此所謂無極而太極也卽陰陽而指其本體不雜乎陰陽而爲言耳◎此○之動而陽靜而陰也中○者其本體也☽者陽之根也◐之根也☾者☽之根也（五行小圖）此陽變陰合而生水火木金土也

○此無極二五所以妙合而無問也○乾男坤女以氣化者言也各一其性而男女一太極也○萬物化生以形化者言也各一其性而萬物一太極也

볼 수 있다. ○와 ◎가 바로 그것이다. ○는 無極이라고 불리워지고, ◎는 太極이라고 불리워진다. 이 ○, 즉 無極이 위에 든 退溪의 인용구 속에 나타나는 虛의 형용이다. 이 虛로서의 ○, 즉 無極이 생성론상의 첫머리를 차지하는 것이다.

그러나 그것이 비록 虛로써 형용되고, 그리고 ○로 그려지는 無形相의 이치라 하더라도, 그것이 이치로서 존재하는 것인 까닭에 우리는 그 자리를 眞無·眞空으로 이해할 수는 없다. 그것이 형상을 갖추고 있지 않다고 하더라도 어떠한 형식으로든 그것이 존재한다는 것만은 변화시킬 수 없는 진실인 때문이다. 따라서 우리는 그것을 '실재하는 無形相의 이치'라고 말할 수 있을 것이다.

## 3. 생성변화의 시원이 되는 것으로서의 理

'실재하는 無形相의 이치'로서의 理는 생성론의 역정 속에서는 그 初頭에 놓여진다. 그것은 바로 위에서 거론하였던 無極으로 나타난다. 생성변화의 시원이 되는 것으로서의 理는 이 無極과 太極 사이의 관계를 통해서 설명될 수 있을 섯이다.

無極과 太極은 어떠한 상관관계를 갖는가? 이론상 이 양자 사이에는 無極이 선재하고, 太極이 後在한다는 점이 말하여질 수 있을 것이다. 그것은 <太極圖>에 대한 설명에서 그대로 드러난다.

> 이 ○는 소위 무극이 곧 태극이라는 것을 말함이니, 바로 陰陽의 本體를 지시하는 것으로, 음양과 연결시키지 않고 말하는 것이다. ◎는 ○가 움직여서(動) 陽이되고, 고요해져서(靜) 陰이 되는 것을

의미함이다.[7]

이것을 보면 우리는 周濂溪가 이론상 氣가 움직이지 않는 상태를 가정하고 있음을 알 수 있다. 즉, 靜態로서의 세계를 우주론의 벽두에 상정하고 있음을 확인할 수 있다는 말이다. 그것이 바로 ○, 즉 無極이다. 이 무극의 자리는 動態로서의 太極의 자리에로 옮겨간다. 無極과 太極은 이렇게 이론상 先後하는 관계 속에 놓여진다. 그러나 이 先後는 절대적 先後일 수는 없다. 사실에 있어서 이 양자는 같은 영역을 의미하는 것이기 때문이다. 다시 말하자면 無極의 자리가 그대로 太極의 자리인 것이다. 생성의 시원이 되는 자리의 靜態的 측면이 無極이라면, 動態的 측면은 太極인 것이다. 그러니까 이 양자는 이론상으로는 無極이 앞선 자리이고 太極이 뒤선 자리라고 할 수 있지만, 실제상으로는 無極은 생성의 시원이 되는 자리의 靜態的 일면을 지시하는 것에 지나지 않는다는 말이다.

이 자리는 理와 氣가 합하여져 있는 자리이다. 이 理는 이론적으로는 氣를 떠날 수 있으나 실제적으로는 氣와 분리될 수 없다. 그러므로 생성의 시원이 되는 이 자리도 理와 氣가 합하여져 있는 시점이라 할 수밖에 없다. 이 자리의 理와 氣의 측면을 이론상 서로 분리하여 따로따로 위치시켜 말할 때 無極의 개념이 제시되는 것이다. 그러니까 생성의 시원이 되는 자리는 無極이면서 太極인데, 無極은 氣와 理를 분리해서 말하는 것이라는 말이다. 이 자리는 靜態로서의 자리이다. 그것은 氣의 작용이 일어나지 않고 있음을 말한다. 氣는 '움직임'을 그 속성의 하나로 갖고 있으므로 氣가 움직이지 않는 자리는 실제적으로 있을 수 없다. 그러므로 氣를 배제하고 理만을 중심으로 말함으로써 靜態로서의 無極의 세계가 제시되

7) 위에 든 <太極圖>의 下段 右側을 참조 바람.

는 것이라고 하겠다. 이것은 '無極은 陰陽의 본체를 지시하는 것으로 陰陽과 연결시키지 않고 말하는 것이다'하는 말로 無極이 설명되고 있는 것을 통하여 확인할 수 있다. 그러나 無極이 설령 그렇게 '陰陽과 분리되어서 말하여지는 개념'이라 하더라도 실제에 있어서는 그 내면에는 이 陰陽이 혼재하고 있는 것이기 때문에, 이 점에서 그것은 太極과 자리를 함께 하는 것이라고 하겠다. 그러니까 陰陽과 분리되는 개념은 이론적으로만 생산되는 것이고, 실제적으로는 陰陽과 분리될 수 있는 개념·음양의 氣와 무관할 수 있는 시점은 어떠한 경우에도 존재할 수 없는 것이다.

이런 까닭에 無極, 즉 氣와 분리된 理의 세계는 이론적으로 구성되는 개념이고, 이론적으로 생성론의 출발점이 되는 개념이라는 것으로 이해될 수 있을 것이다. 그러나 앞에서도 거듭 말하였지만 그 자리는 氣와 연결되어 존재하는 자리이고, 동시에 太極으로 존재하는 자리이다. 無極과 太極이 분리되어 말하여지는 것은 이론상, 또는 개념상의 차원에서만 가능하다. 실제로는 靜態로서의 理의 존재형식인 無極과 動態로서의 理의 운행형식인 太極은 동일한 자리에서 짝하여질 수 있는 것이라는 말이다. 이 점을 退溪는 '虛하면서 實하다'는 말로 표현하여 준다.

대저 그 신실하고 거짓되지 않다는 측면에서 본다면 천하는 그 理의 차원에서 實하지 않음이 없고, 그 소리도 냄새도 없다는 측면에서 본다면 그 理의 차원에서 虛하지 않음이 없으므로, 단지 無極은 太極이라는 한 구절만을 볼 수 있을 뿐인 것이다.8)

이렇게 退溪는 '無極-虛-無聲無臭'을 연결시켜 보며, '太極-

8) 退溪全書 卷二, pp.11~12.「蓋自其眞實無妄而言, 則天下莫實於理, 自其無聲無臭而言, 則天下莫虛於理, 只無極而太極一句可見矣.」

實-眞實無妄'을 연관 지어 본다. 無極은 理의 虛로서의 측면이고, 太極은 理의 實로서의 측면이라는 것이다. 물론 이러한 시각은 옳다. 그러나 이것은 세심하게 신경을 써서 이해하지 않으면 안된다. 無極은 理의 측면만을 중시하여 구성되는 개념이지만, 太極은 氣의 측면까지를 포함해서 구성되는 개념이기 때문이다.

無極으로서의 理는 氣를 포함하지 않는 理이며, 어떤 움직임 속에 놓여져 있지 않은 理의 본체이다. 太極으로서의 理는 氣를 포함하는 理이며, 구체적인 어떤 움직임 속에 놓여져 있는 理의 운용형식이다. 無極으로서의 理나 太極으로서의 理나 다 같이 形而上的 차원의 理임에는 분명하다. 그것은 ≪中庸≫의 이른바 費와 隱 개념과 상호 연결될 수 잇다. 費는 理의 드러나 있는 형식이다. 그런데 理는 혼자서는 드러날 수 없다. 그것은 氣를 포함할 때 드러날 수 있다. 그러므로 氣를 포함하고 있는 理로서의 太極의 理가 ≪中庸≫의 費와 상호 연결될 수 있는 것이다. 隱은 理의 숨겨져 있는 원리이다. 이 理는 구체적으로 그 모습을 드러낸 것이 아니다. 그런데 理는 氣를 갖추고 있을 때는 모습을 드러낼 수밖에 없다. 모습을 드러내지 않은 理, 隱으로서의 理는 氣를 갖추지 않은 理일 수밖에 없다. 따라서 우리는 그것을 무 형상의 理인 無極의 理와 연결시킬 수 있을 것이다.[9)]

이렇게 무극과 태극은 體·用의 관계 속에 놓여진다. 無極이 理의 體라면, 太極은 理의 用인 것이다. 생성론의 전개과정 속에서 이것들을 본다면 이론상으로는 無極이 일체 만물의 궁극적인 시점이 된다. 그러나 앞에서도 말하였듯이 이러한 순

---

9) 退溪는 費隱에 대해서 이렇게 말한다. 「費隱, 子思朱子旣道言, 皆是形而上之理也, 以散在之廣且多言則謂之費, 以無形相可見言則謂之隱, 非有二也.」(退溪全書 卷二, p.53 참조)

수한 理는 이론상으로나 가능하다. 無極을 太極의 시점으로 놓아 이 양자를 시간의 종적 질서 위에서 파악하는 것은 이론상으로나 설득력을 지닐 수 있을 것이라는 말이다. 실제적으로는 無極은 太極의 시점이 아니다. 실제적으로는 無極과 太極은 생성의 시원이 되는 자리의 양 측면이다. 그 자리에서 理의 體가 되는 것이 무극이라면, 理의 用이 되는 것이 太極이라는 말이다. 그런데 이 無極·太極의 양자 중 전자는 정태적인 속성이고 후자는 동태로서의 측면이므로, 그리고 실제적인 생성 변화는 이러한 동태로서의 理로 부터 흐름을 시작하는 것이므로, 실제적인 차원에서의 생성변화의 시점이 되는 자리는 太極이라고 할 수 있겠다.

이렇게 이론상에서든, 실제적으로든 理는 생성의 시원이 되는 것이고, 이 생성의 시원이 되는 理를 원리로 삼아서 그것의 전개의 결과로 만물이 구성되는 것이다.

## 4. 불변하는 것으로서의 理

理는 언제 어디서나 하나의 완전한 理이다. 理는 어떤 형대를 갖지 않는 無形相의 원리체이기 때문에 크고 작은 것, 많은 것 적은 것의 구분이 있을 수 없다. 그것은 언제나 어디서나, 無極이나 太極의 자리에서나, 만물로서의 자리에서나, 언제나 본래의 자신의 총체를 그대로 갖춘 채 존재한다.

退溪는 '理는 형상이 없는 것이기 때문에 대상화 될 수 없고, 증·감이 있을 수 없다'고 하였다.10) 나누어지지도 않고, 변하지도 않는 것이 바로 理라는 것이다. 이것은 바로 理의

10) 退溪全書 卷五, p.185.「理虛故無對, 而無加無損.」

내용적 불변성을 의미하여 주는 것이라고 하겠다. 理는 부피와 형체를 갖지 않는다. 그러므로 理는 공간을 점유하지 않는다. 理가 공간을 점유하지 않는 까닭에 理는 아무리 작은 자리에라도 총체로서 수용될 수 있다. 따라서 理는 만물 이전의 하나로서의 전체 우주의 자리에서도, 만물로 구획된 현상계 속에서도, 현상을 구성하는 하나하나의 개체의 측면에 있어서도, 어디서나 증·감이 없는 총체적 형식을 존재하는 것이다.

일(事)에는 크고 작은 것이 있으나, 理에는 크고 작은 것이 없다. 확산시키면 세상 어떤 무엇보다도 넓은 것이 이 理이고, 수렴시키면 세상 어떤 무엇보다도 좁은 것이 바로 이 理이다. 그것이 거주하는 공간이 따로 있는 것도 아니고, 형체도 없으면서, 어디에 虛하든 스스로를 충족하여 각각 하나의 太極을 구비해서 모자라거나 넘치는 경우가 없다.11)

이렇게 理는 그것이 어디에 놓여지든 스스로 충족된 하나의 태극으로 존재한다. 언제나 완전한 자신을 갖추고서 존재하는 것이지 한 순간이라도 결핍되거나 넘치는 모습으로 존재하지는 않는 것이 바로 理이다. 理는 불변하는 것으로서 언제 어디서나 존재한다는 것이다. 하나의 존재의 理가 따로 있고, 태극의 理가 따로 있는 것이 아니다. 이 세상 어떤 미물의 내면에 갖추어져 있는 理라도 태극의 理, 무극의 理보다 결핍된 것은 아니다. 理에는 증·감이 있을 수 없기 때문이다. 理는 구분될 수 있는 것이 아니기 때문이다. 理는 불변하는 것이기 때문이다. 시간의 어떤 흐름 속에서라도 理는 하나의 理이다. 존재의 어떤 부분에 있어서라도 理는 하나의 理인 것이다. 만물 전체를 구성하게 하는 理가 태극의 理라면, 그렇게 하여

---

11) 退溪全書 卷四, p.82.「事有大小, 而理無大小. 放之無外者, 此理也, 斂之無內者, 亦此理也. 無方所, 無形體, 隨處充足, 各具一太極, 未見有欠剩處.」

구성된 하나하나의 개체의 내면에 갖추어져 있는 理도 태극의 理와 차이가 없는 총체로서의 理라는 말이다.

理는 언제 어디서나 완전한 총체적인 것으로서 존재한다. 존재들에게서 나타나는 차이는 理로부터 연유하는 것이 아니다. 개체들의 특수성을 가지고 理의 분할 수용을 생각하여서는 안된다는 말이다.

하나의 사물에 있어서는 모든 이치의 총합으로 존재한다고 말하기가 어려울 것 같지만, 그러나 그것이 품수하는 것이 太極의 理이니 어찌 각각 하나의 太極을 구비한다고 말하지 않을 수 있겠는가? 어찌 太極은 모든 이치를 두루 포함하고 있는 것이고, 그 중의 한 부분의 理가 각각의 개체에 부여되는 것이라고 할 수 있겠는가? 하나의 달이 두루 세상을 비춰서 커다란 강과 바다의 물속이 든, 한 잔의 물속이 든, 그 모습을 드러내지 않음이 없는 것과 같다. 한 잔의 물속에 비친 달을 가지고 어찌 그 물이 적어서 달이 비추지 않는다고 말할 수 있겠는가.[12)]

이 비유는 불교에서도 그 예가 발견되는 것으로, 性理學者들이 태극의 理와 개체의 理를 비교해 말할 때 자주 드는 것이다. 이 비유 속에서 볼 수 있듯이 理는 어디서든 총체적 형식으로 존재한다. 理가 어디에 속하여지든 그것의 내용은 불변하는 것이라는 말이다. 이 비유에서 하늘에 뜬 달은 태극의 理를 말한다. 강과 바다, 그리고 한 잔의 물은 개체들을 말한다. 만물은 강·바다 한 잔의 물처럼 서로 차별성을 드러낸다. 그러나 달은 강물 속에서도, 바닷물 속에서도, 한 잔의 물속에서도 총체로써의 자신을 드러낸다. 태극의 理는 어떤 개체

12) 退溪全書 卷四, p.85.「在一物者, 似不可謂之衆理之總會, 然其所稟來者, 旣太極之理, 則豈不可謂各具一太極乎? 豈太極衆理之總會, 就其中割取一理各付一物乎? 如一片月輝遍照, 雖江海之大, 一杯之水, 無不照焉. 一杯之月光, 豈以其水之小, 遂謂月不照也.」

속에서도 총체로써 수용되어 있는 것이다. 理는 개체의 대소에 영향을 받지 않는다. 그것은 理가 형체를 가지고 부피를 지니는 것이 아니기 때문이다.

理는 아무리 적은 존재 속에라도 총체로써 수용될 수 있다. 理는 본체로써는 어떤 무엇에 의해서도 구속당하지 않는다. 그것이 구속당할 수 있는 것은 작용의 측면뿐이다. 작용의 측면에서 理는 氣에 구속당한다. 그러나 본체로서는 理는 氣로부터 자유롭다. 본체로서의 理는 氣속에 속하든, 개체 속에 놓여지든, 총체적인 태극의 理로서 존재하는 것이다.

이렇게 理는 어떤 무엇에 의해서도 제한받지 않는다. 어느 무엇에 속하든 理는 총체적인 태극의 理로서 존재하는 것이다. 이 총체성 전일성이야말로 理의 변하지 않는 존재의 형식인 것이다.[13)]

## 5. 운용의 항상성을 갖는 것으로써의 理

理는 불변하는 원리로서 존재한다. 인간의 내면에도 이 태극의 理는 총체적으로 간직되어 있다. 그러나 理가 비록 인간의 내면에 총체적으로 간직되어 있다고 하더라도 그 총체성이 언제 어느 때에나 그대로 발현될 수 있는 것은 아니다. 간직하고 있다는 것과, 그것을 구현한다는 것 사이에는 차이가 있는 것이다. 이 존재의 불변하는 총체성을 그대로 구현하여 내기 위해서는 理의 발현을 방해하는 총체성을 그대로 구현하여 내기 위해서는 理의 발현을 방해하는 요소들을 제거하여 줄 필요가 있다. 이것은 물론 無極으로서의 理나 太極으로서의

13) 退溪全書 卷五, p.185.「李之爲體, 不囿於氣, 不局於物, 故不以枉物之小偏而虧其渾全之大全也.」

理와는 다른 자리에서 말하여질 수 있는 종류의 것이다. 無極으로서의 理는 氣와 연관되어 있는 것이 아니므로 氣에 의해 방해를 받지 않는다. 그러므로 그것은 그것 자체조차도 그저 존재하고 있을 뿐 어떤 작용도 하지 않는다. 太極으로서의 理는 어떤 작용을 하고 있는 理이다. 태극으로서의 理는 물론 氣속에 속하여 있는 것이기는 하여도, 이 자리에서의 氣는 아직 개체를 구성하고 있는 것이 아니므로 개별적인 욕구의 주체로서 기능하지 않는다. 그러므로 태극의 理가 비록 氣속에 놓여진다고 하더라도 그 원리의 구현은 어떤 다른 것에 의하여 방해당하지 않아도 좋은 것이다. 어째서 그러한가? 氣가 구체적 개체를 형성하기 전에는 그 氣는 스스로 기능할 수 없고 오직 理만이 기능할 수 있는데, 理는 총체성·전일성의 형식으로 존재하는 것인 까닭에 어떤 사사로운 욕구를 발현할 수 없고, 그러므로 理는 스스로에 의해서는 방해받지 않게 되며, 그 밖에 理를 구속할 다른 아무것도 없기 때문에, 理는 자연스럽게 그 스스로의 원리를 항상 구현하여 낼 수 있는 것이다.

退溪는 理에 대해서 이렇게 그 행위의 본질을 요약하여 준다.

> 무릇 이 理의 流行을 살펴보면 어떤 사물도 이 理를 갖추고 있지 않음이 없고, 어떤 순간에도 이 理가 유행하지 않음이 없다.[14]

理는 언제 어디서나 단절 없이 항상 그 원리를 구현한다. 그러한 운용의 항상성은 理의 본질인 것이다. 그러므로 退溪는 '理는 쉬임이 없다'[15]고 말하고, '그것을 운용하여 유행함에 있어서 자연히 한 순간의 단절도 없다'[16]고 말하는 것이

14) 退溪全書 卷一, p.365.「又須見得此理流行, 無物不有, 無時不然.」
15) 退溪全書 卷四, p.83.「理無息.」

다. 이렇게 理 작용은 단절 없는 항상성을 갖는다. 그러니까 理도 자신의 본질 속에 動적 속성을 갖추고 있는 것이라고 하겠다. 氣만이 動적 속성을 함유하는 것은 아니라는 말이다. 理가 이렇게 동적 속성을 본질로 하는 것이라면 理는 항상 氣를 움직이고 있는 理라 할 수 있고, 理·氣의 움직임은 언제나 간단없이 지속되는 것으로 이해될 수밖에 없다. 그러므로 이러한 동적인 理나 동적인 氣의 차원에서 볼 때도 정태로서의 無極의 자리는 실제적으로는 전제될 수 없는 것이라고 하겠다. 만약 정태로서의 無極의 자리가 실제적으로 존재한다면 이 無極은 자리에서는 理도 氣도 움직임을 속성으로 하는 理의 본질과 정면에서 충돌한다. 그리고 우리가 그것까지를 받아들일 수 있다고 하더라도 理 자체 속에 본구적 動因이 간직되어 있지 않는 것이라면 이 動因은 어디서 주어지는 것이냐 하는 문제가 제기되지 않을 수 없게 된다. 이러한 문제는 理의 항상하는 운용, 간단없는 작용을 전제하지 않으면 풀릴 수 없는 문제이다.

이렇게 우리는 性理學者들이 理 자체 속에 항상하는 움직임을 연출하여 주는 動因을 내재하여 주고 있다는 점을 인정하지 않을 수 없다. 退溪도 그 점을 인정하고 있는 것이다. 이것은 理가 스스로를 드러내 줄 수 있는 기능이다. 이러한 움직임의 속성을 갖추고 있는 까닭에 자신의 총체적 원리성을 구현하여 낼 수 있고, 이러한 움직임이 간단없이 지속되기 때문에 언제 어디에서나 자신의 원리를 발현할 수 있는 것이다.

물론 이러한 말들은 기본적으로는 언제 어디에서나 옳다. 그것은 바로 이러한 측면이 理의 본질에 속한 것이기 때문이다. 그러나 여기서 우리가 아주 간과할 수 없는 것이 있다. 그것은 氣의 작용이다. 氣는 일단 하나의 형식을 갖추어 집합

---

16) 退溪全書 卷四, p.83.「用之流行, 自然無一息間斷.」

한 다음에는 자기 스스로가 動因을 만들어 낼 수 있다. 이 경우에 理 작용은 방해를 받게 된다. 그러므로 어떤 구체적인 개체에 있어서는 理 작용의 항상성, 理 운용의 항구성은 이러한 氣의 思慮造作을 떠난 자리에서 가능하여진다. 수양의 목적은 바로 이러한 理 작용의 장애요인을 극복하고자 하는데 있다. 그러니까 理는 그 자체로서는 그 작용과 운용의 간단없는 항상성을 상실하지 않는 것이다.

## 6. 理에 情意·造作이 없다는 것은 무슨 뜻인가?

退溪는이렇게 말한다.

> 情意와 造作이 없는 것이 理의 본연의 체이다.17)

情意·造作이 없다는 것은 무슨 의미인가? 情意란 감정을 뜻하는 것이고, 造作은 꾸미는 것을 의미한다. 理에 감정이 없다는 것은 무슨 뜻인가? 理에 감정이 없다는 것은 어떠한 감성이라도 理 속에서는 발견될 수 없다는 것을 의미하는 것은 아니다. 이것은 다만 理에는 개별적인 감정이 없음을 의미할 따름이다. 理는 개체로의 세계에 있어서도 理는 총체적 이치로서 존재한다. 어디에 속하든 理는 태극의 理인 것이다. 그러니까 理는 개별자로써의 의식을 갖지 않는다. 그러므로 理에 설혹 감정이 있더라도 그것은 개별적인 감정일 수는 없다. 그러면 理에는 어떠한 감정도 있을 수 없는 것인가? 아니다. 理에도 감정은 있다. 물론 理에 감정이 있다고 할 때 우리는 그 감정이라는 말에 어떠한 의미를 포함시키느냐 하는 점을

---

17) 退溪全書 卷一, p.465.「無情意造作者, 此理本然之體也.」

세심하게 검토할 필요가 있다. 그것은 인위적·개별적·주관적 감정일 수는 없다. 그것은 자연적·총체적·객관적 감정이다. 이러한 理의 감정으로부터 세계 내적인 모든 근본적인 요구는 발생한다. 세계를 전개시켜 가는 動因은 바로 이 理의 요구인 것이다.

理의 요구는 자연적 총체적 객관적인 요구이다. 그것은 비단 무극이나 태극의 자리에서만 그러한 것이 아니라 개체의 세계에서도 그러하다. 개체 속에 속한 理도 그 개체의 요구를 반영하는 것이다. 그러므로 理는 개체 속에 소속되어 있다고 하더라도 개체로부터 자유로운 부분이다. 理는 이렇게 개체로부터 자유롭기 때문에 그 총체적 원리가 객관적으로 욕구하는 바를 자연스럽게 구현해 내고자 하는 요구를 갖는다. 그 요구에 따라 작동하는 것이다. 그러므로 이러한 理 작용은 개별자의 요구나 개별자의 이해관계에 따라서 억지로 그러한 자연스러운 理 작용을 왜곡시키려 하지는 않게 된다. 억지로 꾸미거나, 총체적 이치가 요구하는 것 외의 것을 개별자의 구미에 맞춰 생산하여 내지 않는 것이다. 이것이 理에 조작이 없다는 것의 의미이다.

理는 감정이나 요구·의지가 없는 것이 아니다. 理에는 감정이나 요구·의지가 있다. 이러한 理의 감정·요구·의지 등이 氣를 움직여 세계를 구성하고, 그렇게 구성된 세계를 움직여 가는 것이다. 그러니까 理의 감정·요구·의지는 氣의 動因인 셈이다. 그리하여 그러한 理의 감정·요구 ·의지는 氣를 통하여 구체적으로 구현되는 것이다. 이렇게 본다면 우리는 구체적으로 나타난 氣의 형적을 통하여 역으로 理의 의지·요구·감정으로 귀일할 수 있을 것이라는 생각에 도달할 수 있을 것이다. 그러나 그러한 생각은 반드시 옳지만은 않다. 理에 어떤 요구가 있을 때 그것이 氣의 움직임을 나타난다고 하는 것은 언제나 옳지만은 않다. 氣에 어떤 움직임이 있을 때 반드시 그것의 원인이 되는 理의 요구가 있다고 말할 수도 없다. 그것은 옳지 않은 것이다. 氣가 어떤 구체적 형체를 완성하기 전에 있어서는 이러한 양 측면이 다 옳은 것으로 말하여질 수 있다. 그것은 氣가 어떤 구체적 개체를 구성하기 전에는 氣도 어떤 개체에 소속되어 개별자적 의식을 생산하여 내지 않을 것이기 때문이다. 따라서 이 자리에 있어서의 氣는 理 작용을 방해하지 않는 것이다. 때문에 개체의 생성 이전에는 理의 요구가 그대로 氣를 통하여 구현되는 것을 볼 수 있고, 역으로 氣에서 구현되는 것을 통하여 理의 의도를 확인할 수 있는 것이다. 그러나 氣가 일단 어떤 개체를 구성하게 되면 이것은 반드시 그렇지만은 않게 된다. 이 경우에 이르면 理의 요구가 언제나 그대로 氣를 통하여 나타난다고 할 수도 없고, 氣에서 구현된 것이 그대로 理의 의도라고 말할 수만도 없게 된다. 氣가 개체를 위하여 개체의 입장에서 사려하고 계획하는 작용을 하게 되고, 그것으로 인하여 理 작용의 구현이 방해받세 되기 때문이다.

어쨌든 理는 개별적인 감정이나 사사로운 의도를 갖는 것이 아니다. 理는 개별자에게 소속되어 있다고 하더라도 개별자에게 봉사하는 것이 아닌 것이다. 그것은 객관을 가능하게 하고, 원리의 실현과 도덕의 구현을 가능하게 하여 주는 것이다.

理를 어떻게 보아야 할 것인가? 性理學者, 특히 朱子계통의 性理學者들은 왜 理를 강조하는가? 退溪는 왜 理를 강조하는가? 그것은 理를 통하여 개별자의 의식, 사사로운 의지, 이해타산 등으로부터 벗어날 수 있게 하기 위해서이다. 理論者들은 그러한 객관적 원리가 실재한다고 보는 것이다. 그리고 세계와 만물과 인간이 기본적으로 이러한 객관적 원리 위에 존재하는 것이라고 보는 것이다.

이러한 理는 이 세계를 존재 가능하게 하고, 질서를 유지하여 주며 조화를 약속하여 주는 것이다. 이러한 理는 멀리는 종교시대의 신의 도덕적 의지로부터 비롯되고, 가까이는 천명으로부터 비롯된다. 性理學者들은 이러한 맥락 위에 서는 理를 보다 적극적인 것으로 받아들인다. 그러한 理 개념에 대한 적극적 태도는 退溪에서 가장 분명하게 나타난다.

退溪는 理의 유행이라는 측면을 어떤 누구보다도 적극적으로 해석한다. 그리하여 理는 氣發이라는 것과 마찬가지로 理發이라는 표현을 쓰게 되는 것이다. 이것은 奇大升과의 저 유명한 <四端七情論辯>의 초점이 된다. 退溪만큼 理 작용의 능동성을 적극적인 차원에서 해석한 사람은 없는 것이다. 이러한 것들에 대해서는 章을 따로 하여 논하기로 하겠다.

## 7. 理와 氣

理는 氣를 움직이는 자이고, 氣는 理에 의해서 움직여지는 자이다.[18] 그러므로 理와 氣는 원칙적으로 원인의 제공자와 결과의 구현자라는 관계를 갖게 된다. 理·氣가 상호 보완적으로 기능할 때 존재세계가 생성되고, 도덕원리가 구현되는 것이다. 그러므로 理와 氣는 기능상 서로 떨어질 수 없다. 비단 기능상 그러한 것만은 아니다. 모든 존재세계가, 만물로서의 존재세계 뿐만이 아니라 태극 또는 무극으로서의 존재세계에 이르기까지, 모든 존재세계가 다 이 理·氣의 妙合으로서 비롯되는 것이기 때문에, 존재론적인 차원에 있어서 조차도 理와

18) 退溪全書 卷三, p.141.「理爲氣之師, 氣爲理之卒.」

氣는 서로 분리될 수 없는 것이다. 理와 氣가 분리될 수 없다는 것은 물론 理, 또는 氣가 순수하게 독자적으로, 독립적으로는 존재하지 못한다는 것을 의미한다. 그러니까 理가 없는 氣의 세계가 따로 있고, 氣가 없는 理의 세계가 따로 있는 것은 아니라는 말이다. 그러나 그러면서도 理와 氣가 서로 개념과 내용을 달리하고, 기능과 존재형식을 달리한다는 점만은 우리가 항상 염두에 두지 않으면 안된다. 그러니까 理·氣는 분리될 수 없으면서 통합될 수도 없는 셈이다.[19] 즉, 理가 氣 속에 수렴될 수도 없고, 氣가 理 속에 포함될 수도 없는 것이라는 말이다.

理·氣가 분리될 수도 혼합될 수도 없는 것이라는 것을 말함에 있어서는 그것이 어떤 측면에서 말하여지느냐에 따라서 우리가 보다 세심한 주위를 기울여 이해하지 않으면 안된다. 존재론적인 차원에서 그것이 말하여지느냐, 아니면 기능상의 측면에서 그것이 말하여지느냐 하는 점을 분리해서 이해하지 않으면 안되는 것이다.

존재론적인 차원에서 말을 하자면 理·氣가 분리될 수도 혼합될 수도 없음이 언제 어느 때에나 충족될 수 있다. 무극의 세계에 있어서도 태극의 세계에 있어서도, 만물의 세계에 있어서도, 어떠한 존재 세계에 있어서든 理가 있는 자리에는 氣가 있게 마련이고, 理와 氣는 같이 더불어 있는 주에도 독립성을 상실하지 않는 것이다.

理만이 두드러지게 나타나는 무극의 세계에 있어서도 그 내면에는 氣가 갖추어져 있음을 부인할 수 없다. 그러므로 周濂溪는 ≪太極圖說≫에 이렇게 쓰고 있는 것이다.

이는 이른바 無極이고 太極임을 말하는 것이다. 그것은 動하여 陽

---

19) 退溪全書 卷一, p.186.「理之與氣本不相雜, 而亦不相雜.」

이 되고 靜하여 陰이 되는 본체이다. 그러나 陰陽으로부터 떠나 있는 것은 아니다.[20]

이 무극의 자리는 動·靜·陰·陽의 현상이 아직 나타나지 않은 상태로서, 그러한 현상들의 본체로서 자리하고 있는 정태적인 순간이라는 말이다. 이 정태로서의 무극은 음·양의 현상을 드러내 주지는 않지만, 음양의 실질을 갖추고 있는 것만은 분명하다. 우리는 다만 그러한 陰·陽·動·靜의 氣作用이 일어나지 않고 있다는 점에서 그 자리를 理의 몫으로 치부하고 있을 따름이다. 그리고 理도 그렇고, 氣도 역시 한시도 움직임이나 작용을 멈추고 있을 수는 없는 것이므로, 우리는 이 無極이라는 정태개념이 이론상으로, 또는 개념상으로만 성립가능한 개념이라고 말하는 것이다.

이렇게 존재세계의 어떤 자리에서든 理는 氣와 더불어 분리되지 않은 일체로 있으면서, 그런 중에서도 또한 각자 나름대로의 독립성을 갖추고 있는 것이다. 不離이면서, 不雜이라는 말이다.

기능상의 차원에서 이러한 理·氣의 상호관계를 말하자면 상황이 약간 달라진다. 우선 무극으로서의 자리에서 理·氣 기능의 상호관계를 살펴보면, 여기서는 서로 독립적이다. 서로 섞이지 않는다는 측면만이 나타날 따름으로, 서로 분리되지 않는다는 측면은 살펴지지 않는다. 理 작용도, 氣 작용도 없는 理·氣의 본체상태로서 이론적으로 구성되는 개념이기 때문이다. 태극의 자리에 이르면, 그것이 영역에 있어서는 무극과 자리를 같이 하는 것이라 하더라도 실제적 작용이 진행되는 것이라는 점에서는 무극과 양상을 달리하므로, 이 자리에서는

20) 性理大全 卷一, 太極圖.「此所謂無極而太極也, 所以動以陽, 靜而陰之本體也, 然非有以離乎陰陽也.」

理의 작용과 그것에 따르는 氣의 작용이 간격 없이 이루어지는 것이다. 그러므로 이 자리에서는 理·氣는 서로 기능상에 있어서 분리될 수도 혼합될 수도 없는 관계가 유지된다고 하겠다. 이러한 태극의 理와 氣의 작용의 결과는 만물을 구체적으로 구성한다. 그리하여 태극의 理는 만물의 내면에 수용되고, 氣는 그 형체를 구체적으로 구성하는 것이다. 理는 태극의 理가 그대로 만물 속에 수용된 것이다. 그러나 氣는 구체적 형태를 구성함에 있어서 각각 다른 개체마다의 특수성을 드러낸다. 理는 性 속에 수용되며, 氣는 형체를 구성한다.[21] 理는 개체의 보편성·객관성의 근거이고, 氣는 개체의 특수성·개별성의 근거이다. 理의 작용은 그대로 氣에 의해 구현되는 것이 기본적인 理·氣의 작용의 질서이지만, 그러나 구체적 개체의 세계에서는 반드시 그런 것이 아니다. 이 구체적 개체를 구성한 氣의 유한하고 편향적이며 특수한 개체로서의 욕구에 의하여 理 작용이 원활하게 이루어지지 않을 수 있게 되는 것이다. 그러니까 개체 속의 두 부분인 理와 氣는 둘 다 어떤 무엇인가를 의도하고 요구하는 주체로서의 역할을 담당하게 되는 것이다. 理로부터 제기된 요구가 그대로 氣에 의해 수행될 때 그 결과는 도덕적인 것으로 나타난다. 氣로부터 제기된 요구가 理에 의해 통제될 때 그 결과는 도덕적인 것으로 나타나게 된다.[22] 그 외의 경우, 일테면 理에서 비롯된 요구가 氣에 의해 구현되지 않았을 때, 또는 氣에서 비롯된 요구가 理에 의해 통제되지 않았을 때, 그 결과는 부정적인 것으로 나타나게 되는 것이다. 그러니까 개체의 차원에서는 理·氣 양자가 기능상 분리될 수도 혼합될 수도 없다는 것은 그 결과가

---

21) 退溪는 朱子의 말을 인용하여 「故人物之生必稟此理然後有性, 必稟此氣然後有形.」이라고 말한다. (退溪全書 卷四, p.83 참조)

22) 退溪는 「所謂理者, 四德是也.」 (退溪全書 卷三, p.141)라 하여 「理」를 도덕의 주체로써 인정한다.

도덕적인 것으로 나타날 경우에만 인정될 수 있는 것이라고 하겠다.

어쨌든 우리는 理·氣가 서로 분리될 수 없고 혼합될 수 없다는 것이 性理學者들이 理·氣에 부여한 기본적인 속성임을 부인할 수는 없다. 退溪도 역시 그 점을 그대로 승인하는 것이다. 그러한 理·氣의 관계는 존재론적인 차원에서는 언제 어디에서나 옳고, 기능상의 측면에서는 부분적으로만 옳다고 말할 수 있겠다.

## 8. 氣의 자기전개

氣는 구체적으로 세계를 구성하여 내는 것이다. 세계는 氣의 자기 전개를 통하여 현상적인 모습을 드러내는 것이다. 이론상 氣의 최초의 자리는 無極의 자리이다. 앞에서도 거듭 말하였듯이 이 無極의 자리에도 氣는 내재한다. 다만 그 理 작용이 구체적인 현상으로 드러나지 않고 있다는 것일 따름이다. 이것은 다른 말로 하면 氣 작용이 일어나기 전이라는 이야기도 된다. 기본적으로 氣가 하나의 구체적인 개별자를 구성하여 내기 전에는 氣는 스스로 욕구하고, 계획하고, 운동하고 하는 기능을 수행하지는 않기 때문이다. 구체적인 개체가 구성되기 이전의 氣는 성실하게 理의 명령을 수행하는 자인 것이다. 그러니까 氣가 동작하지 않는 無極의 세계는 理 역시도 작용하지 않는 세계, 理의 원리와 氣의 실재만이 갖추어져 있는 세계라고 할 수 있다. 무론 이러한 세계는 이론적으로, 개념적으로만 제시될 수 있다. 실제적으로는 理는 항상 작용하고 있는 것으로 주어지고, 따라서 氣도 항상 동작하고 있는 것으로 이해되어야 한다는 말이다. 이론적으로 理·氣의 정태

상태로서의 無極을 상정한다면, 그리해서 이 無極으로부터 理·氣의 최초의 작용이 연출되는 太極에로의 전개가 생성론의 일차적인 과정으로 제시될 수 있다면, 氣의 차원에서 볼 때 氣 작용이 일어날 수 있도록 최초의 원인을 氣에게 부여하여 주는 것은 理라고 할 수 있을 것이다. 氣의 운동은 理에 의하여 최초에는 촉발된다는 말이다.

정태로서의 氣에서 동태로서의 氣에로 접어들어 가면서 氣에는 나름대로의 변화가 일어난다. 氣의 動적인 속성이 강조되면서 그러한 氣들은 陽으로 그 성격이 규정되고, 氣의 靜적인 속성이 강조되면서 그러한 氣들은 陰으로 그 성격이 규정되는 것이다. 이 陰·陽, 또는 動·靜의 상호작용이 전개되는 氣의 세계를 우리는 太極으로서의 세계라고 말할 수 있을 것이다.[23] 이 음·양, 동·정의 관계는 일회적으로 끝날 수 있는 것은 아니다. 그것은 음·정에서 양·동으로 하나의 성질을 변화하여 가면서 끊임없이 계속되는 것이다.[24] 물론 그 역도 마찬가지이다.

이렇게 음·양, 동·정의 차이가 노정되는 세계로 전개되어간 氣는  다음 단계에 있어서는 五行의 자리에로 발전된다. 이 金·木·水·火·土의 五行은 氣運의 형태로 존재한다.[25] 이 五行의 氣가 집합하여 형질을 이루게 되면서 개체가 형성된다. 개체의 형체는 五行의 氣와 五行의 質의 집합으로, 性 속에 理를 포함해서 구성된다. 氣로서의 五行이 집합하여 質로서의 모습을 갖추면서 개체의 형체상의 구성이 시작되는 것이다.[26)]

---

23) 이것은 <太極圖>의 두 번째 원이 지시하여 주는 내용이다.

24) 이러한 의미는 <繫辭>의 「一陰一陽之謂道」나 《老子》의 「反者道之動」等의 句節에서 나타난다.

25) 退溪全書 卷五, p.204. 「氣如俗言氣運.」

26) 退溪는 「人物稟生之初, 氣以成質, 有生之後氣行於質之中.」(退溪全書 卷五, p.204.)이라고 적는다. 인간의 形體가 氣와 質의 복합으로써 이루어진다고 보는 것이다. 質은 넓은 의미에서 보면 氣 속에 포함될 수 있는 것

五行의 氣 속에는 淸·濁의 차이가 있고, 質 속에는 粹·駁의 차이가 있다. 氣의 淸·濁은 진리를 인식함에 있어서의 차이를 가져다준다. 淸으로서의 氣를 포함하여 구성된 개체는 理를 인지할 수 있다. 그런 사람을 우리는 聖人이라고 한다. 濁으로서 氣를 포함하여 구성된 개체는 理를 인지하기 어렵다. 그런 사람들을 우리는 衆人이라 부른다.27) 그러니까 성인은 淸으로서의 氣를 포함하여 구성되므로 자기 속에 구비된 理를 환히 알 수가 있고, 그리하여 理 작용을 방해하지 않게 되는 것이다. 五行의 質 속에는 粹·駁의 차이가 있다. 성인은 粹의 質로 그 형체를 구성하고, 衆人은 駁의 質로 그 형체를 구성한다. 성인의 質은 粹한 것이기에 理의 요구를 그대로 구현하여 낼 수 있다. 衆人의 質은 駁한 것이기에 理의 요구를 그대로 구현하지 못한다.

이렇게 氣는 정태로서의 氣에서 동태로서의 氣에로, 무극을 구성하는 氣에서 태극을 구성하는 氣에로 자연스럽게 스스로를 전개시켜 나아간다. 이것이 氣의 일차적 전개이다. 동태로서의 氣, 태극을 구성은 氣는 다시 五行으로서의 氣로 발전되어 간다. 이것이 이차적인 氣의 자기전개이다. 이 五行으로서의 氣가 응집되면 質이 되어 구체적인 형체를 구성하는 것이다. 이것이 삼차적인 氣의 자기전개이다.

## 9. 氣는 무엇인가?

氣는 무엇이라고 규정될 수 있을까? 전통적으로 이 氣는 물

---

이라 하겠다.

27) 退溪는 「夫呼吸運動, 氣也, 人皆有之, 聖人能知, 而衆人不能知, 氣之淸濁不同故也.」(退溪全書 卷五, p.204.)라 적는다.

질세계를 구성하는 유일한 요소로 받아들여져 왔었다. 그러니까 이 氣야말로 우주생성론의 주역이었던 셈이다. 이 점에 대해서는 학파간의 차이가 발견되지 않는다. 性理學者들도 이 점은 그대로 승인한다. 退溪도 역시 마찬가지이다.

氣는 형체를 이룰 수 있는 유일한 물질적 인자이다. 그러나 氣는 미세한 입자상태로 존재하기 때문에 그것 자체는 우리가 감각으로 접근하여 갈 수가 없다. 그 氣가 質로 변환된 다음에야 우리는 그것을 감각으로 따라 잡을 수 있게 된다.

氣는 형체를 구성하기 때문에 理처럼 全一的 상태로 존재하지 못하고 한계를 갖게 된다. 氣가 한계를 갖는다는 것은 물론 하나하나의 氣, 미시상태의 氣가 그러하다는 것은 아니다. 그러한 氣들이 집합하여 구성하는 개체에 있어서 한계를 갖는다는 것이다. 그것은 바로 개체 개체들 속에서 부분적 특성이 나타난다는 것을 뜻한다. 따라서 이 개별적 특성에 의해 좌우되는 氣의 편향성이 나타나게 된다. 이 氣의 도덕적 원리의 구현을 방해하게 된다.

氣는 원래 理의 명령에 따라서 동작하게 되어 있는 것이다. 물질현상에 있어서는 氣는 종내 이러한 종속적 측면을 벗어버리지 못한다. 그러나 정신현상에 있어서는 반드시 그러한 것만은 아니다. 氣는 스스로의 욕구를 만들어내어 理의 명령을 벗어날 수도 있는 것이다.

氣는 원래 그 자체로서는 善한 것이다.[28] 氣는 그 자체로서는 어떠한 개별성도, 어떠한 편향성도, 어떠한 욕구도 가지고 있는 것은 아니다. 그것은 그 자체로서는 理의 명령, 理의 작용에 좇아 理의 원리를 그대로 구현하여 내는 기능을 담당하는 것이고, 그 점에서 善과 연계되어 있는 것이다. 그러나 이

---

28) 退溪는 「氣之始無不善, 乃氣生源頭處, 非稟受之初也.」(退溪全書 卷一, p.579.)라고 하였다.

氣가 質로 화하여 하나의 구체적인 개체를 만들어낸 다음에는 상황은 바뀌어 버린다. 이에 이르게 되면 氣는 개별성·편향성을 노정하고, 개별적 욕구의 주체가 된다. 이 氣의 욕구는 耳目形體의 욕구, 감각적 욕구로 주어진다. 그 점에 이 氣의 욕구는 이성적 욕구·개관적 욕구로서의 理의 욕구와 구별된다.

理는 개별성과는 무관하다. 그러므로 이 理의 욕구는 개별자에 봉사하는 것이 아니라 총체적 세계의 객관적 원리와 그대로 맞닿아 있는 도덕성의 본질을 상실하지 않을 수 있다. 그것이 개체 속에 포함된 理인 경우에도 상황은 변하지 않는 것이다. 그러나 氣는 다르다. 氣는 개별자가 다른 것들로부터 구별될 수 있는 구체적 특수성과 연결되고, 그런 까닭에 이 氣의 욕구는 이러한 개별성의 의하여 좌우될 수도 있게 된다. 물론 氣의 욕구가 반드시 개별성에 의해 좌우된다는 것은 아니다. 그럴 가능성이 크다는 것 뿐이다. 따라서 이러한 氣를 개별성에 좌우되지 않고 理의 통제 아래서 작용하게 하는 데에 退溪에 있어서의 수양의 목적은 놓여진다.

## 10.退溪는 왜 理를 주장하는가?

退溪가 누구보다도 더 理를 중시하는 이유는 무엇일까? 이것은 물론 모든 이론자들에게 제기될 수 있는 의문인 것이다.

앞에서도 이야기 하였듯이 동양의 전통적인 의식구조의 배면에는 이 세계가 그저 단순히 물리적 자연으로 설명될 수만은 없다는 생각이 깔려 있다. 이 세계의 배면에는 어떤 의지, 어떤 원리가 놓여져 있다는 것이다. 그것은 神의 섭리일 수도 있고, 어떤 근원적인 이치일 수도 있다. 유학자들은 그것이 어떤 근원적인 이치라고 본다. 이 이치에 의하여 일체세계의 존재와, 그러한 존재세계의 전개, 그러한 과정에 있어서의 조화와 질서가 가능하다고 보는 것이다. 그러니까 그러한 역할과 기능을 담당하는 어떤 원리적인 것이 실재한다고 보는 것이다. 性理學者에게 있어서는 그것은 理라는 개념으로 나타난다. 退溪에 있어서도 역시 마찬가지이다.

退溪는 性理學者들의 시각을 이어받아서 그 理의 의미를 보다 적극적으로 받아들인다. 그리하여 그 理를 객관적 근거로 삼아 세계 전체 속에 善意志가 충만하여 있는 것으로 이해한다. 그 객관적 善意志가 총체적 우주 속뿐만 아니라 개별자의 내면에도 하나의 개관적 도덕의 근거로 주어져 있다고 보는 것이다. 그러므로 이 理란 인간이 발견하여 낸 것도 아니고, 인간의 의식에 의하여 좌우될 수 있는 것도 아니며, 어떤 시간이나 공간에 의해 구속되어 있는 것도 아니라, 언제 어디에나 실재하며, 언제 어디에서나 그것을 구현하여 내야만 하는 것이고, 어떤 무엇에도 영향 받지 않고, 영원히 존재하는 것이며, 따라서 그 객관적 理를 구현하는 것이야말로 모든 존재의 책무이며 세계 존재의 이유라고 하는 것을 분명히 하여 두고자 하는 것이다. 즉. 세계와 존재들 자체의 존재형식과 존재이유를 도덕주의직인 도대위에 분명히게 정초시키고자 하는 의도를 지니고 理를 강조하는 것이 라는 말이다. 따라서 理를 주장하는 사람들에게 있어서는 다른 누구에게서 보다도 도덕의 객관성, 도덕의 실재성에 대한 긍정의식이 두드러지게 나타나는 것이다. 그러니까 理論은 유학의 도덕주의적 맥락위에서는 것으로서, 그러한 도덕주의를 극으로 밀고 나가 구성되는 것이라고 하겠다. 理의 自發性까지 주장하는 退溪에 있어서는 객관적 도덕원리의 자기실현의 차원에서 일체가 설명되고 이해될 수 있는 것이기까지 하다. 그러니까 退溪가 누구보다도 강력하게 理의 실체성을 주장하는 것은 도덕을 누구보다도 더 객관적인 것을 보고자하고, 도덕적인 삶과 행위를 누구보다도 더 의미 있는 것으로 받아들이고자 하는 의지의 표현이라고 하겠다.

# 제8장 退溪의 四端七情論

우리가 退溪哲學을 말할 때 가장 중요하게 언급되어야 할 것 중의 하나로 四端七情에 관한 退溪의 견해를 들 수 있을 것이다. 이것은 바로 奇大升과의 사이에서 벌어진 일련의 논쟁을 말한다. 이것은 물론 退溪 자신이 요청한 것이 아니라 奇大升에 의해 촉발되어 모습을 드러내는 것이다. 그러나 비록 그렇다고 하더라도 여기에서 朱子 性理學의 영역을 뛰어넘어 退溪 나름의 발전적인 견해가 제시되는 것이고 보면 退溪哲學을 말함에 있어서 이 四端七情說은 무시되어서는 안되는 것이라고 하겠다. 여기서는 四端七情說이 退溪에서 어떠한 모습으로 제시되며, 그것을 우리는 어떠한 맥락 위에서 이해하여야 하는 것인지에 대해서 살펴보기로 하겠다.

## 1. 退溪의 四端七情說

退溪는 四端七情을 어떠한 모습으로 제시하는가? 退溪는 앞선 시대의 유학자들이 四端과 七情을 말함에 있어서는 다만 그것들이 다 情에 속하는 것이라는 점만을 밝혀 놓았을 뿐, 그것들이 理·氣와 어떤 관계를 갖는지에 대해서는 밝혀놓지 못하였다고 본다.[1)] 그러니까 이러한 退溪의 입장으로부터 우리가 알 수 잇는 것은 退溪의 四端七情說의 특징이 다른데 있는 것이 아니라 바로 그 理氣說과의 연결부분에 있는 것이라는 점이다. 그러니까 四端을 理에 분속시키고, 七情을 氣에 분속시키는 것이 退溪의 四端七情說의 특징이라는 말이다.

이 退溪의 四端七情說은 鄭之雲의 <天命道>로부터 비롯된다. 鄭之雲은 <天命道>에서 '四端은 理에서 發하고, 七情은 氣에서 發한다'고 적었다.2) 이 <天命道>를 退溪에게 보여주자 退溪는 <天命道>의 바로 이 부분이 四端과 七情을 너무 판연하게 분별하여 주는 느낌이 강하므로 혹시라도 논쟁을 불러일으킬 소지가 있기 때문에 '四端은 理의 發이고, 七情은 氣의 發이라고' 정정하여 준다. 四端이 理에서 發하고 七情이 氣에서 發한다는 것과, 四端은 理의 發이고 七情은 氣의 發이라는 것은 어떻게 다른가? 이것들은 서로 비슷하다. 그러나 풍기는 느낌이 다르다. 鄭之雲의 그것이 四端七情의 영역을 각각 理·氣로 구분하여 거기서부터 이끌어내는 것이라면, 退溪는 다만 그러한 영역의 구분 아닌 인과의 관계만을 언급할 뿐인 것이다. 退溪는 아마도 마음속에 각각 理·氣의 두 영역을 구분하여 놓고 거기서부터 四端七情을 이끌어내는 鄭之雲의 理·氣는 존재론적인 차원에서는 서로 분명하게 구분될 수 있는 양자가 아니기 때문이다.

그러나 退溪의 이러한 고심에도 불구하고 退溪의 수정 역시도 鄭之雲의 이러한 구분의 폐를 완전히 불식시킨 것은 아니었다. 그러므로 奇大升이 이러한 退溪의 수정에 대한 설명을 요구하고 나선 것이다. 이 奇大升의 요구에 대응하여 退溪는 자신의 설을 다시 수정한다. '四端은 理만으로 發하므로 善하

---

1) 退溪全書 卷一, p.405.「性情之辯, 先儒發明詳矣, 惟四端七情之云, 但俱謂之情, 而未見有以理氣分說者矣.」

2) 退溪全書 卷一, p.405.「往年鄭生之作圖也, 有四端發於理, 七情發於氣之說.」

지 않음이 없고, 七情은 氣를 포함해서 發하므로 善惡이 혼재하여 있다'는 것이 바로 그것이다.[3]

이와같은 退溪의 해석을 보면 우리는 退溪의 고심의 이유가 어디에 있는지를 알 수 있을 것이다. 그것은 四端七情을 구분하여 四端을 완전히 도덕적인 영역 속에 위치시키고자 하는 것이다. 그리하여 退溪는 그것의 유래 자체를 理에만 분속시키는 것이다. 그러니까 退溪의 있어서의 문제는, 그러한 두 가지 정서가 어디서 유래하느냐, 무엇으로 인하여 도출되느냐 하는 점이었던 것 같다. 四端七情을 각각 理·氣에 분속시킬 수 있느냐의 여부에 문제가 놓여 있었던 것처럼 보여 진다. 그것은 理·氣가 분리될 수 없는 것이라는 理·氣 개념의 속성을 退溪가 염두에 두었던 때문일 것이다. 그러므로 退溪는 '理에서 發한다, 氣에서 發한다'는 것을 '理의 發이다, 氣의 發이다'로 고치고, 또 '理만이 發이다, 氣를 포함한 發이다'로 고치는 것일 것이다. 그러나 退溪의 이러한 고심에도 불구하고 退溪가 문제시하였던 것, 즉 理·氣가 나누어져 있을 수 없다는 점, 鄭之雲의 입장이 理·氣를 분명히 구분하고 있는 것은 쟁론을 불러일으킬 여지가 있으므로 그 구분을 좀 약하게 할 필요가 있다는 것은 여전히 해결되지 않고 남아 있음을 우리는 알 수 있다. '理의 發이고, 氣의 發'이라 하든, '理만의 發이고, 氣를 포함한 發'이라 하든, 理·氣를 구분하고 있는 것만은 분명한 것이고 '理·氣는 분리될 수 없다'는 일반론을 거기에 적용하게 되면 양자가 다 문제가 있는 것이기 때문이다. 이 점이 高峰의 반론의 중요한 근거가 된다. 그리고 四端七情이라는 것도 과연 분명히 구분될 수 있는 두 가지 정서냐 하는 것도 문제가 된다. 高峰은 七情 속에 四端이 포함된다고

3) 退溪全書 卷一, p.402.「四端七情發純理, 故無不善, 七情之發兼氣, 故有善惡未知.」

보는 것이다. 四端은 七情중의 '中節者'만을 가리키는 것이라는 것이다. 이러한 제 측면 즉, '理·氣가 구분될 수 없다'는 것과, '四端·七情이 구분될 수 없다'는 두 가지 점에 입각하여 高峰은 退溪의 입장을 비판하는 것이다.

이러한 高峰의 비판에 대하여 退溪는 朱子를 끌어들여 자신의 설의 타당성을 주장한다. 朱子가 ≪語類≫에서 孟子의 四端을 논하면서 '四端은 理의 發이요, 七情은 氣의 發이라고 하였다'는 것이다.[4] 退溪는 이렇게 말한다. '스스로를 믿는 것이 아니라 그 스승을 믿는 것이다. 朱子는 나의 스승이고, 천하고금의 사람들이 다 스승으로 삼는 사람이다. 朱子의 이 말을 본 뒤에는 내 견해가 크게 그릇되지 않았음을 확신할 수 있었고, 당초의 鄭之雲의 설 또한 잘못이 없어 고칠 필요가 없었을 것 같다는 생각을 하게 되었다.'[5] 사실 朱子의 이 말을 얻기 전에는 退溪는 자신의 四端七情說에 대한 확신을 갖지 못하고 있었다. 그러나 朱子의 말을 얻은 다음부터는 退溪는 자기 설의 타당성을 믿어 의심치 않게 되었다.

그러나 高峰의 반론은 계속된다. 高峰은 退溪가 四端과 七情을 구분하고, 理와 氣에 분속시키는 것은 개념상의 측면에서는 옳을지 몰라도 실제적으로는 옳지 않다는 점을 거듭 주장한다.

이에 退溪는 숙고를 거듭한 결과 마지막 수정학설을 내놓는다.

대저 종합해서 말하자면 七情도 理·氣를 겸한다는 것이 여러 소

---

4) 退溪全書 卷一, p.407.「近因看朱子語類論孟子四端處末一條正論此事, 其說云 : '四端是理之發, 七情是 氣之發.' 古人不云乎?」

5) 退溪全書 卷一, p.407.「不敢自信 而信其師. 朱子吾所師也, 亦天下古今之所宗師也. 得是說然後方信愚見不至於大謬, 而當初鄭說亦自爲無病似不須改也.」

리 할 것 없이 명백하다. 만약 七情을 四端에 대응시켜서 각각 구분해서 말하자면 七情을 氣에 소속시키는 것은 四端을 理에 소속시키는 것과 마찬가지이다. 그것들이 發함에 있어서 서로 맥락을 달리하고, 그 개념에 있어서 서로 의미를 달리하므로, 그 치중하는 바에 따라 나누어 소속시킬 수 있는 것이다. 滉 역시도 七情이 理와는 전적으로 무관하게 外物에 감촉하여 발동한 것이라고 하는 것은 아니다. 그리고 四端도 사물에 감촉하여 발동하는 것이므로 본래 七情과 다른 것이 아니다. 다만 '四端이라면 理가 發하여 氣가 그것에 따른 것이고, 七情이라면 氣가 發하여 理가 거기에 탄(乘)' 것일 뿐이다.[6]

'四端은 理가 먼저 발하고 氣가 그것에 따른 것이며, 七情은 氣가 먼저 發하고 理가 그것에 탄 것'이라는 것이 退溪의 四端七情의 논변의 마지막 수정학설이다. 그러니까 退溪의 <四端七情說>은 세 번의 수정을 거쳐서 완성되는 것인 셈이다. 그것을 간략하게 표시하여 보면 다음과 같다.

| 鄭之雲의 설 | 退溪의설 |
|---|---|
| 「四端發於理<br>七情發於氣」 | 1차수정 : 「四端理之發, 七情氣之發」<br>2차수정 : 「四端之發純理 故無不善,<br>七情之發兼氣故有善惡未知」<br>3차수정 : 「四則理發而氣隨之, 七則氣發而理乘之」 |

그러면 退溪는 어떠한 맥락 위에서 이렇게 四端七情을 理·氣와 연결시켜 보며, 어떻게 그것을 설명하고 정당화하는가? 이것은 심성론적 문제, 理氣說적 문제, 행위론적 문제, 해석학적 문제 등과 밀접하게 연결되어 있는 것이다. 그러한 점들에 대하여 개략적을 설명하여 보자.[7]

---

6) 退溪全書 卷一, p.417. 「蓋渾論而言則七情兼理氣, 不待多言而明矣. 若以七情對四端, 而各以其分言之, 七情之於氣猶四端之於理也. 其發各有血脉其名皆有所指, 故可隨其所主而分屬之耳, 雖滉亦非謂七情不干於理, 外物偶相湊著而感動也. 且四端感物而動, 固不異於七情. 但 '四則理發而氣隨之, 七則氣發而理乘之耳'.」

## 2. 四端七情이란 무엇인가

退溪의 四端七情에 관한 설을 구체적으로 살펴보기 위해서는 우선 四端七情이 무엇인지에 대한 이해가 앞서지 않으면 안된다. 退溪의 四端七情說이란 四端과 七情에 대한 나름대로의 해석이기 때문이다.

우선 四端에 대해서 말하여 보자. 四端은 孟子로부터 제기되는 것이다. 孟子의 性은 두 종류로 나뉜다. 넓은 의미로서의 性과 좁은 의미로서의 性의 둘이 바로 그것이다. 넓은 의미에서 孟子의 性은 마음(心) 전체를 의미한다. 그러나 좁은 의미에서 孟子의 性은 마음의 일부, 구체적으로 四端으로서의 마음을 뜻한다.[8] 孟子는 이 좁은 의미에서의 性, 四端으로서의 마음이 인간의 善의 근거라고 한다. 四端은 바로 '불쌍히 여기는 마음(惻隱之心), 부끄러워하는 마음(羞惡之心), 사양하는 마음(辭讓之心), 옳고 그름을 따지는 마음(是非之心)'을 지칭한다. 孟子는 이러한 네 가지 마음이 인간의 내면에 본구적으로 갖추어 있다고 본다. 이러한 네 가지 마음이야말로 인간이라면 마땅히 갖추고 있는 마음이며, 이것이 없다면 인간이 아니라고 보는 것이다. 따라서 인간은 善한 존재로서 孟子에게는 받아들여지는 것이다. 이러한 네 가지 마음은 물론 그 자체로서 도덕일 수는 없다. 그러한 마음을 갖추고 있음으로써 도덕적 행위가 가능하여진다는 이야기에 불과한 것이다. '불쌍히 여기는 마음'을 갖추고 있기에 인간은 누구나가 타인에 대해 인자한 행위를 할 수 있다. '불쌍히 여기는 마음'은 仁의 행위를

---

7) 退溪와 高峰 사이의<四端七情論辯>의 전개과정에 대한 세부적인 것은 尹絲淳 선생의《韓國儒學論究》中 <退溪의 心性觀에 대한 硏究> 部分을 참조하기 바람.

8) 尹天根, 原始儒學의 새로운 解釋, p.132 참조.

촉발시키는 단서인 것이다. ‘부끄러워하는 마음’을 갖추고 있기에 인간은 누구나 옳은 행위를 할 수 있다. ‘부끄러워하는 마음’은 義로운 행위를 촉발시키는 단서가 되는 것이다. ‘사양하는 마음’을 갖추고 있기에 인간은 누구나 자신을 뒤로 물리고 예의바른 행위를 할 수 있다. ‘사양하는 마음’은 예절바른 행위를 촉발시키는 단서가 되는 것이다. ‘옳고 그름을 따지는 마음’이 있기에 인간은 누구나 진실한 이치를 알고 그것을 행할 수 있다. ‘옳고 그름을 따지는 마음’은 천리를 알고 행할 수 있는 단서가 되는 것이다.[9] 그러니까 인간이 四端을 갖추고 있다는 것은 ‘仁·義·禮·智’의 四德을 행할 수 있다는 이야기가 되며, 인간은 본구적을 도덕의 근거를 갖추고 있다는 말이 된다. 물론 앞에서도 말하였듯이 이 四端은 孟子의 마음의 일부에 지나지 않는다. 그리고 이 四端은 정서적인 모습을 띠고 존재한다. 四端은 情의 네 양태라는 것이다. 그런데 이 四端으로서의 性은 도덕적 행위를 촉발시키는 근거가 되는 情이다. 따라서 그것은 어떤 행위의 결과로서 드러난 情이 아니라 우리들 마음속에 잠재되어 있는 情이다. 그러니까 인간은 본구적으로 四端으로서의 情으로 드러날 수 있는 性을 갖추고 존재하는 것으로 孟子는 생각하였다는 말이다.[10]

七情은 무엇인가? 七情은 원래 ≪禮記≫에서 나오는 것이다. ≪禮記≫ <禮運篇>에는 “무엇을 人情이라 하는가? 喜·怒·哀·懼·愛·惡·欲의 일곱이니 배우지 않고서도 능히 발현할 수 있는 것이다”[11]라는 구절이 보인다. 그러니까 인간의 본능적

9) 맹자, 公孫丑. 「惻隱之心 仁之端也, 羞惡之心義之端也, 辭讓之心禮之端也, 是非之心智之端也.」

10) 退溪全書 卷一, 「惻隱情也, 其未發則性也.」에서 알 수 있듯이 ‘惻隱之心’으로 대표되는 ‘四端’은 未發의 ‘性’이고, 그 ‘性’의 자연스러운 발현이 ‘四端’인 것이다.

11) 禮記, 禮運篇. 「何謂人情? 喜怒哀懼愛惡欲七者, 勿學而能.」

감정의 총체를 바로 ≪禮記≫에서는 七情이라 하는 것이다. <禮運>에서는 이렇게 일곱 가지가 七情으로 말하여지지만 ≪中庸≫에서는 그것은 喜·怒·哀·樂의 네가지 감정으로 대표된다. ≪中庸≫은 '喜·怒·哀·樂 등의 감정이 발현하기 이전의 마음을 中이라 하고, 喜·怒·哀·樂 등의 감정이 발현하여 中節을 얻은 것을 和라 한다'[12]고 말한다. 그러니까 ≪中庸≫에서는 性은 喜·怒·哀·樂 등 제 감정을 구현할 수 있는 총체적 가능태로서 주어지고, 그 가능성이 구현된 결과는 喜·怒·哀·樂 등의 감정이 되는 것이다. 喜·怒·哀·樂은 ≪中庸≫에서 다만 네 가지 감정으로 그치는 것이 아니라 총체로서의 모든 감정을 대표하는 것이다. 그러므로 <禮運>의 喜·怒·哀·懼·愛·惡·欲이나, ≪中庸≫의 喜·怒·哀·樂이나 실제에 있어서는 동일한 것으로 간주할 수 있을 것이다. 退溪는 이 양자를 같은 것으로 간주한다. ≪中庸≫의 희·노·애·락은 그 자체로서는 도덕적이다 아니다 할 수 있는 것이 아니다. ≪中庸≫은 희·노·애·락이 발현되어 '中節'을 얻는 것, 넘치거나 모자라지 않게 딱 들어맞는 감정으로 나타난 것을 도덕적인 것이라고 본다.

四端과 七情은 이러한 차원에서 설명될 수 있다. 위의 설명에서 알 수 있듯이 四端은 그 자체로써 도덕적인 감정이다. 그리고 그것은 도덕적 행위의 단서가 된다. 七情은 그 자체로써는 도덕적인 감정이 아니다. 七情은 드러난 마음의 양태이며, 그것이 어떻게 적절하게 놓여지느냐에 의해서 도덕적이다 아니다가 말하여질 수 있는 종류의 것이다. 退溪가 말하듯이 '四端은 전적으로 善한 것'[13]이고 '七情은 善惡이 未定인 것'[14]이라는 말이다.

---

12) 中庸. 「喜怒哀樂之未發謂之中, 發而皆中節謂之和.」
13) 退溪全書 卷一, p.406. 「四端皆善也.」
14) 退溪全書 卷一, p.406. 「七情善惡未定也.」

## 3. 心性과 理·氣의 문제

四端七情은 다 똑같이 情의 모습을 띠고 있는 것이다. 退溪나 高峰의 <四端七情論辯>은 그러한 情들을 어떻게 이해할 수 있느냐 하는 것에 대한 시각의 차이이다. 앞에서도 이야기하였듯이 情은 性의 발현이다. 性이 유행함으로써 情이 드러나는 것이지, 情 밖에서 또 다른 性의 유행양태가 살펴질 수 있는 것은 아니다.[15] 情과 性은 이렇게 짝을 이루면서 존재한다. 性이 가능태라면 情은 실현태인 것이고, 性이 情의 내적 근거라면 情은 性의 외적 표현형식인 것이다. 그러므로 四端七情으로서의 情의 성격을 설명하기 위해서도 그 내적 근거가 되는 性에 대한 이해가 전제되지 않으면 안된다. 四端七情의 내적 근거가 되는 性은 性理學的인 의미구조 속에서의 性이다.

退溪는 先儒들의 性에 대한 이해를 理·氣의 구조 속에서 하나하나 설명한다. 원래 性을 理·氣의 구조 속에서 본격적으로 설명하기 시작한 것은 張橫渠가 처음이다. 이것은 程伊川과 朱子에게 적극 수용됨으로써 性을 理氣說的 바탕 위에서 보는 것이 性理學의 일반적인 시각이 되어 버린 것이다.

張橫渠는 性을 本然之性과 氣質之性으로 나눈다. 本然之性은 무엇이고, 氣質之性은 무엇인가?

性理學者들은 性이 理·氣의 묘합이라고 생각한다.[16] 태극의 理와 氣가 합해져서 性이 이루어진다고 보는 것이다. 性은 태극의 理를 갖추고 있기에 총체로서의 천리를 구현해 낼 수 있는 가능성을 갖는다. 性은 존재의 氣를 갖추고 있기에 존재의

15) 退溪全書 卷一, p.581.「若所謂性之流行卽情是耳, 豈情外別有性之流行耶?」

16) 退溪全書 卷一, p.416.「論性而理在氣中.」

특수성에 구속될 수도 있게 된다.

존재의 性을 구성하는 것 중에 氣와 혼합되지 않은 순수상태의 理의 性만을 추출하여 말할 때 그것을 本然之性, 또는 天地之性이라 한다. 退溪는 이것이 子思의 이른바 '天命으로서의 性', 孟子의 이른바 '善한 것으로서의 性',에서 말하여지는 性이라고 본다. 子思나 孟子는 순수 理로서의 차원에서 性 개념을 구성한 결과로서 '천명의 성'·'선한 것으로서의 성' 개념을 제시하여 주는 것이라는 말이다.17) 그런데 性이란 본래 존재, 또는 개체 속에서만 나타날 수 있는 개념이다. 존재 또는 개체는 理·氣의 묘합으로 구성된다. 이것은 존재의 모든 것이 氣로부터 전적으로 자유로울 수 없는 것임을 의미한다. 性까지도 예외는 아닌 것이다. 性도 氣와의 연계하에 존재하는 것이라는 말이다. 존재는 구체적 형태를 갖추고 있는 것이고, 구체적 형체는 氣가 있음으로써 가능하여 지는 것이기 때문이다. 따라서 실재하는 존재의 내면에 갖추어져 있는 性도 氣와의 관계하에 놓여지는 것임을 부인할 수는 없다. 性도 실제적으로는 氣와의 교섭의 결과로써 존재하는 것이라는 말이다. 순수한 性, 개체 속에 들어와 있는 순수한 理로써의 本然之性은 실제적으로 존재하는 것이 아니라 개념상으로나 가능하여 지는 것이고, 기능상으로나 가능하여지는 것이라는 이야기이다. 즉, 우리는 理만의 性에 대한 관념을 가질 수는 있다. 그러나 理만의 性이 실재하는 것은 아니다. 이것은 본연지성은 관념상, 개념상으로만 가능한 것이라는 것의 의미이다. 그리고 우리는 理·氣의 묘합으로서 존재하는 性속의 理적 측면만이 氣적 측면과 따로 떨어져 작용할 수 있음을 인정할 수

17) 退溪全書 卷一, p.406.「此以性一字言之, 子思所謂天命之性, 孟子所謂性善之性, 此二性字, 所指而言者何在乎? 將非就理氣賦與之中, 而指此理原頭本然處言之乎?.」

있다. 물론 그 경우에 있어서 그 작용의 구체적인 결과는 주어질 수 없을 것이다. 그것이 氣적 측면과 연계하지 않으면 구체적인 결과가 이끌어질 수는 없는 것이기 때문이다. 그러나 理가 그 자체 어떤 원리를 갖추고 있는 것이고, 그 원리는 理 나름대로의 차원에서 멈춤 없이 표출되는 것은 분명하다. 그러므로 우리는 개체속의 性은 理도 이러한 멈춤 없는 원리작용을 계속하고 있는 것으로 받아들이지 않으면 안된다. 다만 그러한 性의 理작용은 氣작용과 연계되지 않는다면 구체화될 수 없는 것이라는 점은 지적되지 않으면 안 될 것이다. 그러니까 우리는 理만의 작용을 생각할 수는 있는 셈이다. 결과를 기대하지 않는 선에서 말이다. 이것이 본연지성, 理만의 性은 기능상으로나 가능한 것이라는 것의 의미이다. 이렇게 본연지성은 개념상·기능상의 측면에서는 존재의미를 지닐 수 있으나 그것이 실체로써 실제적으로 존재한다고 볼 수는 없다. 존재론적 차원에서 실제적으로 실재하는 性은 본연지성이 아니라 기질지성이다. 退溪는 이렇게 말한다. "程伊川·張橫渠 등 여러 학자들이 나온 다음에 부득이하게 기질지성에 대한 거론이 있게 되었다. 그것은 기왕의 설을 보다 발전적으로 전개시켜서 새로운 개념으로 구성하여 낸 것이 아니라, 말하고자 하는 바가 개체로 구성된 다음의 상황이므로 순수하게 본연지성이라 할 수 없어서 氣와 혼합하여 그것을 지칭한 것이다."[18] 그러므로 退溪는 존재 내면의 실재하는 性을 기질지성으로 본다고 할 수 있는 것이다. 실제로 존재하는 性, 존재론적인 차원에서의 性은 오직 이 기질지성이 있을 뿐이다. 기질지성이 있고 또 본연지성이 따로 있다는 것은 아니다. 性속에

18) 退溪全書 卷一, p.406.「至於後世程張諸子之出然後, 不得已而有氣質之性之論, 亦非求多而立異也, 所指而言者 在乎稟生之後, 則又不得純以本然之性, 混稱之也.」

는 태극의 理가 들어와 있는데 순수하게 이 태극의 理만을 대상으로 말할 때, 우리는 그것을 본연지성이라 말하는 것이다. 이 본연지성으로서의 태극의 理는 실제로는 氣質속에 들어와 있는 것이고, 이 氣質의 특성에 의하여 영향을 받는 것이므로, 이 경우에 있어서의 性을 우리는 기질지성이라고 하는 것이다. 본연지성이라고 말할 때에는 性속의 理적 측면만을 중심으로 하여 性을 말하는 것이고, 기질지성이라고 말할 때에는 性의 실제적인 모습 자체, 氣와 혼합되어 있는 理로서의 性을 말하는 것이라는 말이다. 退溪는 이 기질지성이 孔子의 '性은 모든 사람에게 있어서 다 같으나 그 학습의 결과에 의해 차이가 나타나게 된다.'고 할 때의 性, 孟子의 '耳·目·口·鼻의 性'과 서로 맥락이 닿아 있는 것으로 이해한다.[19]

退溪는 <心統性情圖>에서 본연지성을 中圖 상단의 원으로, 기질지성을 下圖 상단의 원으로 표현한다. 이 <心統性情圖>는 ≪聖學十圖≫의 제6도이다.[20]

이 <心統性情圖>에서 볼 수 있듯이 本然之性은 氣와 연계되지 않은 理만의 性이고, 氣質之性은 氣와 연계되어 있는 性이다. 그러므로 性理學者들은 본연지성을 理에 분속시키고, 기질지성을 氣에 분속시키는 것이다. 그러나 엄밀하게 말하자면 본연지성은 개념상 理만으로 구성되는 것이기 때문에 理에만 분속시키는 것이 가능하겠지만, 기질지성은 개념상이든 실제적이든 간에 理가 氣속에 들어와 있는 것을 의미하므로 전적으로 氣에만 분속시킬 수는 없는 것이 사실이다. 우리가 그것을 氣에 분속시키는 것은 理에 분속되는 본연지성에 대비해서 氣적 특성이 보다 두드러지게 나타나는 것이므로 그리하

19) 退溪全書 卷一, p.407.「孔子言相近相遠之性, 孟子言耳目口鼻之性, 此皆就理氣相成之中, 偏指而獨言氣也.」

20) 이<心統性情圖>의 상도는 林隱 程氏의 것이고, 中圖와 下圖는 退溪의 것이다.

# 第六心統性情圖

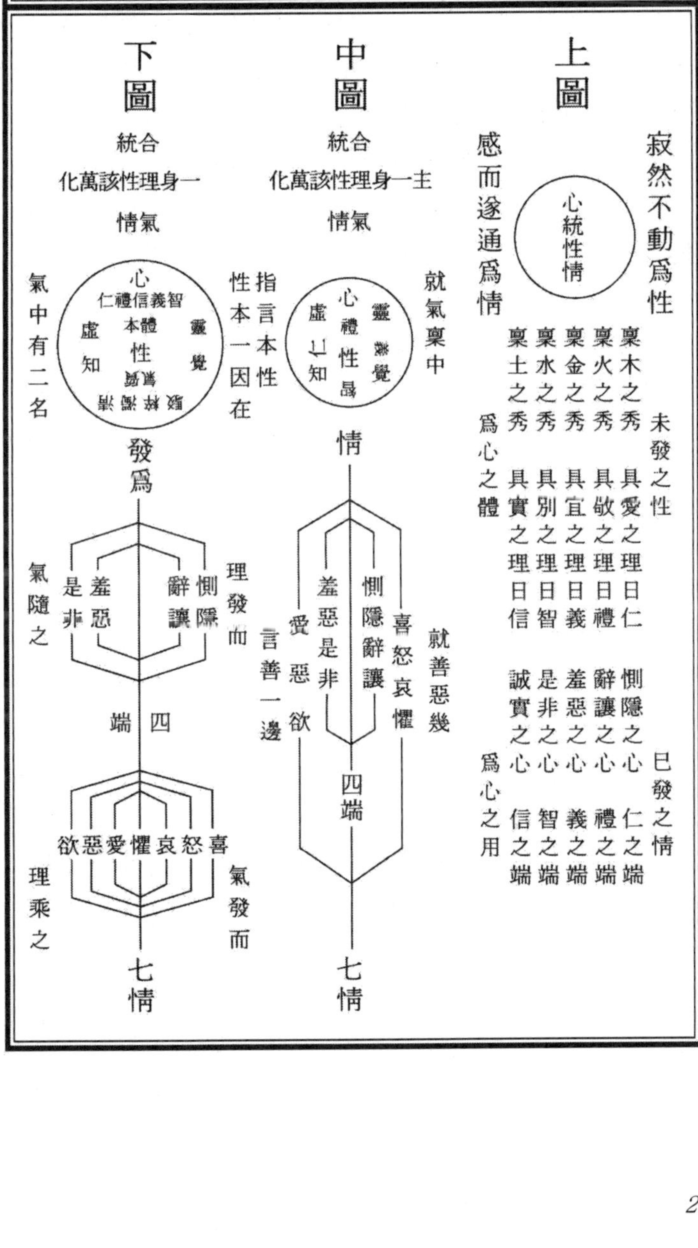

上圖
寂然不動爲性
感而遂通爲情
心統性情
未發之性
稟木之秀 具愛之理曰仁
稟火之秀 具敬之理曰禮
稟金之秀 具宜之理曰義
稟水之秀 具別之理曰智
稟土之秀 具實之理曰信
爲心之體
已發之情
惻隱之心 仁之端
辭讓之心 禮之端
羞惡之心 義之端
是非之心 智之端
誠實之心 信之端
爲心之用
中圖
統合
化萬該性理身一主
情氣
就氣稟中
心
虛靈知覺
禮
性
情
惻隱
辭讓
羞惡
是非
喜怒哀懼
愛惡欲
就善惡幾
言善一邊
四端
七情
下圖
統合
化萬該性理身一
情氣
指言本性
性本一因在
氣中有二名
心
仁禮信義智
本體
性
虛靈知覺
氣質
清濁粹駁
發爲
惻隱
辭讓
羞惡
是非
理發而
氣隨之
四端
喜怒哀懼愛惡欲
氣發而
理乘之
七情

는 것에 불과하다.

거듭 말하지만 실재하는 性은 기질지성, 氣속에 들어와 있는 性이다. 性은 하나가 있을 뿐인 것이다. 실제적으로 기질지성 외에 또 다른 본연지성은 없는 것이다. 다만 우리가 앞에서 말하였듯이 관념상 기질지성, 실제적 性에 대비되는, 氣에 좌우되지 않는 순수상태의 性이 조형될 수는 있고, 그것을 우리는 본연지성이라 할 뿐인 것이다.[21] 그리고 그것은 기능상으로도 구분될 수 있다. 理작용은 전적으로 氣와의 연계하에 놓여지는 것은 아니기 때문이다. 물론 구체적인 형적이 나타나는 理작용은 氣와 연계되지 않고서는 불가능하다. 그러나 그러한 구체적으로 형적이 드러나는 작용만 있는 것은 아니다. 理작용의 결과가 드러나기 전의 상황 속에서 우리는 理의 원리작용을 확인할 수 있다. 그것이 실제적으로 구현되느냐 안 되느냐 하는 것은 氣의 자리에 놓여지는 것이라도 말이다.

## 4. 四端七情과 理·氣의 문제

四端과 七情은 다 같은 情이다. 그 점은 退溪도 인정하는 것이다. 그런데 왜 四端과 七情이 서로 다른 것으로써 말하여지게 되었는가? 그것은 四端과 七情이 같은 情이면서도 또한 서로 같지 않은 측면을 포함하고 있기 때문일 것이다. 退溪는 그 서로 같지 않은 측면을 '所就而言之不同'이라고 본다.[22] 그것은 무엇인가? 쉽게 말하자면 서로 지시하는 바가 다르다,

---

21) 退溪全書 卷二, p.219.「皆性非有二, 只是不雜乎氣質而言則爲本然之性, 就氣質而言則爲氣質之性.」
22) 退溪全書 卷一, p.405.「夫四端, 情也, 七情亦情也, 均是情也, 何以有四七之異名耶? 來喩所謂所就以言之者不同, 是也.」

개념의 의미가 다르다는 것이 될 것이다.

退溪는 일단 이렇게 四端七情의 차이를 개념상의 차이로 본다. 그러면 四端七情의 차이는 그렇게 개념상의 측면에서만 찾아질 수 있는 것인가? 그것은 아니다. 退溪는 또 다른 차이를 거기에 부가한다. 그것은 退溪의 말을 그대로 빌리자면, '所從來의 차이'이다.[23] 그것은 四端七情의 각각이 어디에서 유래하며, 무엇의 작용으로부터 비롯되느냐의 차이를 말한다.

退溪는 이렇게 四端七情이 구분될 수 있는 이유를 두 가지 차원에서 제시한다. 한마디로 이야기해서 '그것이 발현됨에 있어서 각각 맥락을 달리하고, 그것의 개념이 각각 의미를 달리 한다'[24]고 할 수 있다고 보는 것이다. 전자는 '所從來의 차이'를 뜻하고 후자는 '개념의 차이'를 의미한다고 하겠다.

四端七情의 차이는 어떠한 차원에서 설명될 수 있겠는가? 退溪는 孟子에게서 四端이 말하여질 때, 그리고 ≪中庸≫이나 ≪禮記≫에서 七情이 말하여질 때, 그것들에 포함된 의미는 기본적으로 동일하지 않다고 본다. 退溪는 孟子가 四端을 말할 때, 그것은 어떤 도덕적인 감정만을 골라서 말한 것이라고 본다.[25] 그러니까 그것은 개념상 善한 감정이라는 의미가 애초에 포함되어 있으며, 理·氣를 가지고 말한다면 理發의 결과로서 말하여질 수 있을 것이라는 것이다. 孟子는 理의 측면만을 가지고 四端 개념을 구성하였다고 보는 것이다. 물론 이것은 개념상 그러하다는 것에 불과하다. 退溪는 실제로 四端 속에 氣의 요소가 들어있지 않다고까지 말하는 것은 아니다. 전에 退溪의 理氣說에서도 보았듯이 실제론적인 차원에서는 理·氣는 분리될 수 있는 양자가 아니다. 그것들은 동전의 양면처

---

23) 退溪全書 卷一, p.419.「四之所從來是理, 七之所從來非氣而何?」
24) 退溪全書 卷一, p.417.「其發各有血脉, 其名皆有所指.」
25) 退溪는「孟子剔撥而說四端」이라고 말한다. (退溪全書 卷一, p.419 참조)

럼 항상 같은 자리에 두 짝을 이루고서 존재한다. 그러므로 실제적으로는 四端도 理·氣가 함께 작용하여 구성하여 내는 정서인 것이다. 退溪는 이렇게 말한다. "孟子의 四端 章에서는 전적으로 理를 가지고 말하나 氣 또한 그 사이에 유행하지 않음이 없는 것이다."[26] 이렇게 실제적으로는 四端도 理·氣의 합으로서 드러나는 정서인 것이다. 다만 이것은 孟子가 그 중 理적인 측면만을 위주로 해서 四端 개념을 구성하였다는 것이고, 또 四端이라는 정서를 이끌어냄에 있어서 주된 역할을 담당하여 주는 것은 理라고 말한다는 것 뿐이다. 그것이 理發의 결과로서 드러나는 것이고, 理가 주된 작용원인이 되어 발현되는 것은 '所從來'의 측면, 즉 연원 관계의 차원에서 四端을 七情과 구분되게 하는 것이다. 그것이 '善한 정서'만을 지칭하는 것이며, 도덕적 행위의 내적 근거가 되는 정서라는 것은 '所就而言', 즉 개념상의 측면에서 四端을 七情과 구분하게 하는 부분이다. 앞에서도 말하였듯이 七情이나 四端이나 다 같은 情이다. 七情 밖에 四端이 따로 있는 것은 아닌 것이다. 그러나 그렇다고 해서 七情과 四端을 동일시한다는 것은 큰 잘못이다.[27] 四端과 七情은 같은 정서의 모습을 띠고 있지만 서로간에 존재의 양태와 개념의 의미를 달리하기 때문이다. 四端의 情은 비록 정서적인 모습을 띠고 나타나 있지만 그것이 어떤 행위의 결과 속에서 드러나는 것으로써 설명되는 것이 아니라 도덕적 행위를 촉발시키는 행위의 인자로써 설명된다. 七情의 情은 어떤 행위를 촉발시키는 원인으로써 설명되는 것이 아니라 어떤 행위의 결과로써 드러나는 정서로써 설명된다. 四端은 仁·義·禮·智의 단서가 되는 정서로서, 性 내

26) 退溪全書 卷二, p.226.「孟子四端章則專以理言之, 而氣亦未嘗不行乎其問也.」

27) 退溪全書 卷一, p.418.「故雖不可謂七情之外 復有四端, 若遂以爲非有異義, 則恐不可也.」

면에 仁·義·禮·智를 구현해 낼 수 있는 어떤 원리가 갖추어져 있다고 할 때, 그 원리의 실제적인 양태로서 존재하는 심성 내적인 정서의 모습을 띤다. 그것이 곧바로 性이라 할 수는 없으나, 性의 발현양태로서의 情 중에서는 그 중 性에 밀접하게 연결되어 있는 것으로써, 행위되기 이전에, 구체적인 정서로써 발현되기 이전에, 심성 내적인 차원에서 조형되는 정서라고 할 수 있다. 七情은 그렇지 않다. 七情은 구체적으로 발현된 결과로써 드러나는 감정이다. 七情의 행위의 원인이 되는 심성 내적 정서가 아니라 행위의 결과가 되는 심성 외적 정서이다. 이러한 四端七情의 情으로서의 차이는 아래면의 도해와 같은 모습으로 그려질 수 있다.

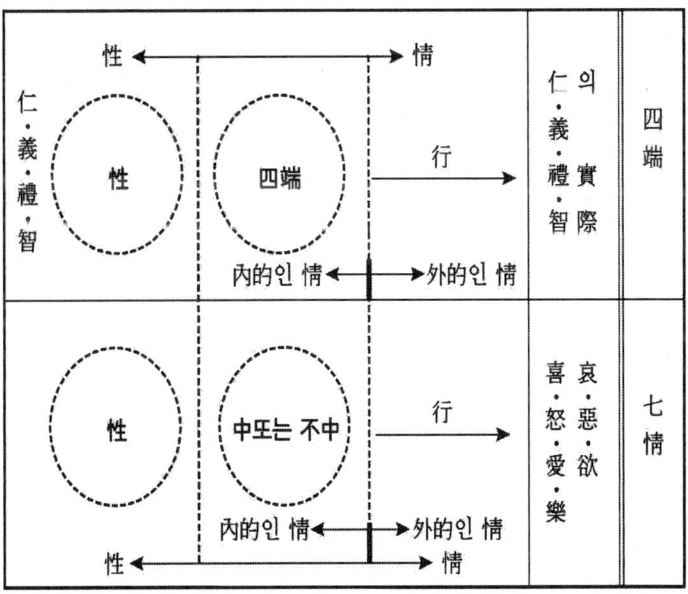

이 그림에서 四端은 性과 같은 자리에 놓여질 수 없으면서 性의 구체적 발현 이전에 상정되는 것으로 그려지고 있음을 볼 수 있다. 그것은 그것이 본연의 性의 한 형식으로 포함될 수도 있음을 의미한다. 분명히 孟子는 이 四端이 性의 내면에 본구적으로 갖추어져 있는 것으로 인정한다. 이 점을 부인할 수는 없는 것이다. 孟子는 四端을 본구적 性으로서 이해한다는 말이다. 그러나 退溪에 있어서는 四端은 性 밖의 情의 자리에 놓여진다. 위에 든 退溪의 <心統性情圖>의 중도를 보면 우리는 그러한 退溪의 시각의 일단을 확인할 수 있다. 退溪는 性의 내면에 仁·義·禮·智가 본구적으로 갖추어져 있는 것으로 보고, 그 발현의 결과로서 情 속에 四端을 七情과 함께 위치시킨다. 그러나 인간 심성의 내면에 仁·義·禮·智의 원리가 갖추어져 있다는 것은 무슨 의미인가? 그것은 仁·義·禮·智를 四端과 동일시하기까지 하는 孟子의 입장에서 보면 그대로 四端이 인간심성의 도덕원리로 갖추어져 있다는 이야기로 된다. 그러나 이 말은 四端이 그대로 性이라는 말은 아니다. 四端은 분명히 情의 일종이다. 四端도 外物에 의해 촉발되는 情이라는 것은 四端이 性의 내면에 갖추어져 있는 도덕정서라 하더라도 그것의 존재양태가 확실히 드러나 있는 것이 아니라 잠재되어 있기 때문이다. 잠재되어 있던 四端이 어떤 상황, 구체적으로 '우물에 빠지려는 어린아이를 본 상황' 등의 경우에 밖으로 드러나는 것이다. 그러므로 四端의 잠재된 상태가 바로 성의 영역이고, 인간심성 속에 仁·義·禮·智의 원리가 갖추어져 있다고 할 때의 의미도 바로 四端이 잠재된 상태로 갖추어져 있음을 뜻한다고 하겠다. 四端의 드러난 양태는 外物에 의해 촉발된 情이다. 그러나 이것은 外物에 의해 전적으로 좌우되는 것이 아니라 그러한 상황 속에서 저절로 드러난다고 할 수 있는 것이고, 그런 점에서 이것을 우리는 자연적으로 발현되는 정서로 이해할 수 있을 것이다. 즉, 내면심성의 이치가 어떤 상황 속에서 저절로 발동하여 四端이라는 구체적인 정서로 나타나서 도덕적 행위를 이끌어 간다고 말할 수 있는 것이다. 분명히 退溪는 이러한 맥락 위에서 四端으로서의 情을 이해한다. 退溪가 四端을 理氣論的 측면에서 설명할 때 四端을 理의 몫으로 돌리는 이유는 여기에 있다. 그러면 七情 밖에 四端이 있는 것이 아니라는 것은 무슨 의미인가? 그것은 四端이 七情의 한 부분이라는 것은 아니다. 四端과 七情은 다른 측면에서 그 의미가 조형되는 두 종류의 情이다. 四端과 七情이 같은 情이고 七情 속에 四端이 포함된다는 것은 四端이 七情을 통해서도 설명될 수 있는 것임을 뜻하는 것이고, 七情이 四端보다는 포괄적인 정서라는 것을 뜻하는 것이다. 우리는 四端을 喜·怒·哀·樂 등의 정서를 가지고도 설명할 수 있다. 일테면 측은지심의 발현을 통하여서도 우리는 喜의 정서를 느낄 수 있고, 怒의 정서를 느낄 수 있고 哀의 정서를 느낄 수 있고, 樂의 정서를 느낄 수 있다. 七情을 하나 남김없이 다 말한다 해도 우리는 그렇게 이야기할 수 있다. 四端의 구현을 통하여 七情의 정서를 느낄 수 있는 것이다. 그러므로 四端은 또한 그 결과에 있어서는 七情에 속한 것이라 할 수도 있다. 그러니까 우리가 四端의 情을 발현함에 있어서 동시에 七情의 情도 가질 수 있다는 말이다. 그러므로 우리는 四端은 이성적 정서이고, 七情은 감각적 정서라는 차이가 있음에도, 七情 밖에 四端이 따로 있는 것이 아니라고 할 수 있는 것이다. 四端은 이렇게 七情 속에 포괄되지만 七情은 四端 속에 포괄될 수 있는 것이 아니다. 七情이라는 감각적 정서는 반드시 도덕적인 정서인 것만은 아니다. 四端이라는 도덕적·이성적 정서는 감각적 정서 속의 일부로 드러난다. 그러므로 四端은 七情 속에 속한다는 것이 필연적인 것으로 보장될 수 있다. 그러나 七情으로서의 감각적 정서는 도덕적인 것 뿐만 아니라 비도덕적인 것에서도 드러날 수 있는 것으로 우리는 七情이 四端 속에 포함된다거나, 七情이 반드시 四端과 연결된다는 필연성을 보장할 수는 없다. 七情은 '우물에 빠지려는 어린아이를 구해주었을 때 우리가 느낄 수 있는 기쁨' 같은 것이기도 하고, '길을 가다가 길가에 떨어진 돈을 주었을 때 우리가 느낄 수 있는 기쁨' 같은 것이기도 하기 때문이다. 그러므로 감각적 정서로서의 七情 중 도덕적인 것은 四端과 필연적으로 연결될 수 있을지라도 그 외의 것은 四端과 무관하다고 할 수 있을 것이다. 七情은 이러한 점에서 일단 四端과 구분된다. 즉, 七情은 총체로서의 감정을 말하는 것으로써 도덕적인 것이라고만은 할 수 없는 것이라는 것이 우리가 七情에 포함시킬 수 있는 개념적 의미, 즉 '所就而言'의 측면이라는 점에서 四端과 개념상 구분된다는 말이다. 七情은 四端과는 달리 外物에 의해 촉발되고 外物에 연결되어 구성되는 감정이다. 그러므로 그것은 外物을 이해하고 받아들이는 감각에 의해서 그 성격이 전적으로 결정된다. 우리가 七情의 '所從來'가 氣라고 인정하고, 七情을 氣의 몫으로 치부하는 소이는 바로 여기에 있는 것이다.

退溪가 이른바 '所從來'의 측면에서 四端을 理의 발현이라고 보고, 七情을 氣의 발현이라고 보는 것은, 물론 四端이 전적으로 理에 의해서만 좌우되고, 七情은 전적으로 氣에 의해서만 좌우된다는 말은 아니다. 그것은 다만 四端의 情이 구성됨에 있어서는 理가 主가 되고 氣가 從이 되며, 七情의 情을 구성함에 있어서는 氣가 主가 되고 理가 從이 된다는 것에 불과하다.28) 四端은 어떤 행위, 도덕적 행위의 원인이 되는 것

28) 溪全書 卷一, p.419.「大抵有理發而氣隨之者(四端), 則可主理而言耳……有氣發而理乘之者(七情), 則可主氣而言乎.」

으로서, 스스로의 내면적 性의 理에 근원을 두고, 七情은 그냥 총체로서의 감정을 지칭하는 것으로서 어떤 행위나 사실의 결과로써 주어지는 것이며, 스스로의 내면적 性의 氣에 근원을 두는 것이다.

## 5. 四端七情과 理發·氣發의 문제

이상에서 보듯이 退溪는 四端을 이성적 감정으로 치부하고 理發의 결과로 이해하며, 七情을 감각적 감정으로 간주하고 氣發의 결과로 받아들인다. 退溪는 四端과 七情의 문제는 기본적으로 본연지성과 기질지성의 문제와는 양상을 달리한다고 본다. 본연지성과 기질지성의 문제는 존재론적인 문제이기 때문에 행위론적 개념으로서의 四端七情의 문제와 동일할 수 없다는 것이다. 그것은 이렇게 설명될 수 있다. 앞에서 우리가 살펴보았듯이 본연지성은 실재하는 존재의 내면에서 독립적인 영역을 갖추고 있는 실제적 부분이 아니다. 그것은 性의 본질적 측면을 실재로부터 분리시켜 구성되는 개념인 것이다. 그러므로 그것을 우리는 실재 속에서 찾아낼 수는 없다. 따라서 실재 속에서 우리는 기질지성만을 확인할 수 있는 것이다. 실재 속에서 본연지성은 기질 속에 삼투되어 기질지성으로 존재하는 것이다. 그러므로 우리는 실재 속에서는 본연지성과 기질지성을 구분해서 볼 수 없다. 존재론적 차원에서는 그 두 개념은 통합되어 있는 것이기 때문이다. 그런 까닭에 이 본연지성과 기질지성의 둘은 실제로는 통합의 측면이 보다 강조되는 것이라고 하겠다. 그러나 四端七情에 있어서는 다르다. 退溪는 이 四端七情의 문제는 심성론적인 문제, 즉 본연지성·기질지성의 문제와는 달라서 통합해서 말할 수 없고 서로 대비시켜서 말할 수 있는 것이라고 설명한다. 退溪는 그것을 '相對互說', 즉 四端은 主理의 情으로, 七情은 主氣의 情으로 대비시킬 수 있는 것이라고 보는 것이다.29) 이것은 심성론적 개념으로서의 본연지성 기질지성과 행위론적 개념으로서의 四端七情이 서로 간에 존재의미를 달리하는 것으로부터 연유하는 결과라고 하겠다. 본연지성과 기질지성은 존재의 문제이고, 四端과 七情은 그 작용의 문제이다.

본연지성과 기질지성을 구분해 볼 때 우리는 본연지성이 氣와는 독립된 理로서의 심성이라고 말한다. 반면에 기질지성은 理로서의 性이 氣 속에 들어와 있는 것이라고 본다. 실재를 놓고 볼 때는 존재론적 차원에서는 기질지성 외에 본연지성은 없다. 그러나 그 작용의 측면에서도 그렇다고 할 수 있는가? 필자는 작용의 측면에서는 양상이 달라진다고 본다. 실재의 차원에서 기질지성 밖에서 본연지성을 말할 수는 없다고 해도 기질지성 속의 理가 氣와 간섭되지 않고 고유한 작용력을 행사할 수는 있는 문제인 것이다. 이 경우에 있어서 우리는 그것을 본연지성의 구현이라고 말할 수 있을 것이다. 작용의 측면에서는 본연지성과 기질지성이 구분될 수 있고, 심성 속의 理의 작용과 심성 속의 氣의 작용이 구분될 수 있는 것이다. 필자가 생각하기에 退溪의 理發과 氣發은 바로 이러한 맥락 위에서 이해될 수 있는 것이라고 받아들여진다. 즉, 退溪는 심성 속의 理작용, 본연지성의 자기 발현을 理發이라 하였고, 심성 속의 氣작용을 氣發이라 하였을 것이라는 말이다. 심성 속의 理작용을 본연지성의 자기발현이라 할 수는 있으나, 심성 속의 氣작용을 기질지성의 발현이라고 말할 수는 없는 것이라는 점이 이 경우에 있어서 간과되어서는 안된다. 본연지

29) 溪全書 卷二, p.93.「若四端七情, 則一主理一氣發, 相對互說, 與心性說自不同, 不可相合爲說.」

성은 전적으로 理에 소속될 수 있으나 기질지성은 전적으로 氣에 소속될 수는 없는 것이기 때문이다.

심성 속의 理의 작용은 이성적 작용이다. 그러므로 그것은 내재되어 있는 이성 능력에 의하여 그 작용이 촉발된다. 이것은 이론상 아무런 매체를 갖지 않더라도 심성 속의 理가 자연스럽게 스스로의 작용력을 운용할 수 있음을 의미한다. 그러니까 이론상 退溪는 理작용의 자발성을 인정하는 것이라는 말이다. 이것은 물론 작용의 측면에서의 理작용의 자발성을 인정하는 것이라는 말이다. 이것은 물론 작용의 측면에서의 理작용의 자발성의 인정이라는 사실을 우리는 분명히 하지 않으면 안된다.

이론상 退溪는 이렇게 理의 자발성을 용인한다. 고봉은 이러한 退溪를 이해할 수 없었다. 그가 생각하기에 理·氣는 서로 구분될 수 없는 것이기 때문이다. 고봉은 理·氣를 구분할 수 없었기 때문에 理發의 측면은 氣發의 영역 밖에 따로 상정할 수 없었고, 그러므로 四端七情도 다만 개념상의 차원에서만 구분될 수 있는 정서로 보았다. 그러니까 고봉의 이러한 입장은 기본적으로 理·氣가 분리될 수 없고, 理發이 따로 있을 수 없는 것이라는 점으로부터 기인하는 것이다. 이와 같은 고봉의 입장은 理·氣를 다만 존재론적인 자리에서만 접근하여간 결과이다. 고봉의 이러한 입장에 대하여 退溪는 자신의 입장을 명쾌하게 설명하여 내지 못한다. 退溪는 理發을 용인하고, 理·氣를 구분하는 듯한 태도를 취하기는 하지만, 그러나 그의 그러한 입장은 존재론적 차원에서의 理·氣의 동시성, 理·氣의 불가분리성 등의 암초에 걸려서 항상 모호하여지기 일쑤였다. 그러니까 退溪는 理論의 궁극적 결과로서 理작용을 강화하여, 理發의 측면을 용인하면서도 그것이 실제로 어떻게 용인될 수 있는 것인지에 대해서는 분명한 설명을 하지 못하고 있고, 존재론적 차원에 있어서의 理·氣와 행위론적 차원에 있어서의 理·氣, 즉 실재를 구성하는 두 요소로서의 理·氣와 理·氣의 작용 사이의 관계를 명쾌하게 들여다보지 못하였다고 하겠다.

理작용, 理의 自發은 작용의 측면에서는 분명히 용인될 수 있다. 존재론적인 차원에서는 理의 自發과 氣를 떠난 理가 오류라고 할 수 있겠으나 행위론적 차원에서는 그것은 오류일 수 없는 것이다.

理는 氣와 분리되어서 스스로 발현할 수 있다. 그러나 이러한 理의 작용은 물리적인 작용이 아니라 원리적인 작용이다. 그러므로 理의 작용만으로는 우리는 그것을 구체적인 감정으로 드러낼 수  없고, 구체적인 행위로 이끌 수 없다. 四端은 退溪에 있어서 그것이 구체적 상황 속에서 구체적인 모습으로 발현된 것으로서 말하여지느냐 아니냐에 따라서 이원적인 것으로 설명될 수 있다. 물론 이것을 退溪가 이해하고 있었다고 볼 수는 없다. 그러나 退溪가 그것을 분명하게 이해하고 있었든 아니든 간에 암암리에 退溪의 의식 속에는 그러한 두 개의 四端이 깃들어 있었다고 말할 수 있을 것이다. 그것은 그의 <心統性情圖>에서 분명하게 살펴볼 수 있다. 즉, <心統性情圖>의 中圖와 下圖를 대비하여 보면 우리는 中圖에 있어서의 四端과 下圖에 있어서의 四端이 서로 미세한 차이를 갖는 것임을 확인할 수 있는 것이다. 中圖에서의 四端은 理만의 작용과 연결되어 설명되는 것으로서 氣와는 간섭되어 있지 않다. 下圖에 있어서의 四端은 理·氣의 간섭의 결과로 드러나는 것이며, 구체적으로는 '理發而氣隨之'의 情으로서 말하여진다. 필자는 우리가 退溪의 四端七情을 말함에 있어서는 이러한 두 개의 모습을 띠고 나타나는 四端에 주목하지 않으면 안된다고 생각한다. 전자로서의 四端은 구체적 상황논리 속의 四端이 아니며, 필자는 그것을 원리적 측면에서의 四端, 순수한 四端이라고 부르고자 한다. 후자에 있어서의 四端은 구체적 상황논리 속에서 드러난 四端으로서, 필자는 그것을 실제적 측면에서의 四端이라고 말하고자 한다. 우리가 전에 四端을 '外物과 접촉하고 있는 것'으로서 설명하고, '理작용을 主로 하고 氣작용을 從으로 하는 것'으로 이해하고 한 것들은 바로 실제론적 차원에서 접근하여 간 四端의 모습이라고 할 수 있다.

退溪는 高峰과의 <四端七情論辯>을 함에 있어서 처음에는 원리적 차원에서 四端을 설명하려고 노력하였다. '四端은 理의 發'이라 하고, '四端의 發은 純理'라고 하는 退溪의 1차 2차의 수정이론은 기본적으로 이러한 원리적 차원의 것이다. 그러나 退溪는 그 점을 인식하지 못하고 있었다. 그러므로 그는 고봉의 반론에 합당한 이유를 대지 못하고 어정쩡하게 '四端은 理가 發하여 氣가 거기에 따른 것'이라는 식의 설명에로 귀착한 것이다. 이 退溪의 3차 수정은 실제론적 차원에서 四端을 설명한 것으로써, 1차 2차 수정학설과 동일 맥락 위에 놓여지는 것이라 할 수는 없는 것이다. 退溪는 이 3차 수정이 高峰의 이른바 '理·氣가 어느 경우에라도 실제적으로는 구분될 수 없다'는 반론을 받아들인 것처럼 보이기는 한다. 그러나 자세히 살펴볼 때 '理·氣를 분리시킬 수 없다'는 것이 문제라면 그러한 문제는 여전히 이 3차 수정에서도 해소되지 않고 남아 있다고 하지 않을 수 없다. '理發'이 선재하고 '氣隨'가 후재하기 때문이다. '理의 自發'과 발현 초기에 있어서의 '理·氣'의 분리가 그대로 3차 수정에서도 살펴질 수 있는 것이다. 그러니까 우리는 退溪의 四端을 이해함에 있어서 작용상에 있어서의 '理의 자발'과 '理·氣 분리'를 용인하지 않으면 안되는 것이다.

四端이 이상과 같이 설명될 수 있다면 七情은 또 어떻게 말하여질 수 있을까? 다시 退溪의 <心統性情圖>로 돌아가 보자. <心統性情圖>를 볼 때 우리는 七情 역시 四端처럼 두 종류로 나타남을 확인할 수 있다. 中圖의 七情과 下圖의 七情의 양자가 바로 그것이다. 中圖의 七情은 바로 四端을 喜·怒·哀·樂 등의 차원에서 본 것으로서, 四端의 情과 완전히 같은 것을 다른 이름을 표현한 것이며, 구체적으로 외물과 연계되지 않은 순수한 것이고, 그런 까닭에 그것은 純善이라 할 수 있다. 中圖에서는 그것은 분명히 七情의 형식으로도 드러나지만 退溪는 다른 곳에서는 이것을 七情이라고 말하지 않고 四端이라고만 말한다. 따라서 우리는 이 원리적 측면의 四端의 情을 七情의 의미영역에서 탈락시키지 않을 수 없다. 退溪에 있어서의 七情의 개념과 그것이 표시해주는 의미영역은 어디서부터 어디까지인가? 退溪는 1차 수정에서 '七情은 氣의 發'이라 하였다. 이것은 七情 개념이 四端 개념과 가장 멀리 떨어져 있는 것으로서, 四端과 가장 분명하게 대비될 수 있는 것이라고 하겠다. 그러니까 원리적 측면에서의 四端이 가장 순수한 의미의 四端 개념이라 한다면, 이 氣만의 발현으로써 설명되는 七情은 가장 순수한 七情 개념이라고 하겠다. 이것은 전적으로 外物에 의해 좌우되는 情이다. 이 경우에 있어서의 七情은 물론 善하다고 말할 수 없다. 2차 수정에서는 退溪는 '七情은 氣를 겸하여 발현한 것' 이라고 한다. 氣를 겸하였다는 것은 理·氣가 어떻게 같이 작용하는 것인가? 退溪는 3차 수정에서 그것을 '氣發而理乘之'라고 적는다. 이것은 <心統性情圖>의 下圖에서 도해되고 있기도 하다. 氣發은 전적으로 감각적 감성을 이끌어 내는 것이고, 外物에 의해서, 즉 상황논리에 의해서 좌우되는 것이다. 이 氣發은 도덕성을 보장하여 주지 못한다. 氣發에 理乘이 부수될 때 氣의 發은 理에 의해 통제될 수 있고, 그러한 통제가 적절한 형식으로 이루어졌을 때 이것은 도덕적 차원에 놓여지는 七情이 될 것이다. 우리가 전에 七情을 말할 때 동원하였던 설명들은 거의 대부분 이러한 차원에 걸려 있는 것들이다. 이것을 우리는 실제적 측면에서의 七情이라 할 수 있을 것이다.

이상의 설명들을 간단히 도해하여 보면 아래 표와 같다.

<table>
<tr><td colspan="2">四端</td><td colspan="2">七情</td></tr>
<tr><td>理之發<br>四端之發純理</td><td>理發而氣隨之</td><td>氣發而理乘之<br>七情之發兼氣</td><td>氣之發</td></tr>
<tr><td>理</td><td colspan="2">理·氣</td><td>氣</td></tr>
<tr><td>純善</td><td colspan="2">善·惡</td><td>惡</td></tr>
<tr><td>純粹한 四端</td><td>實際的인 四端</td><td>實際的인 七情</td><td>純粹한 七情</td></tr>
<tr><td colspan="2">理性的 情緒</td><td colspan="2">感覺的 情緒</td></tr>
<tr><td>外物로부터 자유로움</td><td colspan="2">外物과 어느 정도 연계되어 있음</td><td>전적으로 外物에 좌우됨</td></tr>
</table>

이 표에서 알 수 있듯이 退溪에 있어서의 四端과 七情은 언제나 하나의 의미로 쓰여 지는 것은 아니다. 그러니까 우리가 退溪의 四端七情說의 진실한 의미를 파악할 수 있기 위해서는 우리는 退溪가 四端이라고 말할 때 그것이 어떠한 측면에서 말하여지는 것이고, 退溪가 七情이라고 말할 때 그것이 어떠한 측면에서 말하여지는 것이냐에 대한 정확한 이해를 우선하지 않으면 안 된다. 이러한 의미의 다양성이 사실 退溪의 四端七情說에 대한 정확한 이해에 우리가 도달할 수 없게 하는 가장 근원적인 장애요인이기 때문이다.

退溪는 四端七情이나 理·氣를 나누어 볼 수도 있고, 종합하여 볼 수도 있다고 말한다. 四端七情과 理·氣는 종합하여 보자면 구분될 수 없고, 구분하여 보자면 통합될 수 없다는 것이다. 退溪는 고봉이 종합하여 보는 측면에만 치중하여, 그 구분될 수 있는 측면을 간과하고 있다고 본다. 그러니까 退溪는 四端七情에 대한 분명한 지식에 도달할 수 있다고 믿고 있

는 것이라고 하겠다.[30]

그것을 종합해서 본다면 그것은 실제적인 四端, 실제적인 七情의 측면에 서서 四端七情을 파악하는 것이라고 하겠다. 이러한 실제적인 영역에서는 四端이나 七情이나 다 理·氣의 묘합의 결과로써 주어지는 정서가 되는 것이다. 물론 그 경우에 있어서도 각각 理가 主가 되고, 氣가 主가 되고, 理가 先發하고 氣가 先發하고 하는 차이가 있음은 무시되어서는 아니 된다.

그것을 구분해서 보자면 그것은 순수한 四端 순수한 七情의 측면에서서 四端七情을 파악하는 것이라고 하겠다. 그 경우에 있어서 四端과 七情은 가장 뚜렷하게 구분되어 거의 대립적인 모습을 띠기까지 한다.

四端七情이란 무엇인가? 그것을 대립적 시각을 통해서 파악할 때 그 양자의 의미는 가장 극적인 모습으로 드러날 수 있을 것이다. 그러면 대립적 시각을 통하여 우리가 四端과 七情에 접근하여 갈 때 한마디로 그 양자는 어떻게 정의할 수 있을까? 아마도 四端은 理만으로도 드러날 수 있고, 七情은 氣만으로도 드러날 수 있다는 것이 바로 그것일 것이다. 물론 그것은 四端의 전체적 의미가 理만으로도 드러날 수 있고, 七情의 전체적 의미가 氣만으로도 드러날 수 있다는 것은 아니다. 四端의 어떤 부분이 理만으로도 드러날 수 있고, 七情의 어떤 부분이 氣만으로도 드러날 수 있다는 것에 불과하다.[31]

---

30) 退溪는 高峰의 견해와 자신의 견해를 이렇게 구분하여 준다.「公(高峰)意以謂四端七情皆兼理氣, 同實異名, 不可以分屬理氣 滉意以謂就異中而見其有同, 故二者 固多有渾淪言之, 就同中而知其異, 則二者所就而言, 本自有主理主氣之不同, 分屬何不可之有斯理也?」(溪全書 卷一, p.416.)

31) 이 중 四端에 관해서는 退溪의 말을 통하여 볼 때 보다 그 의미가 분명하여 질 수 있을 것이다. 退溪는 이렇게 말한다. 「公(高峰)意以仁義禮智是未發時名, 故謂純理, 四端是已發後名, 非氣不行, 故亦爲氣耳. 愚謂四端雖云乘氣, 然孟子所指不在乘氣處, 只在純理發處, 故曰仁之端義之端……」(溪

이것은 退溪의 <四端七情論辯>의 전개 과정 중에서 그 중 초기에 속하는 것이 표현하여 주는 측면이다. 이런 대비적 의미는 退溪의 <四端七情論辯>의 결과 부분에서는 어느 정도 지양되는 것이다.

## 6. 四端七情과 도덕적 善惡의 문제

退溪의 四端七情에 대한 견해는 심성론적인 측면에만 국한되어 있는 것이 아니다. 그것은 행위론과도 연관되며, 특히 도덕론과 깊은 관계를 갖는다. 性理學者들은 본래 理·氣의 이원체계를 통하여 세계를 본다. 도덕론에 있어서도 性理學者들에게 있어서는 이러한 理·氣의 문제가 그 체계의 중심을 장악한다. 退溪 역시도 미찬가지이다.

앞에서도 군데군데 언급되었지만 退溪를 비롯한 性理學者들, 특히 朱子學者들은 도덕론의 문제를 氣의 문제로 파악한다. 理는 善을 가져다주고, 氣는 惡을 가져다주며, 氣에 의하여 현상세계의 제 악덕은 나타나게 된다는 것이다.

四端七情은 그러면 도덕론적 측면에서 어떻게 설명될 수 있는 것인가? 우선 四端으로부터 살펴보자.

앞에서 우리가 살펴보았듯이 退溪의 四端은 두 가지 의미차원으로 구분될 수 있다. 하나는 '순수한 四端'이고, 다른 하나는 '실제적인 四端'이다. '순수한 四端'에 있어서는 도덕이라는 것이 문제가 되지 않는다. 그것은 순수한 理만의 發이고, 氣와는 무관한 것이기 때문이다. 이 '순수한 四端'은 물론 四端

---

全書 卷一, p.416.) 이상에서 알 수 있듯이 退溪는 四端이 '乘氣處'에 위치한다는 것과 동시에 '純理發處'에 자리한다는 점을 동시에 인정한다. 前者는 '實際的인 四端'이라 하겠다. 후자는 '純粹한 四端'이라 하겠다.

이라고 하는 것의 의미영역이 情의 차원에 놓여지는 것이므로 情이 아니라고 할 수는 없겠으나, 그러나 아직 氣의 움직임과는 무관한 것이므로 性 속에 내면화된 情이라 할 수 있을 것이다. 앞에서도 말하였듯이 理와 氣는 각각 發用의 측면을 갖는다. 그러나 그것의 발용 형식은 서로 다르다. 氣의 발용은 물리적 움직임을 동반하는 실제적인 발용인 것이다. 그러므로 氣와 무관한 理만의 발용으로써의 '순수한 四端'은 원리적인 것이라 하겠고, 실제적으로 물질세계 속에서 구현되는 것이라 할 수는 없다. 그러므로 어떠한 차원에서라도 우리는 이 '순수한 四端'을 도덕적 악덕과는 연결시킬 수 없는 것이라 하겠다. 이것은 인간 심성 속에 본유적으로 갖추어져 있는 도덕적 정서이고, 순수한 도덕적 이치인 것이다.[32]

그러면 '실제적인 四端'의 경우에는 어떻게 말하여질 수 있을까? '실제적인 四端'은 우리가 앞에서 살펴보았듯이 氣작용과 연계되어 있는 것이다. 그러므로 우리는 이 자리에서의 善惡의 문제에 대해서 말할 때는 조심스럽게 이야기하지 않으면 안 된다.

退溪는 본래 理는 명령하는 것이고, 氣는 명령받는 것이라고 본다. 그러므로 원칙적으로는 氣는 理의 명령에 순응하지 않을 수 없는 것이다. 만약에 그러하다면 우리는 氣를 도덕적 악덕과 연결시킬 수 없을 것이다. 理가 善한 것이기에 理의 명령도 善한 명령일 것이고, 따라서 氣작용도 善한 것일 터이기 때문이다. 그러나 반드시 그런 것만은 아니다. 退溪는 모든 氣가 다 理의 명령에 순응하는 것이라고 말하는 것은 아니다. 理의 명령에 전적으로 순응하는 氣는 존재형성 이전의 氣

32) 退溪는 이렇게 말한다. 「若四端之理發則何處有此病(惡德)乎? 又何得謂心有惻隱則不得其正, 心有所羞則不得其正云爾耶?」(溪全書 卷一, p.420.) 여기서 '理發'은 「氣」의 作用 以前의 것이고, 그러므로 '氣作用'과 무관한 '순수한 四端'에 연결시킬 수 있는 것이라고 하겠다.

이다. 존재형성 이후의 氣는 스스로의 의지와 목적을 따로 가질 수 있기 때문에 전적으로 理의 명령에 순응하지는 못하게 되고, 그 결과 도덕적 악덕이 존재 가능하여진다고 退溪는 보는 것이다. 33)

그러면 이러한 氣의 성격과 '실제적인 四端'의 측면을 연결시켜 이야기하여 보자. 이 '실제적인 四端'을 理氣說的 입장에서 접근하여 가보면 우리는 그 자리가 바로 '理發而氣隨之'의 자리라는 것을 알고 있다. 理發이 선재하고 氣隨가 뒤따르는 것이다. 理는 본래 善한 것이므로 理發도 善한 것으로서 말하여질 수밖에 없다. 그러므로 理發·隨氣의 차원에 있어서도 도덕적으로 문제가 되는 부분은 理發의 측면이라고 할 수는 없을 것이다. 그런데 이것은 심성론적인 차원에서 말하여지는 것인 만큼, 이 자리는 氣가 이미 구체적인 모습을 갖추고 있는 자리이고, 따라서 氣는 무조건적으로 理의 명령에 언제나 순응하는 것은 아니므로 이 자리에서의 氣隨는 도덕적으로 문제가 될 수도 있다고 하겠다. 理發에 대응하는 氣의 따름이 순수하게 理의 명령에 좇는 것이라고 한다면 그 결과로서의 情은 도덕적 善을 그대로 구현하고 있는 것이라고 하겠다. 그러나 理發에 대응하는 氣의 따름이 순수하게 理의 명령에 좇지 못하고 자신의 의지와 목적에 좇아 理發과 다른 차원에서 기능할 때에는 그것은 도덕적으로 善한 것이라고 할 수 만은 없을 것이다. 이 경우에 있어서는 악덕이 연출될 것이라는 말이다. 그러므로 '理發而氣隨之'는 무조건적으로 善한 상황을 연출한다고 할 수만은 없다. 理의 작용이 氣의 따름에 의해 구체적으로 구현되었을 때만 그것의 善은 보장될 수 있는 것

33) 退溪는 「理本其尊無對, 命物而不命於物, 非氣所當勝也. 但氣以成形之後却是氣爲之田地村具, 故凡發用應接率多氣爲用事.」(退溪全書 卷一, p.354.) 라고 하였다.

이다. 理의 발용에 대해 氣가 적절하게 순응하였을 때에만 理의 내용은 구현될 수 있는 것이다. 이 점에 대해서 退溪는 "氣가 능히 理에 순응할 때는 理는 저절로 드러나니 이것은 氣가 약한 탓이 아니라 氣가 理에 순응하는 탓이다"[34]라고 하였다. 氣가 理에 순응할 때는 理의 발용이 구체적 결과로 구현될 수 있고, 이 경우에 있어서의 '실제적인 四端'은 善의 모습을 띠게 된다. 그러나 氣는 언제 어디에서나 理에 전적으로 순응하는 것은 아니다. 氣는 理의 발용에 순응하지 않을 때도 있다. 이 경우에 있어서 '理發而氣隨之'는 善의 모습이 보장될 수 없다. 氣가 理에 적절하게 순응하지 않으면 理는 구현될 수 없는 것이기 때문이다. 이 점에 대해 退溪는 이렇게 말한다. "氣가 만약에 理에 거역할 때는 理는 오히려 드러나지 않으니 이것은 理가 약한 것이 아니라 氣가 勢를 얻고 있는 탓이다."[35] 그러니까 氣의 勢가 理를 압도할 때에는 理가 發하더라도 그 결과가 氣에 의해 적절하게 구현될 수 없고, 따라서 그것은 善한 것을 나타날 수 없다는 것이다. '理發而氣隨之'의 경우에 있어서는 그것이 善한 결과로 나타나느냐 惡한 결과로 나타나느냐 하는 것이 '隨之'하는 氣의 順과 勢의 차이에 달려있다는 말이다. 이것을 간단히 도해하여 보면 아래와 같다.

| | 理　　先 | 氣　　後 | 結　　果 |
|---|---|---|---|
| 「理發而氣隨之」의 | 理 發──── | ──→氣隨─順─ | →善 |
| 두가지 양태 | 理 發──── | ──→氣隨─勢─ | →不善 |

그러니까 '理發而氣隨之'에 있어서는 氣의 양태에 따라 그 전체적인 情의 善 또는 不善이 결정되는 셈이라고 하겠다. 그

34) 退溪全書 卷一, p.354. 「氣能順理時, 理自顯, 非氣之弱, 乃順也.」
35) 退溪全書 卷一, p.354. 「氣若反理時, 理反隱, 非理之弱也, 乃勢也.」

렇게 볼 때 退溪가 四端을 純善이라고 볼 때는 그것은 일단 '순수한 四端'의 경우에만 전적으로 옳다고 할 수 있을 것이다. '理發而氣隨之'의 결과로서의 四端, '실제적인 四端'에 있어서는 전적으로 옳다고 할 수는 없는 것이다.

退溪는 분명하게 밝혀주지 않았지만 '理發而氣隨之'가 어떤 의미를 지니는 것이냐에 따라 '실제적인 四端'과 도덕적 선악 사이의 관계는 달라진다. '理發而氣隨之'의 운용형식은 우리가 앞에서 살펴보았듯이 中節한 것과 不中節한 것이 있다. 그러한 두 가지 양태가 '氣發而理乘之'에서만 나타나는 것은 아닌 것이다. 그러면 退溪는 이 실제적인 四端을 中節한 것으로 국한시켜 놓고 있는 것인가? 아니면 그냥 '理發而氣隨之'의 운용형식 전체와 연결시켜 놓고 있는 것인가? 필자는 아무래도 후자 쪽이라고 생각한다. 退溪는 그것을 다만 '理發而氣隨之'의 형식 중 중절한 것에만 한정시켜 놓은 것 같지는 않다는 말이다. 어쨌든 그것이 中節한 것이든 不中節한 것이든 그 발용의 주체는 理인 것이기 때문이다. 그러므로 理發하여 氣가 적절히 그것에 따른 것만이 四端이고, 氣가 적절히 그것에 따르지 못한 것은 四端이 아니라고 할 수는 없는 것이라고 하겠다. 理發에 氣가 적절히 따르지 못한 것을 四端이 아니라고 한다면 그것은 분명히 七情의 형식을 갖추고 있는 것도 아니므로 四端과 七情 외에 제3의 情을 용인하지 않을 수 없을 것이다. 그러면 이 실제적인 四端에 있어서 中節한 것과 不中節한 것은 어떻게 설명될 수 있을까? 中節한 것은 내적 도덕원리에 의해 지지되면서 상황 속에서 적절한 표현의 형식을 얻은 것을 뜻한다. 不中節한 것은 내적 도덕원리에 의해 지지되기는 하지만 상황 속에서 적절한 표현의 형식을 얻지 못한 것을 의미한다. 그 경우에 있어서는 전적으로 도덕적 善이 보장될 수 없는 것이다. 이렇게 '실제적인 四端', '理發而氣隨之'

의 형식은 그것이 中節한 것이냐 아니냐에 따라 善한 것이다 善하지 못한 것이다 하는 것이 결정된다. 그러므로 退溪는 이렇게 말한 것이다. "四端의 情은 理가 發하여 氣가 거기에 따른 것으로 자연히 純善無惡이나 理가 發하여 그 결과를 이루지 못하고 氣에 의해 구속당한 연후에는 반드시 不善한 것으로 되어 버린다."[36] 아마도 退溪의 이 말은 이상에서 필자가 '실제적인 四端', '理發而氣隨之'의 四端이 中節 不中節로 나뉘어질 수 있고, 中節인 것은 善한 것이며, 不中節인 것은 惡한 것이라고 한 것과 맥락을 같이 하는 말일 것이다. 그러니까 '실제적인 四端'은 결과에 있어서는 전적으로 善이 보장될 수는 없다고 하겠다. 비록 동기에 있어서는 전적으로 善이 보장된다고 하더라도 말이다.

'실제적인 七情'에 있어서도 상황은 '실제적인 四端'에 있어서와 마찬가지 이다. '실제적인 七情'은 '氣發而理乘之'로서의 七情이다. 氣가 先發하고 理가 後乘한 것이 '실제적인 七情'이라는 말이다. 이 '실제적인 七情'은 '순수한 七情'과 마찬가지로 外物에 의해 촉발되는 감각정서이다. 그러니까 氣發은 감각적 욕구라고 할 수 있다는 말이다. 이 감각적 욕구는 일단 주체의 이해관계와 연결되어 있는 편향적인 것이다. 이 편향된 감각적 욕구로서의 氣發은 理가 거기에 타서 통제력을 발휘하게 됨으로써 교정된다. 그리하여 그 감각적 욕구가 완전히 객관적 이치로써의 理에 의해 통제될 때 그 결과는 善으로 주어질 수 있는 것이다. 그러나 理의 통제력은 언제나 바람직하게 행사될 수 있는 것은 아니다. 氣發에 理乘이 뒤따른다고 하더라도 그것이 완전한 통제력을 발휘하지 못할 때에는 氣의 감각적 편향적 욕구는 교정되지 못하고 그대로 드러날 수밖에

36) 退溪全書 卷一, p.205.「四端之情, 理發而氣隨之, 自純善無惡, 必理發未遂而揜於氣然後流爲不善.」

없는 것이다. 이 경우에 있어서 그것은 악한 정서일 수밖에 없다. 이상의 설명들을 간단히 연결 지어 보면 아래와 같다.

| | 氣 先 | 理 後 | 結 果 |
|---|---|---|---|
| 「理發而氣隨之」의 두가지 양태 | 氣 發——— | →理乘—中節—— | →善 |
| | 氣 發——— | →理乘—不中節— | →惡 |

위에서 볼 수 있듯이 '氣發而理乘之'로 말하여지는 '실제적인 七情'은 先發하는 氣의 편향성이 理에 의해 완전하게 통제되느냐에 따라 그 결과로서의 情의 선악이 결정된다고 할 수 있다. 그러니까 희·노·애·락의 情은 그것이 中節한 모습으로 나타났을 때에는 理의 통제력이 氣를 제압한 결과라 할 수 있고, 그것이 不中節한 모습으로 나타났을 때에는 理의 통제력이 제대로 발휘되지 못하여 氣의 편향성이 그대로 조정된 결과라 할 수 있다. 전자는 理의 완벽한 통제로 말미암아 善한 것으로 드러난 七情이고, 후자는 理의 통제력이 미흡하여 氣에 의하여 좌우되어 不善한 것으로 드러난 七情이라 하겠다.

'실제적인 七情', '氣發而理乘之'의 七情의 善·不善의 문제가 이렇게 말하여질 수 있다면 氣發만으로의 七情, '순수한 七情'은 어떻게 말하여질 수 있을까? 그것에 대해서는 굳이 여러 말이 필요 없을 것이다. 理에 의해 통제되지 않은 氣는 어떤 형식으로든지 善과 연결될 수 없는 것이기 때문이다. 氣는 형체를 구성하게 되면 편향적인 자기의식의 주체가 되고, 그것만으로는 이기심에 봉사할 수밖에 없으며, 그 결과는 악덕으로 연결되지 않을 수 없는 것이다.

退溪에 있어서의 四端七情과 도덕적 선악 사이의 문제는 이상과 같이 말하여질 수 있을 것이다.

## 7. 四端七情說의 의의

退溪의 四端七情說은 나름대로 논리적 혼란이 발견되기는 하지만, 그러나 어쨌든 朝鮮性理學이 심성론의 영역에서 도달한 최고의 경지인 것만은 틀림이 없고, 또 朱子를 비롯한 중국 性理學者들이 구명해 놓지 못한 부분까지 보완하여 유학의 심성론적 탐구의 최종적 결과로서 우리에게 주어지는 것이라고 할 만한 질적 깊이를 지니는 것도 사실이다. 이 심성론에 대한 탐구는 ≪中庸≫이래로 유학사의 주류를 형성하는 것이다. 이 심성론에 대한 탐구는 물론 그 자체가 목적은 아니다. 심성론의 탐구결과를 원용하여 수양론의 전제를 삼는데에 그 목적이 있는 것이다.

朱子를 대표로 하는 중국 性理學者들은 심성을 理氣로 해석하고, 그 심성의 발현의 결과로서의 情을 四端七情으로 구분지어 놓은 것에서 그쳤다. 그러나 심성이 理氣로 해석될 수 있다면 그 理와 氣가 어떻게 작용하여 구체적인 情으로서의 四端과 七情에로 이어지는가에 대한 분명한 해석은 그들에게서 주어지지 않는다. 退溪는 바로 이 점을 보완하여 주는 것이다. 退溪의 四端七情에 대한 견해는 심성 내적인 理와 氣가 어떻게 작용하여 외적인 四端七情의 情으로 드러나는가 하는 측면, 心 작용의 구체적인 양태에 초점이 맞추어진다. 그리하여 그저 소략하게만 말하여졌던 心性에서 情에로의 이행의 질서가 退溪에 이르러서 분명한 모습으로 설명되기에 이르는 것이다.

# 결 론

이상에서 필자는 退溪哲學에 대해서 여러 갈래로 살펴보았다. 우리가 이상에서 살펴보았듯이 退溪哲學은 朱子的인 특성을 강하게 띤다. 그리고 유학자들이 기본적으로 다 그러하듯이 退溪도 중국정신 쪽으로 경사된 일면을 보인다. 이러한 점들은 退溪哲學의 한계이고 결함이라 할 수 있다. 그러나 그러한 결함들도 또한 退溪에 있어서는 나름대로의 의미를 지니는 것이 아닐 수 없다. 앞에서도 말하였듯이 退溪에 있어서 유학은 순수한 학문에 지나지 않는 것이 아니다. 退溪에 있어서 유학은 이념화된 학문, 구체적으로 性理學이다. 이 이념화된 학문이란 이것을 통하여 인간을 교화하고 사회를 완성시켜 나갈 수 있는 유일한 도구라는 의식을 退溪가 갖추고 있음을 의미한다. 물론 이러한 의식은 退溪에게서만 보여 지는 것이 아니고, 性理學 속에만 갖추어져 있는 것이 아니다. 그것은 유학이 孔子에 있어서 구세의 학문으로 제기될 때부터 유학의 특성의 하나로 내재되는 것이라고 하겠다. 그러나 그것의 적극적 자기주장은 性理學으로 나간 다음에 구체화 되며, 退溪에 있어서는 보다 가열된 모습을 띠게 된다고 말할 수 있을 것이다. 이렇게 이념화된 유학으로서의 이 性理學을 유일의 진리로 받아들이다 보니 조선 性理學者들에게서 다 그러하듯이 退溪에 있어서도 중국화에 대한 편향적 가치가 나타나는 것이라고 하겠다.

그러나 우리가 비록 그렇게 이해할 수는 있다 하더라도 退溪라고 하는 인물이 우리의 지식사 속에서 차지하는 위치가 나무도 엄청난 것이기에 우리는 이 退溪가 자기의식을 갖춘 학자로서의 모습을 드러내지 못한다는 점이 여간 실망스럽지 않은 것이다. 물론 필자는 여기서 고유사상만이 진실로 가치 있는 한국사상이라는 식의 고리타분한 이야기를 늘어놓고자 하는 것은 아니다. 필자는 학문에 있어서 그러한 편협한 민족주의가 필요한 것이라고 보지는 않는다. 어떤 사상이든, 비록 그것이 외래사상이라 하더라도 우리의 고유한 문화와 역사 속에서 나름대로 구체적으로 기능하였고, 그것이 암암리에 우리의 의식 속에 구체적이든 아니든 영향을 끼치고 있다면, 그리고 그것을 우리가 생활과 의식 속에서 확인할 수 있거나 인정할 수 있다면, 그것은 비록 그 연원은 외래적인 것이라 하더라도 역사적으로는 '우리적인 것'으로 받아들일 수 있는 것임을 필자는 인정한다. 그러나 그것을 인정한다는 것이 고유사상의 몰 가치함에 대한 의식까지 승인하고자 하는 것은 아니다. 가장 자기적인 고유의식을 완전 부정하고 외래적인 것을 우리 것으로 받아들인다면, 그래야 한다면 필자는 어떤 경우에도 그것을 승복하지 못한다. 우리 것을 인정하면서 그 바탕 위에서 외래적인 것의 자기화가 이루어질 때에만 건강한 정신문화의 발전이 기약될 수 있다고 필자는 생각하기 때문이다. 退溪를 비롯한 유학자들은 이점에서 우를 범하고 있는 것이다. 그들은 고유사상에 천형을 가하면서 중국적인 것에 탐닉하였기 때문이다.

이러한 철저성은 비단 性理學의 시대에서만 나타나는 것은 아니다. 우리는 해방 후의 시대에서도 그것을 보고, 개화기에도 그것을 본다.

어쨌든 退溪의 이러한 중국화에 대한 편향적 의지는 필자로서는 불만스러운 것이 아닐 수 없다. 이 점은 반론의 여지가 있는 것인지도 모르지만 말이다.

退溪는 조선성리학의 역사에 있어서 그 이론 성리학의 정점을 화려하게 장식한다. 이 점은 물론 실천의 영역에 있어서의 退溪의 성취를 무시하고자 하는 것은 아니다. 필자는 다만 체계화된 학문의 입장에서 논의를 전개시켜 나가고자 할 뿐이다. 退溪가 이론성리학의 영역에서 이룩한 성취는 性理學의 역사에 있어서 주변국의 위치에 머물러있던 조선의 위치를 단번에 바꾸어 놓았다. 性理學, 특히 朱子學에 있어서 '조선의 시대'가 退溪로부터 열리게 되었던 것이다. 退溪가 朱子學의 학적 성취를 뛰어넘은 것은 구체적으로는 <四端七情論>에서 살펴질 수 있다. 앞에서도 말하였듯이 退溪의 <四端七情論>에 대한 해실은 심성론의 영역에 있어서 朱子를 비롯한 退溪 이전의 유학자들이 간과하였던 부분, 즉 心性의 理氣가 어떻게 작동하여 구체적인 情으로 나타나는가 하는 부분에 대한 보완적 설명이다. 그러므로 退溪의 <四端七情論>은 유학이 그 전 역사를 통하여 전개해 낸 심성관의 최종적 결과라 할 만하다.

이 <四端七情論>은 여러 번의 수정을 거쳐 이루어지기 때문에 우리가 그 진면목에 접근하여 가기는 쉽지 않다. 그러나 비록 그 모습을 확연히 살펴보기 어렵고, 어느만큼 논리적 혼란이 게재되어 있는 것이기는 하여도, 그러한 것들이 <四端七情론>이 유학사 속에서 갖는 의미를 퇴색시키지는 못한다. 이 <四端七情론>을 통하여 조선은 性理學의 역사에 있어서 이론적인 차원의 한 단계 발전을 이룩하고, 그것으로 인하여 실천면에서 뿐만 아니라 이론면에서도 性理學史의 중심국의 위치로 뛰어오르는 것이다.

退溪는 심성의 구성요소로서의 理氣를 情으로의 전개에 연결시킴으로서 理에 능동성을 부여하고, 氣가 理에 의해 실제적으로 통제될 수 있는 것으로 간주한다. 그리하여 退溪는 四端이나 七情이나를 막론하고 다 理에 의해 발용되고, 理에 의해 통제되는 상황을 꿈꾸었다. 심성의 발용으로서의 情을 총체적으로 善에 연결시키고자 하였던 것이다. 그러기 위해서는 심성 속의 氣의 요소가 理에 의해 장악되지 않으면 안 된다고 退溪는 보았다. 그렇게 심성 속의 氣가 자신의 편향성을 드러내지 않고 理의 영향권 아래 놓여지게 하기 위해서 退溪는 생활의 전 영역을 敬의 감독을 통하여 통제하려 하였다. 敬은 바로 氣의 편향성, 자기의식, 개별성 같은 것이 실제적인 작용력을 행사할 수 없게 하는 것이다. 退溪는 그러한 敬을 통한 자기억제로 말미암아 理의 권위가 언제 어디에서나 총체적으로 시현될 수 있게 하고자 하는 목적을 지니는 것이다. 그러니까 退溪의 수양론에 있어서 氣는 다스림을 받아야 하는 수양론적인 문제의 주체이고, 理는 궁극적으로 구현하여 내야만 하는 목적이고, 敬은 그러한 목적 실현을 위해 요구되는 수양론적 도구인 셈이다. 이것은 또한 그대로 도덕적인 측면에서도 의미를 지니는 것이라고 할 수 있다.

어쨌든 退溪哲學은 본체론적인 차원에 있어서는 理氣의 문제를 근간으로 하고 심성론적 차원에서는 본연지성과 기질지성을 축으로 하며, 도덕론적인 차원에서는 理發을 중심으로 하고, 행위론적 차원에서는 四端七情을 관절로 하고, 수양론적인 차원에서는 敬을 핵심으로 하는 학문체계라고 하겠다.

# 색 인